# 社会系统仿真软件及其应用

樊 丁 编著

西安电子科技大学出版社

## 内容简介

本书分三篇(共5章)介绍社会系统仿真软件及其应用案例。第一篇(第1、2章)介绍DOS操作系统的DYNAMO/C和PD Plus 2.1两个仿真软件；第二篇(第3、4章)介绍Windows操作系统的Vensim PLE和STELLA两个仿真软件；第三篇(第5章)介绍了销售增长模型、弗洛伊德心理学模型、中国社会经济长期发展模型和世界模型四个应用案例，每个案例对应一种软件进行建模仿真分析。

本书可作为高校人文、经管类等相关专业本科生、研究生的教学用书以及相关教师、研究人员的参考书，也可作为政府、企业和事业单位管理干部的自学用书。

**图书在版编目(CIP)数据**

社会系统仿真软件及其应用 / 樊丁编著. —西安：西安电子科技大学出版社，2022.3
ISBN 978-7-5606-6269-5

Ⅰ. ①社…　Ⅱ. ①樊…　Ⅲ. ①经济管理—管理信息系统—系统仿真
Ⅳ. ①F2-39

中国版本图书馆CIP数据核字(2021)第262372号

策划编辑　秦志峰
责任编辑　刘志玲　秦志峰
出版发行　西安电子科技大学出版社(西安市太白南路2号)
电　　话　(029)88202421　88201467　　邮　　编　710071
网　　址　www.xduph.com　　电子邮箱　xdupfxb001@163.com
经　　销　新华书店
印刷单位　西安日报社印务中心
版　　次　2022年3月第1版　2022年3月第1次印刷
开　　本　787毫米×1092毫米　1/16　印张16
字　　数　376千字
定　　价　66.00元
ISBN 978-7-5606-6269-5/F
**XDUP 6571001-1**

# 前　言

社会系统是由社会人与他们之间的经济关系、政治关系和文化关系构成的系统。由于人是系统的基本要素，而人脑又是一个复杂系统，因此社会系统是一个复杂的巨系统。研究巨系统除了定性方法、定量方法外，还需要定性与定量相结合的方法。

系统动力学(System Dynamics，SD)是一门分析研究信息反馈系统的学科，该学科于1956年由福瑞斯特(Jay W. Forrester)教授始创于美国麻省理工学院。SD方法是一种定性分析与定量分析相结合的方法，它以定性分析为先导，以定量分析为支持，从系统内部的结构入手，剖析系统并建模，然后借助计算机仿真技术来分析研究社会系统内部结构与其动态行为的关系。

本书从实用目的出发，分三篇5章介绍社会系统仿真软件及其应用案例，各章内容相对独立，但大体内容是按照进阶顺序展开的。第一篇(第1、2章)介绍DOS操作系统的两个仿真软件，第二篇(第3、4章)介绍Windows系统的两个仿真软件，第三篇(第5章)是四个软件的应用案例。

DYNAMO/C是由西安交通大学系统工程研究所开发的一种用于DOS操作系统的系统动力学仿真软件。该软件遵守DYNAMO语言基本功能的要求，并对其基本功能进行了大量的扩充，具有功能强大、速度快、使用方便、学习容易等特点。

PD Plus是由美国Pugh-Roberts Associates公司研制的基于DOS操作系统的系统动力学仿真专用软件。该软件编辑方便，编译能力强，积分精度高，报告生成简便，提供的定制仿真策略机制可以方便地进行政策和策略设计的训练。

Vensim PLE是由美国Ventana Systems公司推出的在Windows操作系统下运行的专用仿真软件。该软件拥有强大的图形建模和仿真功能，可进行模型的结构分析、数据集分析、真实性检验和灵敏性测试等。该软件进入国内较早，在高校里使用比较广泛。

STELLA是由美国Isee Systems公司研发的可用于Windows操作系统的高级仿真软件。该软件直观的界面可以方便地进行动态建模、政策分析和策略开发，其丰富的飞行仿真器和学习环境可以轻松分析每个变量的结果。该软件功能强大，在教育和相关研究领域使用较多。

本书选用的销售增长模型、弗洛伊德心理学模型、中国社会经济长期发展模型和世界模型是精选的不同领域、不同范围的具有代表性的四个模型案例，依次使用DYNAMO/C、STELLA、PD Plus、Vensim PLE软件对其进行建模仿真分析，并给出了编译通过的模型方程和变量注解，供读者学习和进行操作练习时使用。

需要说明的是：Windows仿真软件操作方便，易于学习和使用；DOS仿真软件有助于学习DYNAMO语言，加深理解Windows仿真软件图形界面下底层运行的含义。建议先学习DOS仿真软件(在Windows中安装DOSBox小软件，可以方便使用DOS软件)，待熟悉DYNAMO语言后再学习和使用Windows仿真软件。

“工欲善其事，必先利其器。”除了上述介绍的四种软件之外，本书通过二维码还提供了 DYSMAP2 仿真软件的用户编译手册，以帮助读者进一步理解“量纲分析”和“交互式界面”的使用。在掌握软件的用法以后，要认真研读经典应用案例，掌握建模的方法和技巧。本书提供了四个案例模型的源程序，有需要的读者可在出版社网站下载。只有通过深入研究实际问题，进行建模和系统仿真实战，才能加深理解社会系统的仿真过程。

本书在编写过程中参考了国内外相关教材、专著和软件，在此对有关作者、相关软件研制单位和公司表示衷心感谢。

由于作者水平有限，书中难免存在不妥之处，敬请读者批评指正。

作　者

2021 年 12 月

# 目　录

## 第一篇　基于 DOS 的仿真软件

# 第二篇 基于 Windos 的仿真软件

# 第三篇 应用案例

# 第一篇　基于DOS的仿真软件

# 第 1 章　DYNAMO/C

## 1.1　DYNAMO/C 的基本功能

本节介绍 DYNAMO/C 的基本规则、方程式语句、命令语句和标准函数。

### 1.1.1　基本规则

**1. 可以使用的符号**

除注释语句和标题方程外，DYNAMO/C 允许使用 26 个字母的大小写和阿拉伯数字 0～9；而在注释语句和标题方程中，符号的使用不受限制。

**2. 有效的运算符**

DYNAMO/C 可以进行算术和逻辑运算。

算术运算符有＋、－、*、/ 。

逻辑运算符有＝＝、＞＝、＜＝、＞、＜、！＝ 。其中，"＝＝"用于判断两个数是否相等，若相等则结果为 1，否则为零；"！＝"用于判断不相等；"＞"为大于；"＜"为小于；"＞＝"为大于等于；"＜＝"为小于等于。

在 DYNAMO/C 中，表达式(…)(…)是合法的运算，它表示两个括号中的内容相乘。

**3. 变量名称**

(1) 每个变量由 8 个以内英文字母或数字构成，而且第一个必须使用字母，第二个以后可以是字母或数字。在 DYNAMO/C 语言中，变量不分大小写，系统将所有小写字母转换成大写字母。

(2) 系统变量不能作为变量名称。DYNAMO/C 中用于控制仿真过程的变量有 DT、LENGTH、TIME、METHOD、PRTPER、DTMAX、DTMIN、EMAX、EMIN。用户不能对这些变量重新定义。

(3) 函数不能作为变量使用。函数名字有 ABS、EXP、COS、SIN、SQRT、LOGN、NOISE、SMOOTH、DELAY1、DELAY3、DELAYP、DLINF3、STEP、NORMRN、CLIP、FIFGE、SWITCH、FIFZE、TABLE、TABHL、TABTW、TABTH、SAMPLE、PULSE、SUM1、SUM2、SUM3、BOXLOAD、BOXLIN、BOXCYC、MAX、MIN、RAMP，共 33 种。

**4. 时间下标**

DYNAMO/C 是面向差分方程的仿真语言，为了表示在仿真过程中变量所对应某时刻的值，在变量后加"."再加表示时刻的符号，即加"J""K""L"分别表示过去、现在和将来时刻，加"JK""KL"表示相应的时间间隔。各种变量的时间下标表示方法如表 1.1.1 所示。

表 1.1.1　变量的时间下标

| 方程类型 | 左侧变量的时间下标 | 右侧变量的时间下标 | | | | | | |
|---|---|---|---|---|---|---|---|---|
| | | L | A | R | S | N | C | T |
| L | K | J | J | JK | — | 无 | 无 | 无 |
| A | K | K | K | JK | — | 无 | 无 | 无 |
| R | KL | K | K | JK | — | 无 | 无 | 无 |
| S | K | K | K | JK | K | 无 | 无 | 无 |
| N | 无 | 无 | 无 | 无 | — | 无 | 无 | 无 |
| B | 无 | K | K | JK | — | 无 | 无 | — |
| C | 无 | — | — | — | — | — | — | — |
| T | 无 | — | — | — | — | — | — | — |

注："无"表示变量没有下标；"—"表示变量不允许出现。

**5. 变量的种类**

在系统动力学中，关于变量有如下规定：在变量名称之后加时间下标即为变量；而不需要加时间下标的变量，变量名称可视为变量。

按照定义变量的方程类型，可以把变量类型分为 8 种，分别包括 LEVEL(水平)变量(L)、RATE(速率)变量(R)、辅助变量(A)、初始条件变量(N)、常数变量(C)、列车变量(B)、表变量(T)、增补变量(S)，每一种变量都在相应的方程式左端定义。

**6. 语句的描述形式**

DYNAMO/C 语句的书写形式，除 * 语句(标题语句)、NOTE 语句(注释语句)外，其他语句均适用。DYNAMO/C 语句的书写形式如图 1.1.1 所示。

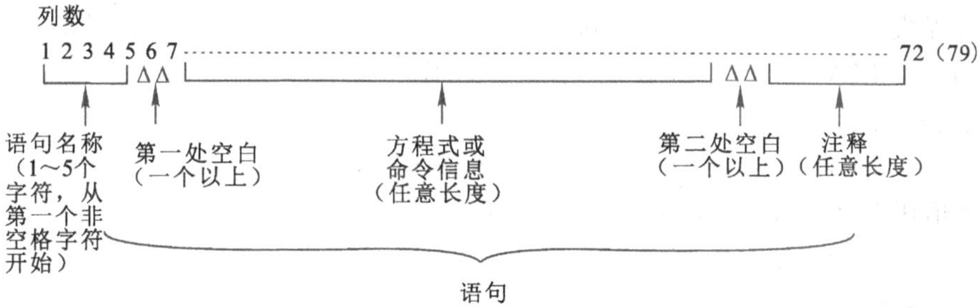


图 1.1.1　DYNAMO/C 语句的书写形式

在方程式中可以有任意个空白字符，但这些空白字符不能出现在一个变量中。全部是空白字符的行也是合法的。例如：

AΔΔSUM.K＝A.K＋ΔΔB.K＋C.K

其中，Δ 表示空白(空白处至少留一个空格)。

## 1.1.2　方程式语句

DYNAMO/C 语言提供的全部方程式类型如表 1.1.2 所示。

**表 1.1.2 DYNAMO/C 语言提供的方程式类型**

| 方程式符号 | 表示的意义 |
|---|---|
| L | 水平方程 |
| R | 速率方程 |
| A | 辅助方程 |
| S | 增补方程 |
| C | 常数方程 |
| B | 列车方程 |
| N | 初始条件方程 |
| T | 表方程 |
| TA | 不等间隔自变量表方程 |
| OPT | 优化目标方程 |
| OPTPAM | 优化参数方程 |
| SPEC | 系统变量方程 |

下面对这些方程分别加以叙述。

**1. 水平方程(L 方程)**

(1) 功能。L 方程的功能是描述系统动力学模型中的 LEVEL 变量。

(2) 语句形式。L 方程的语句形式：

LΔΔΔ 变量名称.K＝变量名称.J＋DT＊表达式

其中，表达式可以为一个变量或数值。

(3) 使用注意事项。使用 L 方程的注意事项如下：

① 方程式左端第一项的变量名称必须和右端第一项的变量名称相同。例如：

L　　LEVEL.K＝LEVEL.J＋DT＊(A.JK－B.JK)

下面的写法是错误的：

L　　LEVEL.K＝DT＊(A.JK－B.JK)＋LEVEL.J

② 初值用 N 方程赋给，若不设定则自动取零。例如：

N　　LEVEL＝10

**2. 速率方程(R 方程)**

(1) 功能。R 方程的功能是描述系统动力学的速率变量。

(2) 语句形式。R 方程的语句形式：

RΔΔΔ 变量名称.KL＝表达式

(3) 使用注意事项。使用 R 方程的注意事项如下：

① R 方程无确定形式。例如：

R　　RATE.KL＝LOGN(A.K－B.K)

② R 方程的初值可以由 N 方程赋给，若不设定初值则取零。例如：

N　　RATE＝100

**3. 辅助方程(A 方程)**

当 R 方程非常复杂时，可以引入辅助变量将 R 方程化为几个较简单的辅助方程来表示。

(1) 语句形式。辅助方程的语句形式如下：

AΔΔΔ 变量名称.K＝表达式

(2) 辅助变量的初值设定。辅助变量的初值可以由初始条件方程设定，若不设定则自动取零。例如：

```
A    AX.K=C.K-D.K
N    AX=10
```

(3) 辅助变量的计算顺序。辅助变量的计算顺序由系统自动安排，但是当出现代数环时，将产生排序失败的情况。例如：

```
A    FIRST.K=SECOND.K
A    SECOND.K=THIRD.K
A    THIRD.K=FIRST.K
```

对于上述三个方程，由于无法安排计算顺序，因此会出现错误。

**4. 增补方程(S 方程)**

增补变量和构成系统动力学模型没有直接关系，该变量可用于定义打印输出，其构成的方程式称为增补方程(S 方程)。

S 方程的语句形式如下：

SΔΔΔ 变量名称.K＝表达式

S 方程的计算仅在由 PRTPER 所设定的时刻进行；S 变量不需要初值；当有多个 S 方程时，计算顺序由系统自动安排。

例如，求几个 LEVEL 变量的和：

```
L    LA.K=LA.J+DT*A.JK
L    LB.K=LB.J+DT*B.JK
L    LC.K=LC.J+DT*C.JK
S    SUM.K=LA.K+LB.K+LC.K
```

**5. 常数方程(C 方程)**

常数方程用于设定模型中的参数以便于修改，或给列车变量赋初值。

C 方程的语句形式如下：

CΔΔΔ 变量名称＝数值

需注意的是：要求 C 方程的右端一定是数值。例如：

```
C    CONST=10
```

**6. 列车方程(B 方程)**

(1) 语句形式。列车方程的语句形式如下：

环形列车：

BΔΔΔ 变量名称＝BOXCYC(列车长度，移动间隔)

直线列车：

BΔΔΔ 变量名称＝BOXLIN(列车长度，移动间隔)

其中，列车长度小于 9999，移动间隔＝{变量，数值}。

(2) 列车移动方法。直线列车 BOXLIN 按照规定的时间作直线运动。移动方法是：第一节车厢的内容移动到第二节车厢，第二节车厢的内容移动到第三节车厢……这样依次移动到最后一节车厢，而第一节车厢的内容保持原值。

环行列车 BOXCYC 移动方法与直线列车相同，只是第一节车厢的内容为最后一节车厢的内容。

(3) 第一个自变量的数值。第一个自变量的数值用来指定车厢数，必须是整数。例如：

```
B    BOX=BOXLIN(NUMBER, 1)
```

是错误的，因为第一个自变量不是整数。下面的例子中因为第二变量不允许是表达式，所以也是错误的：

```
B    BOX=BOXLIN(10, A+B)
```

下面的例子是正确的：

```
B    BOX=BOXLIN(10, CC)
```

(4) 列车变量的使用要求。列车变量在使用时需要指出名称，即使用车厢数(用圆括号括起来)和时间下标。例如：

```
A    BOX(1).K=C.K
```

下面的程序因为没有指定车厢数，所以是错误的：

```
A    BOX.K=C.K
```

(5) 列车变量初值的指定。列车变量的初值可由 C 或 N 方程指定。当各节车厢的内容不同时，由 C 方程指定；当各节车厢的内容相同时可以由 N 方程指定，也可以由 C 方程指定。

① 使用 C 方程：

C△△△ 列车名称＊＝(数值)

各个数值之间用“，”或者“/”来分开。例如：

```
B    BOX=BOXLIN(5, 1)
C    BOX*=2/3/4/5/6
```

列车变量的初值为 2，3，4，5，6。

② 使用 N 方程：

N△△△ 列车名称＝BOXLOAD(C1，C2)

列车变量的初值均为 C1＊C2。

其中，C1、C2 可以是数值、变量或表达式。

例如：

```
B    BOX=BOXCYC(5, 1)
N    BOX=BOXLOAD(10, 10)
```

列车变量的初值均为 10＊10。

(6) 列车变量的定义。列车变量可以在 L、A 方程左端定义，但不能在其他方程左端定义，当列车变量在 L 或 A 方程左端定义时，列车的每一节车厢都作为 L 变量或辅助变量。例如：

```
B    BOX=BOXCYC(5, 1)
N    BOX*=1, 2, 3, 4, 5
A    BOX(1).K=A.K-B.K
```

这段程序定义了列车变量 BOX 为辅助变量。如果定义为 LEVEL 变量，则程序如下：

```
L      BOX(1).K=BOX(1).J+DT*(A.JK-B.JK)
```

(7) 列车变量不能输出。列车变量每一节车厢的内容不能直接输出，但可以通过增补方程来输出。例如，下列程序是错误的：

```
B  BOX=BOXLIN(5，1)
N  BOXLOAD(10，10)
PRINT     BOX(1)，BOX(2)
```

要输出这两个变量，可以用下面的方式：

```
S      OUT1.K=BOX(1).K
S      OUT2.K=BOX(2).K
PRINT      OUT1，OUT2
```

**7. 初始条件方程(N 方程)**

N 方程的语句形式如下：

NΔΔΔ 变量名称＝表达式

初始条件方程仅在开始仿真时计算一次。

N 方程的计算顺序由系统自动安排。例如：

```
N      A=B
N      B=10
```

则先计算 B 的值，然后计算 A 的值。

但是，当出现代数环时，将产生排序失败。例如：

```
N      A=B
N      B=A
```

对上述这两个方程，由于无法安排计算顺序，因此出现错误。

**8. 表方程(T 方程)和不等间隔自变量表方程(TA 方程)**

在 DYNAMO/C 语言中，表方程分为两种。当表函数的自变量为等间隔时使用 T 方程；当表函数的自变量为不等间隔时使用 TA 方程。

(1) T 方程。T 方程的语句形式如下：

TΔΔΔ 变量名称＝{数值}

其中，数值之间用“，”或“/”分开。例如：

```
T      TAB=1，2，3，4，5
```

(2) TA 方程。TA 方程的语句形式如下：

TAΔΔΔ 变量名称＝{数值，数值}

在一组数值内用“，”分开，而每一组数值之间用“/”分开。例如：

```
TA      TAB=1，2/4，6/10，4
```

每种表方程中数值的个数不受限制。

**9. 优化目标方程(OPT 方程)**

在进行参数优化时，OPT 方程用于提供目标函数。

OPT 方程的语句形式如下：

OPTΔΔΔ 变量名称.K＝表达式

OPT 方程的使用方法和辅助方程完全相同。例如：

```
OPT      VAL.K=C1 * C1+C2 * C2
```

在 OPT 方程中出现的变量可以含有模型中的变量，也可以不含有要优化的参数。

**10. 优化参数方程(OPTPAM 方程)**

在参数优化时，OPTPAM 方程用于提供要优化的参数。

OPTPAM 方程的语句形式如下：

OPTPAMΔΔΔ 变量，变量，…

其中，变量首先必须在常数方程中定义。

例如：

```
C      C1=5
C      C2=6
OPT      VAL.K=(C1-8) * (C2-8)
OPTPAM      C1, C2
```

**11. 系统变量方程(SPEC 方程)**

SPEC 方程用于给一些系统变量赋值。SPEC 方程的语句形式如下：

SPECΔΔΔ 变量名称=数值

在一个 SPEC 方程中，可以给若干个系统变量赋值；两个变量赋值之间用“；”或“/”分开。例如：

```
SPEC      LENGTH=10/DT=1
```

在 SPEC 方程中出现的所有变量都必须是规定的系统变量，否则将产生错误。例如：

```
SPEC      NAME=10
```

上述方程是错误的，因为 DYNAMO/C 没有规定 NAME 是系统变量。

在 DYNAMO/C 中规定的系统变量及意义如表 1.1.3 所示。

**表 1.1.3 DYNAMO/C 中规定的系统变量及意义**

| 系统变量 | 意义 |
|---|---|
| LENGTH | 仿真终止时刻 |
| DT | 积分步长 |
| TIME | 仿真开始时刻 |
| METHOD | 积分方法选择 |
| =1 | 欧拉法 |
| =2 | 四阶龙格-库塔法 |
| =3 | 龙格-库塔-米森变步长法 |
| PRTPER | 设定打印间隔 |
| DTMAX | 步长最大值(用于变步长法) |
| DTMIN | 步长最小值(用于变步长法) |
| EMAX | 误差最大值(用于变步长法) |
| EMIN | 误差最小值(用于变步长法) |

### 1.1.3　命令语句

DYNAMO/C 的命令语句共有七种：PRINT、GRAPH、PLOT、*、NOTE、RUN、X。下面对这些语句分别加以介绍。

**1. PRINT、GRAPH、PLOT 语句**

PRINT、GRAPH、PLOT 这三种语句是为输出而设置的，其格式如下：

PRINTΔΔΔ 变量名称{[数值，数值]}，…

GRAPHΔΔΔ 变量名称{[数值，数值]}，…

PLOTΔΔΔ 变量名称{[数值，数值]}，…

其中，变量名称后的方括号“[ ]”用来选择绘图比例，方括号中的两个数值分别为最小值和最大值，如果其中有一个不是数值，则由系统自动选定；两个变量名称之间用“，”或“/”分开。例如：

PRINT　　OUT [ * , 10E5]/OUT1

在这三种命令语句中：

PRINT 用于数据输出，包括屏幕显示、打印机打印和把数据写入文件，每次最多出现四个变量。

GRAPH 用于图形输出，包括低和中分辨率屏幕绘图、低和中分辨率打印机绘图以及把低分辨率的图形写入文件。在低分辨率情况下，每幅图形最多出现四条曲线。在中分辨率时，每幅图形最多出现三条曲线。

PLOT 用于在 SR6602 绘图仪上输出绘图。每幅图形最多出现四条曲线。

**2. * 语句(标题语句)**

*语句用于定义模型名称。该语句在模型中只能出现一次，如果模型没有名称，则系统自动取该模型所在的文件名作为模型名称。

*语句的语句形式如下：

* ΔΔΔ 内容

*语句中，模型名称的内容不受 DYNAMO/C 语法约束。

**3. NOTE 语句(注释语句)**

为使模型更容易理解，经常使用 NOTE 语句。

NOTE 语句的语句形式如下：

NOTEΔΔΔ 内容

NOTE 注释语句的内容不受 DYNAMO/C 语法约束。

**4. RUN 语句**

RUN 语句用来指示模型结束。如果模型中没有 RUN 语句，则在源文件读完时系统默认模型结束。

RUN 语句的语句形式如下：

RUN

**5. X 语句(继续行语句)**

当一个方程内容不能在一行内写完时，可以使用 X 语句。X 语句的语句形式如下：

XΔΔΔ 内容

X 语句中，要求 X 必须在第一列上。例如：

```
L      LEVEL.K=LEVEL.J+DT *
X      (A.JK-B.JK)
```

### 1.1.4 标准函数

DYNAMO/C 提供的标准函数如表 1.1.4 所示。下面分别介绍各个函数的使用方法。

**表 1.1.4 DYNAMO/C 提供的标准函数**

<table>
<tr><td rowspan="23">函数</td><td rowspan="8">数学函数</td><td>平方根函数</td></tr>
<tr><td>指数函数</td></tr>
<tr><td>自然对数函数</td></tr>
<tr><td>绝对值函数</td></tr>
<tr><td>正弦函数</td></tr>
<tr><td>余弦函数</td></tr>
<tr><td>最大值函数</td></tr>
<tr><td>最小值函数</td></tr>
<tr><td rowspan="6">测试函数</td><td>阶跃函数</td></tr>
<tr><td>均匀随机数函数</td></tr>
<tr><td>斜坡函数</td></tr>
<tr><td>正态随机数函数</td></tr>
<tr><td>脉冲函数</td></tr>
<tr><td>采样函数</td></tr>
<tr><td rowspan="5">宏函数</td><td>SMOOTH 函数</td></tr>
<tr><td>DLINF3 函数</td></tr>
<tr><td>DELAY1 函数</td></tr>
<tr><td>DELAY3 函数</td></tr>
<tr><td>DELAYP 函数</td></tr>
<tr><td rowspan="4">其他函数</td><td>表函数</td></tr>
<tr><td>合计函数</td></tr>
<tr><td>CLIP 函数</td></tr>
<tr><td>SWITCH 函数</td></tr>
</table>

**1. 数学函数**

1）平方根函数 SQRT

SQRT(表达式)

平方根函数要求表达式的数值大于或等于零。

2）指数函数 EXP

EXP(表达式)

3）自然对数函数 LOGN

LOGN(表达式)

自然对数函数要求表达式的数值大于零。

4）绝对值函数 ABS

ABS(表达式)

绝对值函数求出表达式的绝对值。

5）正弦函数 SIN

SIN(表达式)

正弦函数求出表达式的正弦值。表达式的值为弧度。

6）余弦函数 COS

COS(表达式)

余弦函数求出表达式的余弦值。表达式的值为弧度。

7）最大值函数 MAX

MAX(表达式 1，表达式 2，…)

最大值函数求出表达式的最大值。要求至少有两个表达式。

8）最小值函数 MIN

MIN(表达式 1，表达式 2，…)

最小值函数求出表达式的最小值。要求至少有两个表达式。

**2. 测试函数**

1）阶跃函数 STEP

STEP(表达式 P，表达式 Q)

其中，P 为阶跃幅度，Q 为阶跃开始的时间。

2）均匀随机数函数 NOISE

NOISE( )

NOISE 函数没有自变量，它可以产生－0.5～＋0.5 的均匀分布的随机数。

3）斜坡函数 RAMP

RAMP(表达式 P，表达式 Q)

使用这个函数的基本规则如下：

(1) P 表示每增加一个 DT 时，RAMP 增加的值。如果 P 为常数，则 RAMP 随时间变化的关系就是一条直线，它的斜率为 P。

(2) Q 为开始时刻。

例如：

```
R     RATE.KL=RAMP(10, 1)
```

则从时刻 1 开始，产生一条斜率为 10 的直线。

4）正态随机数函数 NORMRN

NORMRN(表达式 P，表达式 Q)

其中，P 表示正态随机数的均值，Q 表示正态随机数的方差。

例如：

A　　VAR.K＝NORMRN(0，1)

它产生(0，1)分布的正态随机数。

5）脉冲函数 PULSE

PULSE(表达式 P，表达式 Q，表达式 R)

其中，P 为脉冲高度，Q 为脉冲产生时间，R 为脉冲间隔。

6）采样函数 SAMPLE

SAMPLE(表达式 P，表达式 Q，表达式 R)

其中，P 为被采样变量，Q 为采样间隔，R 为从开始仿真时间到 Q 时刻之前函数的值。

**3. 宏函数**

1）SMOOTH 函数

SMOOTH(变量 P，变量 Q)

其中，P 为输入变量，允许是 L、A 或 RATE 变量；Q 为延迟，允许是 L、A、RATE 变量或常量、数值。

下面两段程序具有同样的结果：

A　　OUT.K＝SMOOTH(IN.K，SMTM)

和

A　　OUT.K＝H.K

L　　H.K＝H.J＋DT＊R1.JK

R　　R1.KL＝(IN.K－H.K)/SMTM

N　　H＝IN

对于 SMOOTH 函数，如果方程式左端变量没有初值，则系统自动取初值为变量 P 的初值，即相当于存在如下的方程：

N　　OUT＝IN

如果模型中已经给左端变量赋初值，则取原来的初值。

2）DLINF3 函数

DLINF3(变量 P，变量 Q)

其中，P 为输入变量，允许是 L、A 或 RATE 变量；Q 为延迟，允许是 L、A、RATE 变量或常数、数值。

下面两段程序具有相同的结果：

A　　OUT.K＝DLINF3(IN.K，DEL)

和

R　　DELR1.KL＝(IN.K－DELL1.K)＊(DEL/3)

```
L    DELL1.K=DELL1.J+DT*DELR1.JK
N    DELL1=IN
R    DELR2.KL=(DELL1.K-DELL2.K)*(DEL/3)
L    DELL2.K=DELL2.J+DT*DELR2.JK
N    DELL2=IN
R    DELR3.KL=(DELL2.K-DELL3.K)*(DEL/3)
L    DELL3.K=DELL3.J+DT*DELR3.JK
N    DELL3=IN
A    OUT.K=DELL3.K
```

对于 DELINF3 函数，如果方程式左端变量没有初值，则系统自动取初值为变量 P 的初值，即相当于存在下面的方程：

```
N    OUT=IN
```

如果模型中已经给左端变量赋初值，则取原来的初值。

3）DELAY1 函数

DELAY1(变量 P，变量 Q)

其中，P 为输入变量，允许是 L、A 或 RATE 变量；Q 为延迟，允许是 L、A、RATE 变量或常数、数值。

下面两段程序具有相同的结果：

```
R    OUT.KL=DELAY1(IN.JK, DEL)
```

和

```
L    DELL.K=DELL.J+DT*(IN.JK-DELA.JK)
N    DELL=IN*DEL
A    DELA.K=DELL.K/DEL
R    OUT.KL=DELL.K
```

对于 DELAY1 函数，如果方程式左端没有初值，则系统自动取初值为变量 P 的初值，即相当于存在下面的方程：

```
N    OUT=IN*DEL
```

如果模型中已经给左端变量赋初值，则取原来的初值。

4）DELAY3 函数

DELAY3(变量 P，变量 Q)

其中，P 为输入变量，允许是 L、A 或 RATE 变量；Q 为延迟，允许是 L、A、RATE 变量或常数、数值。

下面两段程序具有相同的结果：

```
R    OUT.KL=DELAY3(IN.JK, DEL)
```

和

```
L    DELL1.K=DELL1.J+DT*(IN.JK-DELR1.JK)
```

```
N    DELL1=IN*(DEL/3)
R    DELR1.KL=DELL1.K/(DEL/3)
L    DELL2.K=DELL2.J+DT*(DELR1.JK-DELR2.JK)
N    DELL2=IN*(DEL/3)
R    DELR2.KL=DELL2.K/(DEL/3)
L    DELL3.K=DELL3.J+DT*(DELR2.JK-DELA.JK)
N    DELL3=IN*(DEL/3)
A    DELA.K=DELL3.K/(DEL/3)
R    OUT.KL=DELA.K
```

对于 DELAY3 函数，如果方程式左端变量没有初值，则系统自动取初值为变量 P 的初值，即相当于存在下面的方程：

```
N    OUT=IN*DEL
```

如果模型中已经给左端变量赋初值，则取原来的初值。

5）DELAYP 函数

DELAYP(变量 P，变量 Q，变量 R)

其中，P 为输入变量，允许是 L、A 或 RATE 变量；Q 为延迟，允许是 L、A、RATE 变量或常数、数值；R 表示延迟的和，是辅助变量，但不允许在其他的方程中定义。

下面两段程序具有相同的结果：

```
R    OUT.KL=DELAYP(IN.JK, DEL, PIP.K)
```

和

```
L    DELL1.K=DELL1.J+DT*(IN.JK-DELR1.JK)
N    DELL1=IN*(DEL/3)
R    DELR1.KL=DELL1.K/(DEL/3)
L    DELL2.K=DELL2.J+DT*(DELR1.JK-DELR2.JK)
N    DELL2=IN*(DEL/3)
R    DELR2.KL=DELL2.K/(DEL/3)
L    DELL3.K=DELL3.J+DT*(DELR2.JK-DELA.JK)
N    DELL3=IN*(DEL/3)
A    DELA.K=DELL3.K/(DEL/3)
A    PIP.K=DELL1.K+DELL2.K+DELL3.K
R    OUT.KL=DELA.K
```

对于 DELAYP 函数，如果方程式左端没有初值，则系统自动取初值为变量 P 的初值，即相当于存在下面的方程：

```
N    OUT=IN
```

如果模型中已经给左端变量赋初值，则取原来的初值。

在上面的五种宏函数中出现的变量都不包括列车变量，如果要使用列车变量作为宏函数的输入变量，可以用以下的形式：

```
A    SAVEBOX.K=BOX(1).K
A    OUT.K=SMOOTH(SAVEBOX.K, SMTM)
```

**4. 其他函数**

1）表函数

（1）自变量为等间隔时的表函数 TABLE、TABHL，其描述形式如下：

TABLE（表变量 P，变量 Q，数值 R，数值 S，数值 T，）

TABHL（表变量 P，变量 Q，数值 R，数值 S，数值 T，）

（2）自变量为不等间隔时的表函数 TABTW、TABTH，其描述形式如下：

TABTW（表变量 P，变量 Q）

TABTH（表变量 P，变量 Q）

其中，P 是由 T（TA）方程定义的表变量，Q 为查表变量（即自变量），R 为变量的最小值，S 为变量的最大值，T 为取值间隔。

这四个表函数之间的关系如表 1.1.5 所示。

**表 1.1.5　四个表函数之间的关系**

| 函数 | 变量值和表格的值不一致 | 变量值超出端点值 |
|---|---|---|
| TABLE<br>TABTW | 取线性插值 | 取端点值，并警告错误 |
| TABTH<br>TABHL | 取线性插值 | 取端点值 |

2）合计函数

合计函数有 SUM1，SUM2 和 SUM3 三种，它们的描述形式如下：

SUM1（数值，变量名称）

SUM2（数值，变量名称，变量名称）

SUM3（数值，变量名称，变量名称，变量名称）

其中，数值为整数，表示列车的车厢数或表格的个数；变量名称为列车变量或表变量。

合计函数的计算公式如下：

$SUM1(N, P)=\sum P_i$

$SUM2(N, P, Q)=\sum P_i * Q_i$

$SUM3(N, P, Q, R)=\sum P_i * Q_i * R_i$

例如下面的程序是正确的：

```
B      BOX=BOXLIN(5, 1)
A      ASUM.K=SUM1(3, BOX)
```

因为第一个自变量要求是数值，所以下面的程序是错误的：

```
A      ASUM.K=SUM1(NUMBER, BOX)
```

3）CLIP（FIFGE）函数

CLIP（FIFGE）函数的描述形式如下：

CLIP（表达式 P，表达式 Q，表达式 R，表达式 S）

FIFGE(表达式 P，表达式 Q，表达式 R，表达式 S)

CLIP(FIFGE)函数的计算公式为：

CLIP=P　R>=S

FIFGE=Q　R<S

例如：

R　CHOI.KL=CLIP(A.K，B.K，C.K，D.K)

4) SWITCH(FIFZE)函数

SWITCH(FIFZE)函数的描述形式如下：

SWITCH(表达式 P，表达式 Q，表达式 R)

FIFZE(表达式 P，表达式 Q，表达式 R)

SWITCH(FIFZE)函数的计算公式如下：

SWITCH=P　R=0

FIFZE=Q　R! =0

例如：

R　CHOI.KL=SWITCH(A.K，B.K，C.K)

## 1.2　DYNAMO/C 的使用

图 1.2.1 所示为 DYNAMO/C 的各部分之间的关系。通过图 1.2.1 就可以方便地把握 DYNAMO/C 各种命令的作用与执行顺序。本节将对各个部分分别加以介绍。

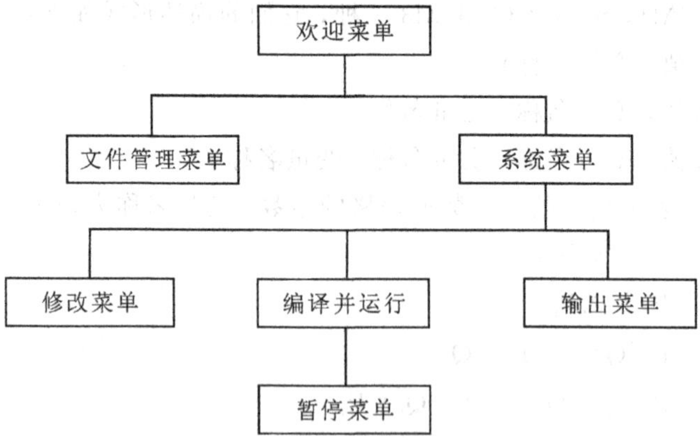


图 1.2.1　DYNAMO/C 各部分之间关系

### 1.2.1　欢迎菜单

在 DOS 系统运行 DYNAMO.EXE，进入欢迎菜单，显示如下：

WELCOME TO DYNAMO/C

Version 2.00

Copyright 1991 by

XiAn JiaoTong University

Author ：Systems Engineering Institute

F：File manager

U：Utility program (format disk，copy system)

S：DYNAMO/C system menu

Q：Quit (stop run)

Type your choice [ ]

在欢迎菜单下，当键入：

F—进入文件管理菜单(见 1.2.2 节内容)。

U—格式化磁盘，也可以拷贝 DOS 操作系统。这时屏幕上将显示如下提示信息：

Enter your drive name：

再键入要格式化的磁盘所在的驱动器名字，如果在驱动器名字后加"/S"，则表示拷贝 DOS 操作系统。

当格式化完成后，在显示磁盘容量的信息后出现如下提示：

Format another (Y/N)?

如果需要格式化其他磁盘，可以键入"Y"，否则键入"N"后返回到欢迎菜单。这时键入：

S—进入 DYNAMO/C 系统菜单(见 1.2.3 节内容)。

Q—停止运行，返回 DOS 操作系统。

### 1.2.2　文件管理菜单

在欢迎菜单(或系统菜单)下键入"F"，就可以进入文件管理菜单。这时，屏幕上将显示如下信息：

DYNAMO/C FILE MANAGER MENU

L：List directory

C：Copy file

D：Delete file

P：Print file (use printer)

T：Type file (on screen)

R：Rename file

O：Other command (run file with an extension of .EXE or .COM)

Q：Quit

Enter your choice：[ ]

这个菜单下的所有命令都是 DOS 命令的简化形式，对照如下：

| | | |
|---|---|---|
| L | DIR | 显示目录 |
| C | COPY | 拷贝文件 |
| D | DEL | 删除文件 |

| P | PRINT | 打印文件 |
|---|---|---|
| T | TYPE | 显示文件 |
| R | REN | 文件更名 |

当键入上述任一命令后，将提示如下信息：

Enter file name：

在命令执行结束后提示如下信息：

Press any key to return

按任一键后可以返回到文件管理菜单。

在文件管理菜单下，分别键入如下字母：

· L—显示目录。如果要求列出某个文件，就在提示后键入该文件名。

例如，需要列出全部以 DYN 为文件扩展名的文件，可以键入：

*.DYN

将显示如下信息：

```
Directory of…
TEST     DYN    6210    7-07-87    12:01a
USE      DYN    2856    7-07-87    12:11a
WORLD    DYN    8856    7-07-87    12:14a
EXPLE    DYN    2951    7-07-87    12:16a
FLU      DYN    412     7-07-87    12:17a
4 File(s)   18432   bytes   free
```

· C—拷贝文件。在提示后键入两个文件名，表示把第一个文件拷贝到第二个。

例如，键入 WORLD.DYN SAVE.DYN，将把 WORLD.DYN 拷贝到 SAVE.DYN，如果 SAVE.DYN 不存在，将建立它，并显示如下信息：

1　File(s)　copied

· D—删除文件。可以在提示信息后键入要删除的文件名。

· T—显示文件。可以在提示信息后键入要显示的文件名。

· P—用打印机打印文件。可以在提示信息后键入要打印的文件名。

· R—更改文件名。要求键入两个文件名，再把第一个文件名改为第二个文件名。如果第一个文件不存在或者第二个文件名已经作为文件存在，将显示如下信息：

Duplicate file name or File not found

· O—在此命令下，可以键入大部分 DOS 操作系统的命令，但是，如果键入的是外部命令，将需要在相应的驱动器上存在该命令文件。

例如，在提示信息下键入 DIR *.DYN 同样可以列出以 DYN 为文件扩展名的全部文件。

如果用户执行的命令是驻留退出的，将产生错误，使文件管理菜单和编辑程序失去作用。此时需要重新启动 DYNAMO/C 系统。

· Q—返回到上一级菜单。

### 1.2.3　系统菜单

系统菜单是用户经常使用的部分，它包括文件的建立、修改、编译、运行和输出等。在欢迎菜单下键入“S”，就可以进入这个菜单。显示如下信息：

DYNAMO/C SYSTEM MENU

E：Edit/Input file

C：Compile and run model

O：Output (with other model for output variables)

M：Modify (constants, system variables, etc.)

R：Rerun

F：File manager (dir, type, copy, etc.)

Q：Quit

Type your choice [ ]

在这个菜单下，分别键入“E”“C”“O”“M”“R”“F”和“Q”。

· E—编辑或输入文件。DYNAMO/C 1.0 和 2.0 版提供的编辑程序是 DOS 操作系统提供的行编辑程序 EDLIN。可以用全屏幕编辑器 TED 替代 EDLIN，这样编辑起来会更方便。当键入“E”后，将显示如下信息：

Enter file name:

在回答了文件名之后，如果该文件不存在，就将建立新文件，然后开始输入模型。

· C—编译并运行模型。提示如下：

Enter file name : exple

File not found

Do you want to retry (y/n)? y

Enter file name : exple.dyn

如果键入的文件不存在，则给出第二次提示，对话过程如上所示。当两次都没有找到输入的文件名时，将自动返回到系统菜单。

当找到文件后，程序就开始编译。如果出现错误，将显示方程的内容和错误类型。对于没有错误的模型，编译结束后，就开始仿真。

编译 EXPLE.DYN 过程中所显示的信息如下：

Reading model …

112 statements read

Checking variables and sorting …

编译过程是：首先读模型，读完之后进行变量检查和方程排序。若这个模型没有找到错误，可以开始仿真，显示信息如表 1.2.1 所示。

**表 1.2.1　仿真模型系统变量信息表**

Simulating MODEL NAME

| LENGTH | TIME | DT |
|---|---|---|
| 2100 | ××× | 0.5 |

其中，MODEL NAME 为正在仿真的模型的名字，LENGTH 为仿真结束时刻，TIME 为正在仿真的时刻，DT 为积分步长。

TIME 的值以 PRTPER 的值为间隔增加，直到等于 LENGTH 的值。这时将返回到系统菜单，显示如下信息：

Simulation end

在仿真过程中，系统检查运行过程中出现的错误，如被零除、负数开平方、磁盘错误等。当出现计算错误时，显示如下信息：

DYNAMO/C RUNTIME ERROR

Error equation name ：×××

Error equation kind ：×××

Error ：×××

Simulation aborting

Press any key to return

当出现磁盘错误时，显示如下信息：

DYNAMO/C RUNTIME ERROR

Error ：×××

Simulation aborting

Press any key to return

按任意键可以返回到系统菜单。

· O—输出。DUNAMO/C 运行结束后不自动输出，而是由用户键入这个命令来完成（见 1.2.4 节内容）。

· M—进入修改菜单（见 1.2.5 节内容）。

· R—重新进行模型。对于一个运行过的模型，在修改参数后，不需要再编译即可重新运行。

如果没有编译过模型或一个模型在编译过程中出现错误而要重新运行，将自动返回到系统菜单，并显示如下信息：

No compiled model

· F—进入文件管理菜单（见 1.2.2 节内容）。

· Q—退回到欢迎菜单。

### 1.2.4 输出菜单

在系统菜单下键入“O”，就可以进入输出菜单。显示如下信息：

DYNAMO/C OUTPUT MENU

F1：Display data on screen

F2：Print data using printer

F3：Write data to file

F4：Display low resolution graphics on screen

F5：Print low resolution graphics use printer

F6：Write low resolution graphics to file

F7：Display medium resolution graphics on screen

F8：Display proportional graphics on screen

F9：Copy graphics to printer(1：1)

F10：Quit

在输出菜单下，分别键入如下内容：

· F1—在屏幕上显示数据。每一次最多显示四个变量。

· F2—使用打印机打印数据。将显示如下信息：

Printing … Please wait

如果这时打印机没有准备好，将显示如下提示：

Write fault error writing device PRN

Abort, Retry, Ignore ?

将打印机准备好后，键入“R”即可开始打印。

表 1.2.2 是打印机打印的数据表(原程序中打印间隔 5，为节省篇幅，此处把打印间隔 5 调整为 25)。

**表 1.2.2 打印的数据表**

| TIME | QLP | NR | POLR | QL |
|---|---|---|---|---|
| 1900 | 1.039e+000 | 9.000e+011 | 5.556e−002 | 6.116e−001 |
| 1925 | 1.036e+000 | 8.810e+011 | 1.894e−001 | 9.743e−001 |
| 1950 | 1.032e+000 | 8.383e+011 | 4.276e−001 | 1.056e+000 |
| 1975 | 1.022e+000 | 7.608e+011 | 9.595e−001 | 9.722e−001 |
| 2000 | 9.965e−001 | 6.468e+011 | 2.290e+000 | 8.211e−001 |
| 2025 | 9.565e−001 | 5.182e+011 | 4.395e+000 | 6.760e−001 |
| 2050 | 9.293e−001 | 4.075e+011 | 5.825e+000 | 6.474e−001 |
| 2075 | 9.521e−001 | 3.283e+011 | 4.627e+000 | 6.149e−001 |
| 2100 | 9.896e−001 | 2.778e+011 | 2.652e+000 | 5.498e−001 |

· F3—把数据写入文件。

Enter file name ：

键入文件名后，将显示如下信息：

Writing … please wait

上面三种输出方式中，如果在源程序中没有 PRINT 方式输出的变量，或没有通过修改变量的输出方式，把源程序中以其他方式输出的变量修改为用 PRINT 方式输出，则自动返回到输出菜单，有如下提示：

No print variable

· F4—显示低分辨率(25×80)图形。每幅图形最多有四条曲线，每条曲线依次用 1、

2、3、4 表示，每幅图形的开始处标有各曲线的比例。

· F5—使用打印机打印低分辨率图形，所显示的信息和 F2 相同。图 1.2.2 为使用打印机打印的低分辨率图形。

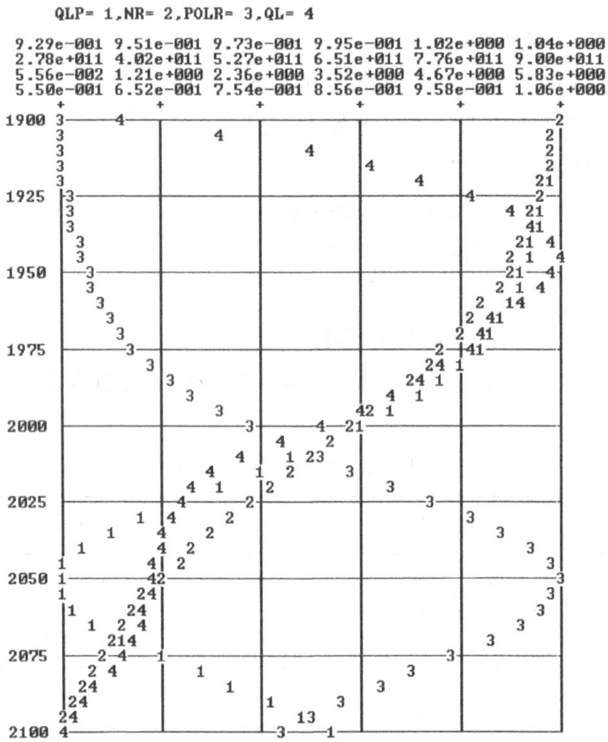


图 1.2.2　低分辨率图形

· F6—把低分辨率图形写入文件，所显示的信息和 F3 相同。

· F7—在屏幕上显示不同刻度的中精度(200×320)图形。每幅图形最多有三条曲线，各条曲线分别使用不同的颜色，并在屏幕的下方使用和曲线一致的颜色标出该变量的名字和比例。图 1.2.3 为所拷贝的中精度图形。

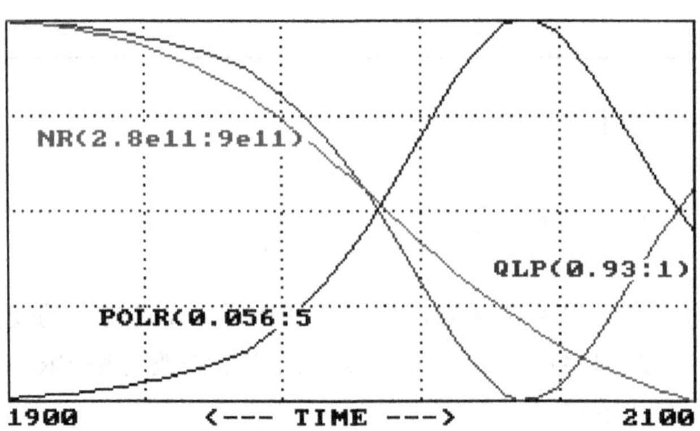


图 1.2.3　中精度图形

· F8—在屏幕上显示同一刻度的中精度(200×320)图形。每幅图形最多有三条曲线，各条曲线分别用不同的颜色。

使用 F7、F8 两种方式输出时，要求显示器具有彩色/图形适配器，如果没有，则自动返回到输出菜单，显示如下信息：

No color/graphics adapter

Can't display medium resolution graphics

在上面五种输出方式中，如果在源程序中没有 GRAPH 方式输出的变量修改为用 DRAPH 方程输出，则自动返回到输出菜单，并有如下提示：

No graph variable

· F9—把中精度图形拷贝到打印机。

在使用 PLOT 输出方式时，如果在源程序中没有用 PLOT 方式输出的变量，或没有通过修改变量的输出方式，而是把源程序中以其他方式输出的变量修改为用 PLOT 方式输出，则自动返回到输出菜单，并有如下提示：

No plot variable

在使用 GRAPH、PLOT 方式输出时，如果一个变量的值全部相同，则显示如下信息：

XXX Max value close to min value

并且不画此变量的曲线。

如果在输出时，出现文件系统的错误，则显示如下信息：

Error ：(错误内容)

· F10—退回到系统菜单。

### 1.2.5　修改菜单

在系统菜单里键入“M”，可以进入修改菜单。显示如下信息：

DYNAMO/C MODIFY MENU

D：Device of writing date file

C：Constants

S：System variables (dt，lengtH，etc.)

I：Integration method (Euler，Runge-Kutta，etc.)

O：Output variables

Q：Quit

Type your choice [ ]

在修改菜单下，分别键入如下字母：

· D—修改写数据文件的驱动器。这里所说的数据文件是指 DYNAMO/C 系统使用的数据文件，有如下几种：SPG.NAM　SPG.DAT　TIME.DAT。

当键入“D”后，将有如下提示：

Enter new device name：

有效的驱动器名字是 A：、B：、C：、D：。如果用户不进行修改，则驱动器取当前磁盘。

· C—修改常数。当一个模型编译并运行结束后，可以修改常数。提示信息如下：

Enter variable name:

如果变量名在模型中没有找到，将显示如下信息：

Invalid name

Do you want to retry (y/n)?

如果回答 N，则返回到修改菜单。

当变量名找到以后，将显示如下信息：

Old value is ：×××

Enter new value ：×××

Modify successfully!

当回答了新的数值之后，将自动返回到修改菜单。

如果被修改的变量是表变量，则提示信息如表 1.2.3 所示。

**表 1.2.3 修改变量信息表**

MODIFY VARIABLE XXX

| NUMBER | OLD | NEW |
|---|---|---|
| ××× | ××× | ××× |

表 1.2.3 中，NUMBER 是修改的个数；OLD 表示修改前的数值；NEW 表示修改后的数值。并提示如下信息：

Do you want to modify this value (y/n) ?

如果回答 N，则提示下一个数值，否则提示如下信息：

Enter new value:

输入新的数值后，将提示下一个数值，直到全部提示完为止。

· S—修改系统变量。修改系统变量的使用方法与修改常数变量相同。

· I—修改积分方法。提示信息如下：

Old integration method is：×××

E：Euler integration method

R：Runge-kutta-4 integration method

M：Runge-kutta-Merson integration method

Type your choice [ ]

在这个菜单下，分别键入如下字母：

E—选择欧拉积分方法。

R—选择四阶龙格-库塔积分方法。

M—选择龙格-库塔-米森变步长积分方法。

选择完成后，将自动返回到修改菜单。

· O—修改输出变量。包括修改输出方式、减少或增加输出变量。如果不增加输出变量，修改后可以立即输出，否则需要重新运行，以便得到新增加变量的数据。键入“O”后，将显示信息如表 1.2.4 所示。

**表 1.2.4　输出变量信息表**

OUTPUT VARIABLE TABLE

| NAME | MODE | SUM |
| --- | --- | --- |
| ××× | ××× | ××× |

表 1.2.4 中，NAME 表示输出变量的名字，MODE 表示输出方式，SUM 表示已经修改过并且要输出的变量的和。

显示后，按照下面的方式对每一个变量进行提示。首先提示如下信息：

Do you want to output this variable (y/n) ?

如果回答 N，则提示下一个变量，否则表示要输出的变量，并提示如下信息：

Do you want to output in this mode (y/n) ?

如果回答 Y，则表示不修改输出方式，并继续提示下一个变量。当回答 N 后，将提示如下信息：

Type new mode：

用户可以回答 D、G、P 三者之一。其中，D 表示显示数据，G 表示屏幕或打印机绘图，P 表示用 SR6602 绘图仪绘图。

当所有的变量全部提示完后，将有如下提示：

Do you want to add other variable (y/n) ?

如果回答 N 后，则返回到修改菜单。如果回答 Y，则提示如下信息：

Enter new variable name：

如果回答的名字在模型中没有定义，就重新开始提示。否则显示如下信息：

Type output mode：

用户要求回答 D、G、P 三者之一。如此下去，直到不增加输出变量为止。修改结束后，自动返回到修改菜单。

· Q—退回到系统菜单。

### 1.2.6　暂停菜单

在 DYNAMO/C 仿真过程的任一时刻，用户都可以键入“P”来暂停运行(键入“S”停止运行，返回到系统菜单)。这时，显示的信息如下：

DYNAMO/C PAUSE MENU

C：　Continue run

M：　Modify (constants，system variables，etc.)

D：　Display data (no plot and graph)

Q：　Quit running

Type your choice [ ]

在暂停菜单下，键入：

· C—继续运行。

· M—修改常数或系统变量。但系统变量只允许修改 LENGTH、DT、PRTPER。

· D—显示到暂停时刻为止所产生的数据，但不画图。
· Q—停止运行，返回到系统菜单。

### 1.2.7 其他用法

**1. CTL - break 键的用法**

在编译过程的任一时刻，键入 CTL - break 键可以停止编译，返回到系统菜单。并显示如下信息：

Compiler interrupted

在仿真过程的任一时刻，键入 CTL - break 键可以停止仿真，返回到系统菜单。并显示如下信息：

Simulation interrupted

在输出数据的任一时刻，键入 CTL - break 键可以停止输出数据。

**2. 时钟**

当进入 DYNAMO/C 系统后，设定时间为零，以后每隔一分钟显示一次，但在编译、运行和输出时不显示。

**3. CTL - C 键的用法**

当进入文件管理菜单时，CTL - break 键已经失去作用，此时可以用 CTL - C 键来中断其他程序的运行，并返回到文件管理菜单。

**4. 回答提示的方法**

当系统处于提示状态时，要求用户键入回答。如果提示信息如下：

Type XXXXXX

则键入回答后不需要加回车。如果是其他形式的提示，则都要在回答后键入回车。

**5. 修改输出变量的输出方式**

在运行结束之后，用户可以通过修改菜单改变输出变量输出的方式，使用 DYNAMO/C 提供的任一种输出方式来输出，也可以通过下面的方法来完成：

在系统菜单键入“E”，输入要编辑的文件名“SPG.NAM”，这个文件的格式如下所示：

XXX　　MODE　　其他

其中，XXX 表示输出的变量名，MODE 表示变量的输出方式：

MODE=0：不输出；

MODE=13：使用 PRINT 方式输出；

MODE=14：使用 GRAPH 方式输出；

MODE=15：使用 PLOT 方式输出；

MODE=其他：DYNAMO/C 系统使用。

用户可以把 MODE 不为零的变量的输出方式改成任一种方式，但是当 MODE 等于零时，除 MODE 外的任何数据用户都不能修改，否则将产生错误。修改结束后，保存文件，然后就可以输出。

## 1.3　DYNAMO/C 的错误信息

### 1.3.1　错误信息类型

DYNAMO/C 的出错信息有如下三种类型：

(1) 编辑过程中错误。在编辑过程中出现的错误。此时，将显示方程的内容和错误类型。

(2) 运行中错误。在运行中产生的错误，包括被零除、负数开平方等。

(3) 文件系统错误。出现在运行过程中或在输出时，如磁盘满等。

当出现第(1)类型错误时，模型不能运行，编译结束后返回到系统菜单；出现第(2)、第(3)类型错误时，通过修改参数或使用其他方法，可以重新运行模型。

在编译时，如果错误超过 10 个，将停止编译。

### 1.3.2　错误信息

下面为显示的英文错误信息所对应的中文含义。

1：不正确的方程名字。

2：不正确的方程类型。

3：不正确的变量下标。

4：同名方程。

5：不正确的表达式。

6：变量使用错误。

7：不正确的 LEVEL 方程。

8：缺少右括号。

9：不合法的标识符。

10：不正确的 OPTPAM 方程。

11：变量名太长。

12：数字太长或常数错误。

13：变量数不够。

14：不合法的字符。

17：不正确的 BOX 变量。

18：不正确的 TABLE 函数。

19：不正确的 BOX 函数。

20：定义了不正确的 BOX 变量。

21：未定义的 BOX 变量名。

22：不正确的项在 SUM 函数中。

23：MACRO 函数不能在 L 方程中。

24：未定义的变量或不正确的下标。

25：BOX 变量不能输出。

26：不正确的 DELAYP 函数。
27：未定义的系统变量。
28：不正确的输出变量。
51：模型太大。
52：未定义的输出变量。
53：LENGTH 等于零。
54：没有输出变量。
55：单变量 TABLE 函数超出范围。
57：双变量 TABLE 函数超出范围。
58：BOX 变量超出范围。
59：SUM 函数超出范围。
60：不正确的变量在 SUM 函数中。
61：不正确的 N 方程。
62：以下方程产生排序失败。
63：零除溢出。
64：负的 SQRT 参数。
65：负的 LOGN 参数。
XXX：编辑程序内部出错。
ENOENT：No such file (XXX) 没有这样的文件。
EIO：I/O Error (XXX) 输入/输出错误。
EBADF：Bad file number (XXX) 文件号不正确。
ENOMEM：Not enough core (XXX) 内存不够。
EACCES：Permission denied (XXX) 超出权限。
ENFILE：File table overflow (XXX) 文件表溢出。
ENOSPC：No space left on device (XXX) 设备没有空间。

# 第 2 章　PD Plus 2.1

## 2.1　PD Plus 用户接口

PD Plus(Professional DYNAMO Plus)由若干个具有特定功能的模块组成。各个模块均可在微机 DOS 系统下独立启动。为了给用户提供一个便于操作的工作环境，PD Plus 装入了一个用户接口 PD。该接口由一个简单的命令结构驱动，为用户提供一套关于各个模块的命令菜单。

### 2.1.1　启动 PD Plus

在 DOS 提示符状态下键入字母“PD”，然后按“Enter”键，即可启动 PD Plus。PD 后也可跟模型文件名(或加扩展名 .DYN)。启动后，屏幕上将显示关于 PD Plus 的简短说明信息，此时按任一键后进入 PD Plus 的命令主菜单，这是 PD Plus 命令层次结构的最高级。屏幕下端显示如下：

Select command by arrows and Enter or by typing initial letter

Commands: Edit　Compile　Simulate　View　Tools Help　Quit

第一行告诉用户用箭头和 Enter 键或直接键入各项命令的第一个字母来选择模块，第二行给出了 PD Plus 主模块。

### 2.1.2　PD Plus 主模块

本节介绍 PD Plus 的主模块。

**1. ED 模块**

采用 ED 模块可建立或修改各 PD Plus 所需要的输入文件。

(1) ASC：提供外生数据的源文件。

(2) DEF：供文档模块调用的量名解释文件。

(3) DNX：PD Plus 执行接口所需要的屏幕方式文件。

(4) DRS：报告格式文件。

(5) DYN：模型源程序文件。

**2. CMPL 模块**

CMPL 模块用于对模型进行编译转换，使其能够被仿真模块所调用。编译将产生三个文件，具有的扩展名分别为 .DAT、.INS 和 .SMT。

**3. SMLT 模块**

SMLT 模块用于对编译过的模型进行仿真运算，并产生结果文件(具有扩展名 .RSL)。

#### 4. VIEW 模块

采用 VIEW 模块可以图形或表格的方式查看结果文件的内容。

#### 5. TOOLS 模块

TOOLS 模块是 PD Plus 的辅助模块，它用于完成一些复杂、高级的功能。TOOLS 是对 DYNAMO 功能的重要扩展。但为完成基本的动态仿真运算，并不需要调用 TOOLS。TOOLS 本身由如下四个独立的子模块组成：

（1）DOCUMENT：文档模块。

（2）REPORT：报告生成模块。

（3）DYNEX：执行接口模块。

（4）TRNS：转化模块。

#### 6. HELP 命令

HELP 给出关于 PD Plus 的总体介绍，列出各模块并介绍其功能。HELP 显示是内容关联型的（在线显示），无论何时启用 HELP，PD Plus 都会自动提供对应于用户所处状态的帮助信息。此外，PD Plus 还提供关于各个模块的 HELP 信息。在模块的命令菜单状态下，移动光标到“HELP”后按“Enter”键或直接键入字母“H”，屏幕上将显示关于该模块的帮助信息。进入 HELP 文件后，按“Enter”键将在屏幕上显示翻页；键入字母“H”将回到 HELP 显示的起始位置；按“Esc”键将退出 HELP，返回原来的状态。

#### 7. QUIT 命令

选择 QUIT 将退出 PD Plus，返回 DOS 状态。

在任何情况下，屏幕最底下一行被保留，是用来显示命令或提示的。任一模块的命令行均包括可选择的命令项，只要键入选择项的每一个字母或通过移动光标到该项，然后按“Enter”键即可执行该命令。

提示行一般在屏幕底部以高亮度方式出现（图形状态下例外）。提示行通常告诉用户对于给定模块哪些键可用，或者什么类型的输入是合法的。在这种情况下，按“Esc”键即表明已完成该步骤的工作，指示计算机执行下一步。

### 2.1.3　在 DOS 状态下启动各模块

PD Plus 各个独立的模块（Tools 和 Utilities 除外）均可在 DOS 状态下直接启动。启动时，在 DOS 提示符状态下键入如下信息：

　　模块指令　文件名　[－选择项]

在大部分调用模块的命令中，文件名后可跟一个或几个选择项。模块指令与文件名之间、文件名与选择项之间、各选择项之间均至少空一格。各选择项前必须有符号“－”。

PD Plus 命令菜单结构

## 2.2　PD Plus 编辑模块

编辑模块（ED）可用于建立或修改模型。涉及方程和模型结构等方面“永久性”的修改必须在 ED 状态下进行，而诸如参数值和变量结果存入等方面“临时性”的变化，则可用 ED

以外的方式完成。

## 2.2.1　启动编辑模块

### 1. 从 PD Plus 用户接口启动编辑模块

在 PD Plus 命令主菜单状态下，用箭头键移动光标到 Edit 并按“Enter”键，或直接键入字母“E”，屏幕列出所有可用 ED 编辑的文件。屏幕底部提示行显示如下信息：

Select file to edit：arrows　Enter　(Esc to create new file)

上述信息告知用户用箭头键和“Enter”键选择要编辑的文件，或按“Esc”键建立新文件。如建立一个新文件，按“Esc”后键入文件名(可带有路径名)，编辑模块发出声响并显示“filename not found，creating it”，即不存在该文件名，需建立该文件。

如果启动 PD Plus 时，在 PD 后键入了文件名和扩展名，启动编辑模块后将直接进入所指定的模型；如果在 PD 后仅有文件名，仍将显示文件菜单，但光标位于所指定的文件名上。

### 2. 在 DOS 状态下启动编辑模块

在 DOS 状态下启动编辑模块有三种方式。在 DOS 提示符状态下键入如下信息：

ED　文件名.扩展名

ED　文件名

ED

可用路径名指明编辑不同目录或磁盘里的文件。在 DOS 状态下启动时，文件名后可加选择项，命令格式如下：

ED　文件　[－选择项]

选择项包括：

(1) －rt。当文件里含有 tab 字符(仅当用 PD Plus 系统以外的方式建立文件时才有可能)时需要用此选项。此时，编辑模块用相同数量的空格代替 tab 字符；否则，tab 会以符号“o”出现。

(2) －sd。当前目录里没有帮助文件(Help)时需要用此选项：在选项后空一格，再标明帮助文件所在的路径。

(3) －de。当 ERRORS 文件在默认目录里时，用此选项显示由编辑模块报告的错误信息。

从 DOS 状态启动编辑模块后，按“Esc”键等同于使用 Quit 命令，都将返回到 DOS 状态。

## 2.2.2　键盘

对于 PD Plus 编辑模块，所有的键盘按其用途可分为输入字符、移动位置、简单修改及功能键几大类，另有两个专用键 Enter 和 Esc。

- Enter：回车键。按此键可换行。
- Esc：退出键。按此键可脱离任何正在使用的功能，并返回到上一层次命令状态。

### 1. 输入字符

PD Plus 可接受以大写或小写字母建立的模型程序，用小写字母书写时可能更易于阅读。编译模块将所有字符转换成大写字符。利用“Shift”键和“Caps Lock”键可输入大写字母。但使用“Caps Lock”键并不影响－、＝、/等非字母数字字符。

**2. 移动位置**

光标：光标在屏幕中表现为一高亮度小方块，以标明在屏幕和模型中的当前位置。

TAB：按“Tab”键将插入一定数量的空格。

Home/End：按“Home”键显示模型开始的24行，按“End”键显示模型最后的24行。

Ctrl＋Home/End：按“Ctrl＋Home”键，可以将光标移到当前屏幕的顶端；按“Ctrl＋End”键，可以将光标移到当前屏幕的底端。

↑/↓：这两个箭头键可以使光标上/下移动一行。

←/→：这两个箭头键可以使光标左/右移动一个字符。

Pg Up/Pg Dn：使用此两键可使屏幕显示上/下翻页，翻页后光标在屏幕上的位置不变。

Ctrl＋←：使光标左移一行长度的1/3。

Ctrl＋→：使光标右移一行长度的1/3。

Ctrl＋Pg Up：使光标向上移动5行。

Ctrl＋Pg Dn：使光标向下移动5行。

**3. 简单修改**

Backspace：按此键可消除光标左边的字符，并使光标及同一行内光标后所有的字符左移一个位置。

Del：当“Num Lock”处于断开状态时，按此键可消除光标所在位置上的字符且光标保持不动，同时光标后所有字符向左移动一个位置。

Ins：按此键一次将插入最后一个用“Backspace”键或者“Del”键消去的字符，按两次此键则插入最后两个被消去的字符，以此方式可插入最后20个被消去的字符。

**4. 功能键**

1）帮助信息“F1”键

调用编辑模块的帮助文件HELP有两种途径：一是从编辑模块的命令行选择HELP命令，二是在编辑状态下的任何时候按“F1”键。按“Esc”键用于消除帮助信息显示，并返回编辑状态。

2）鸣笛原因“F2”键

当用户的键盘输入不能为编辑模块所接受时，微机将给出一声鸣笛。如希望知道鸣笛的原因，则按“F2”键，编辑模块将在命令行位置显示鸣笛原因。

3）查寻“F3”键和“F4”键

用“F3”键可查寻模型中的量名。在编辑状态下按“F3”键，编辑模块提示“Find what name? ”(查寻什么名字？)，键入量名后按“Enter”键，找到该名后光标将确定其位置，如找不到该名，编辑模块将鸣笛并显示“Not found!”(没有发现！)。如果输入量名时敲错键，可用“Backspace”键修改。注意：虽然PD Plus并不在意模型中字母的大小写，但所有查寻和替换功能均要求严格区分大小写。

"F4"键的工作方式同"F3"，但"F4"键用于查寻字符串，而不是查寻量名。字符串由数个任何类型的字符构成。使用"F3"键和"F4"键查寻时均从光标所在位置开始往下查寻，光标在首次找到的位置停留。如要继续查寻同一量名或字符串，可连续两次按"F3"键或"F4"键。

4）替换"F5""F6""F7""F8"键

"F5"键和"F7"键为量名替换功能键。"F5"键完成对量名的一次性替换；"F7"键对量名进行逐个替换。用"F5"键进行一次性替换时，首先按"F5"键，编辑模块提示"Find what name? "(寻找什么变量？)，键入要被替换的量名，再按"F5"键，编辑模块提示"Replaced with? "(用什么替换？)，键入用户所希望的量名，再按"Enter"键，编辑模块将对当前光标以后的所有相同量名进行一次性替换。

用"F7"键进行逐个替换的过程与"F5"键相似，不同的是，在按"Enter"键后，光标将移至第一个被发现的要替换的量名位置停留，并提示"Replaced?（Y or N)"(要替换吗？是或否)，键入"Y"则替换，键入"N"则不替换，编辑模块再继续寻找下一个量名，并再提示，直到完毕。按"Esc"键可中断替换功能。

"F6"键和"F8"键的工作方式分别与"F5"键和"F7"键相同，但前者用于替换字符串。

5）切割功能键"F9"

切割功能键"F9"可用于对文本进行删除、段落移位及拷贝。将光标移至要切割的段落的初始位置，按"F9"键，编辑模块提示"Cutting…"(切割……)。利用箭头键"↓"和"→"可将光标移到要切割段落的最终位置。光标移过的字符均变为高亮度显示(用箭头键"↑"和"←"可使光标往回走，并消除高亮度显示)，再按"F9"键，高亮度显示部分被切割掉，即从屏幕上消失。将"F9"键与重新插入功能键"F10"结合使用，可对段落进行移位或拷贝。

6）重新插入功能键"F10"

用"F10"键可将最后一次用切割功能键"F9"删掉的文本重新插入，将光标移至希望插入的位置，按"F10"键即可。多次使用此键可以完成对文本的拷贝。

**5. 分裂式屏幕编辑方式**

PD Plus 编辑模块提供分裂式屏幕编辑方式，即屏幕上同时出现上下两个独立的编辑窗口，使用户能在一个屏幕上同时编辑一个文件的两部分文本或者两个不同的文件。

在单个编辑窗口状态下，同时按"Shift"和"F1"键，屏幕即被分裂成上、下两个部分，编辑命令行从屏幕底部移到屏幕中央，用户可同时编辑同一文件的两部分文本。进入分裂式屏幕编辑状态后，按"Shift＋F1"键可使光标位置在两个窗口之间转换。

同时按"Shift"和"F2"键，编辑模块提示"Type filename or ESC to abort："(键入文件名或按"Esc"键取消该命令)。键入文件名后按"Enter"键，编辑模块就将另一个不同的文件(只要输入不同的文件名)读入下面的编辑窗口。用此方式读入的文件总是进入下面的窗口：如执行"Shift＋F2"之前光标在下面的窗口，则下面窗口的文件被新输入的文件替换；如执行"Shift＋F2"之前光标在上面的窗口，则上面窗口的文件被消除(仅在屏幕上消失)，下面窗口的文件上移。

按"Esc"键可脱离分裂式屏幕编辑方式。

### 2.2.3 编辑模块命令

启动 ED 进入编辑状态后，光标出现在屏幕左上角，用户即可键入模型方程或进行修改。屏幕底部显示编辑命令行如下所示：

Editing：FILENAME.DYN　Esc to：Save Print Return Help Esc Quit

屏幕显示被编辑的文件名，并告知用户按"Esc"键后可选择如下命令：

· Save：存入被编辑的当前文件。选 Save 后，提示行显示"Type new name or type Enter to：FILENAME.DYN"(键入新的文件名或按"Enter"键存入原文件)。修改前的文件将自动以新的文件名备份(具有扩展名.BAK)。

· Print：将整个文件在打印机上输出。按"PrtSc"键可打印当前屏幕。

· Return：返回到编辑状态。

· Help：显示编辑模块帮助信息。

· Esc：退出编辑模块，返回 PD Plus 命令主菜单。

· Quit：退出 PD Plus，返回到 DOS 状态。

## 2.3 PD Plus 仿真语言

本节介绍 PD Plus 仿真语言及其语句规则。

### 2.3.1 字符

PD Plus 仿真语言中允许使用如下字符：

· 英文字母 A、B、C、…、Y、Z。

· 数字 0、1、2、…、8、9。

· 运算符号＋、－、＊、/、＊＊、( )、＝。

· 小数点或时间标志符．。

· 逗号，。

· 特殊字符只能在注释区、NOTE 和＊语句里出现。

### 2.3.2 量名

量名由 1～7 个字母或数字组成，第一个字符必须是字母。当量名超过 7 个字符时，前 7 个字符被取作量名。当两个量名均超过 7 个字符且前 7 个字符相同，将被认为是同一个量。PD Plus 不区分字母的大小写。

PD Plus 具有一些保留名称，用于专门的量或函数，不能作他用。保留量名包括 ABS_ERR、CMP_N_1、DT、LENGTH、NS_SEED、REL_ERR、SAVPER、TIME。保留函数名：CLIP、COS、DELAY1、DELAY3、DELAYP、DLINF3、EXP、FIFGE、FIFZE、LOGN、MAX、MIN、NOISE、NORMRN、PULSE、RAMP、SAMPLE、SIN、SMOOTH、SQRT、STEP、SWITCH、TABLE、TABHL、TABPL、TABXT。

### 2.3.3　数字

除小数点和符号外，数值可有 8 位数。对于很大或很小的数可用指数表示，即用 E 标注。例如，8 亿表示为 8E8，万分之一表示为 1E－4。

### 2.3.4　句法

PD Plus 要求每条语句第一列必须是语句类型标识符。方程标识符及类型包括：A（辅助方程）、B（布尔数方程）、C（常数方程）、E（外生方程）、I（给定初值方程）、K（重计算初值方程）、L（水平方程）、N（计算初值方程）、P（参数方程）、R（速率方程）、S（增补方程）、SPEC（运行参数方程）、T（表量方程）。

标识符后至少空一格，然后写语句内容（方程）。方程后的第一个空格标志着语句结束。在语句结束后至第 120 列之间的区域内可写入注释信息，这个区域称为"注释区"。方程后的注释区一般用于解释量名及单位，其他说明可用 * 和 NOTE 语句描述。

每行语句可包含 120 个字符，屏幕仅显示 80 个字符。当一条语句太长需要续行时，在该行的后面空一至两个空格（也可不空）后键入续行标志符"~"（注意，在 DYNAMO/C 中"~"为指数操作符，续行用继续行语句 X）。续行开始时可留若干个空格。在续行标志符至 120 列之间不能写入任何字符，在最后一行的注释区内可写注释信息。一条语句可进行任意次续行。

### 2.3.5　方程

**1. 方程类型**

PD Plus 共有 13 类方程，如下所述：

· 水平方程（L）：PD Plus 的积分方程。

· 辅助方程（A）：该类方程表现为水平变量、速率变量和其他辅助变量的简单的代数函数。

· 速率方程（R）：流量方程。

· 增补方程（S）：用于计算输出量的代数方程。

· 外生方程（E）：外生变量名定义方程。

· 计算初值方程（N）：计算模型初值的代数方程，仅在模型初始化时计算一次。

初值方程（K）：与 N 方程基本相同，仅当要恢复仿真运算时有区别。具体内容见本章第 2.6.6 节[运行状态的保存和恢复（Preserve 和 Resume）]内容。

另有 6 种给定常数方程，见本节"给定常数"部分。

**2. 方程的书写格式**

书写方程的基本格式如下：

　　量名＝表达式

量名即为由此方程计算的量（或称定义的量）。除不能直接表示上下脚标外，表达式遵从通常的代数式法则。乘号可用 * 表示，也可由两个相悖的括号表示，如（A）（B）。除号用斜杠/表示。注意借助括号明确表达运算关系，如对 A/B＋C，PD Plus 当作（A/B）＋C 处理，而非 A/（B＋C）。当出现此类情况时，PD Plus 给出"分母不明确"的警告信息。

**3. 时间下标和允许的定义变量方式**

除常数和初值方程中变量以外，其他方程中变量均需给出时间下标，以指明量的类型及计算顺序。量的表达通式为：

量名.时间下标

即在量名后加“.”，再写时间下标 J、K、JK 或 KL。J 为上一个时刻，K 为现在时刻，JK 为从上一时刻到现在时刻的时间间隔，KL 为从现在时刻到下一时刻的时间间隔。方程式左右端各量的时间下标规定如表 2.3.1 所示。

**表 2.3.1 方程中量的时间下标规定**

| 方程类型 | 左端量时间下标 | 右端量时间下标 | | | | | | |
|---|---|---|---|---|---|---|---|---|
| | | 水平变量 | 辅助变量 | 速率变量 | 增补变量 | 表量 | 常数量 | 初值量 |
| 水平方程 L | K | J | J | JK | — | 无 | 无 | 无 |
| 辅助方程 A | K | K | K | JK | — | 无 | 无 | 无 |
| 速率方程 R | KL | K | K | JK | — | 无 | 无 | 无 |
| 增补方程 S | K | K | K | JK | K | 无 | 无 | 无 |
| 表量方程 T | 无 | — | — | — | — | — | — | — |
| 初值方程 N、K | 无 | 无 | 无 | 无 | — | 无 | 无 | 无 |

注：“—”表示方程右端不允许出现该量，“无”表示该量无时间下标。

水平变量可由常数、前一时刻 J 的水平变量、辅助变量或外生变量决定，也可由时间间隔 JK 的速率变量求得。所以，水平方程右端量可具有时间下标 J、JK 或无时间下标。

辅助变量和速率变量均可由常数、当前时刻 K 的水平变量、辅助变量和外生变量以及时间间隔 JK 的速率变量求得。

增补变量可由常数、当前时刻 K 的水平变量、辅助变量、外生变量和增补变量以及时间间隔 JK 的速率变量求得。增补变量只能在增补方程的右端出现。

计算常数和初值可由给定常数、其他计算常数或初值、水平变量、辅助变量和速率变量求得。N 和 K 方程的左右端均不能出现时间下标。

**4. 初值**

模型中有些量的初值必须由用户提供，有些量的初值可由 PD Plus 根据给定的初值计算而得。涉及 SMOOTH 和 DELAY 函数的方程比较特殊，在这类方程中，对左端的量并不需要初始化，但必须为这类函数的输入量提供初值。

PD Plus 已在定义这些函数功能的宏指令定义语句中内在设定，使函数输出量与输入量的初值相等。

所有水平变量的初值必须用 N 或 K 方程提供。

时间变量 TIME 是由 PD Plus 定义的一个水平变量，时间下标为 K 或 J，初值为零。TIME 可以出现在任何方程的右端。用户可用一个 N 或 K 方程改变 TIME 的初值。

**5. 给定常数**

PD Plus 有六种给定常数，由相应的六种语句定义。

· 布尔数(B)：仅取 0 或 1 两个值，用于选择变量的定义式。

· 常数(C)：给定的不变的参数值。

· 给定初值(I)：用于为一个或多个水平变量赋初值。

· 模型参数(P)：用于一个或多个活性方程(如延迟常数)。

· 运行参数(SPEC)：包括 ABS_ERR、REL_ERR、CMP_N_1、DT、LENGTH、NS_SEED、SAVPER(见 2.3.6 节“控制语句”部分)。

· 表量(T)：赋予表函数的一组数值。

启动仿真模块后，只有这些给定常数能够被“临时”改变，以方便地进行重复计算。表量语句中各个数之间可用逗号或斜杠隔开，例如：

T　　TAB=1，2，3 或

T　　TAB=1/2/3

**6. 外生变量**

外生变量实际上是一种为模型提供外生输入的变量，它只能是时间 TIME 的函数。外生变量由 E 方程定义，如：

E　　EXOG1，EXOG2

当若干个模型之间需要相互传递结果信息时，外生变量极其重要。外生变量需要由 ASCII 文件、Lotus 数据表或 PD Plus 结果文件提供原始外生数据，然后用 PD Plus 的转化模块将其转化成 PD Plus 模型可读的标准格式数据。

### 2.3.6　控制语句

控制语句用于给定仿真的时间长度、结果输出变量、页面台头及其他一些信息。

**1. 星号语句**

星号语句为注释语句，其标识符为星号“*”，必须位于第一列。PD Plus 的文档模块将其内容作为页面台头。星号语句一般用于描述模型名或子模块名。例如：

*　　PRODUCTION DISTRIBUTION MODEL

**2. INSERT 语句**

INSERT 语句即插入语句，该语句引导 PD Plus 插入指定文件的内容。用户可将一个模型分成若干部分，再将其分别存入不同的文件(但均需具有扩展名.DYN)，在其中一个或几个文件里用 INSERT 语句方便地调用。

**3. NOTE 语句**

NOTE 语句是注释语句，NOTE 语句以第一列为空格标识，或用 NOTE 标识。例如：

NOTE　　MANUFACTURING SECTOR

或者：

　　MANUFACTURING SECTOR

**4. SAVE 语句**

结果文件的内容需要通过 SAVE 语句(存变量语句)定义：SAVE 后列出要用于打印、画图或生成报告用的变量名。变量名可用逗号或斜杠分隔。

**5. SPEC 语句**

SPEC 语句用于给定仿真运行的特性参数。各参数说明如下：

· DT：相邻两时刻 TIME.J 与 TIME.K 之间的间隔。

· LENGTH：仿真停止时 TIME 的取值，即仿真停止时间。

· SAVPER：保存结果的时间间隔。

· ABS_ERR：在积分过程中容许误差的绝对值。

· REL_ERR：在积分过程中容许误差的相对值，这是关于水平变量的百分数。

· CMP_N_1：置该量为非零，PD Plus 将检查初值的一致性。若由 N 或 K 方程给出的初值与由辅助方程或速率方程计算的同一变量的第一个值差别大于 1%，则显示出这些数值。

· NS_SEED：NOISE 和 NORMRN 随机数序列初值。

关于 ABS_ERR 和 REL_ERR，见第 2.8.7 节内容，关于 NS_SEED 见第 2.3.6 节内容。

上述这些参数在 SPEC 语句中可以任意顺序排列，用逗号或斜杠分隔。某个参数如省略即被置为零(但 ABS_ERR 被置为 0.001，NS_SEED 被置为 1235E3)，以使运行不致无法启动。运行参数 LENGTH 和 SAVPER 可用方程式定义成变量，但任何由方程式定义的量不能出现在 SPEC 语句中。典型的 SPEC 语句如下所示：

```
SPEC   DT=0.25, LENGTH=50, SAVPER=1
```

### 2.3.7 语句顺序

虽然 PD Plus 对语句顺序的要求很低，但一个基本的 PD Plus 模型仍有如下顺序：

(1) 星号语句；

(2) FOR 语句(见第 2.14 节内容)；

(3) MACRO 定义语句(见第 2.13 节内容)；

(4) 方程式和 NOTE 语句；

(5) SAVE 语句；

(6) SPEC 语句。

当然，若模型中不涉及数组变量和宏指令，则没有如上的 FOR 语句、MACRO 定义语句。

## 2.4 DYNAMO 函数

PD Plus 为用户提供了多种函数。用户还可根据需要自己定义宏指令(见第 2.13 节内容)。除本节介绍的函数外，还有一些专门用于数组的函数(见第 2.14 节内容)。

### 2.4.1 延迟函数和平滑函数

延迟分为物质延迟和信息延迟两类。延迟现象可用阶次描述，低阶次延迟函数的输出对输入变化的反应比高阶次延迟函数快。

PD Plus 提供一阶和三阶物质延迟：DELAY1 和 DELAY3。如希望获得三阶物质延迟过程中的过渡总量，则可用另一个三阶延迟函数 DELAYP。DLINF3 为三阶信息延迟函数。SMOOTH 函数可用作对变量进行指数平滑，也可用作一阶信息延迟。函数形式如下：

DELAY1(IN, DEL)

DELAY3(IN, DEL)

DELAYP(IN, DEL, PPL)

DLINF3(IN, DEL)

SMOOTH(IN, DEL)

其中，IN 为延迟输入量，DEL 为平均延迟长度，PPL 为延迟过渡总量。

## 2.4.2　逻辑函数

**1. 选择函数 CLIP 或 FIFGE**

CLIP 和 FIFGE 是一个函数的两个不同的名称，它们均起选择开关的作用，功能完全一样。函数形式如下所示：

CLIP(P, Q, R, S)

或

FIFGE(P, Q, R, S)

选择函数的函数取值如下：

$$CLIP=\begin{cases}P，当 R\geqslant S 时\\Q，当 R<S 时\end{cases}\quad 或 \quad FIFGE=\begin{cases}P，当 R\geqslant S 时\\Q，当 R<R 时\end{cases}$$

**2. 最大值函数 MAX**

最大值函数 MAX 的函数形式如下：

MAX(P, Q)

MAX 函数的取值如下：

$$MAX=\begin{cases}P，当 P\geqslant Q 时\\Q，当 P<Q 时\end{cases}$$

MAX 函数用于在两个变量中选取较大者，两个被选择的变量可以同名。可以用如下方式求绝对值：

MAX(P, −P)

**3. 最小值函数 MIN**

最小值函数 MIN 的函数形式如下：

MIN(P, Q)

MIN 函数的取值如下：

$$MIN=\begin{cases}P，当 P\leqslant Q 时\\Q，当 P>Q 时\end{cases}$$

MIN 函数用于在两个变量中选取较小者，与 MAX 函数一样，两个被选择的变量可以同名。

**4. 开关函数 SWITCH 或 FIFZE**

SWITCH 和 FIFZE 也是一个函数的两个名称，其函数形式如下：

SWITCH(P, Q, R)

或

FIFZE(P, Q, R)

开关函数的取值如下：

$$\text{SWITCH}=\begin{cases}P，当\ R=0\ 时\\Q，当\ R\neq 0\ 时\end{cases}\quad 或\quad \text{FIFZE}=\begin{cases}P，当\ R=0\ 时\\Q，当\ R\neq 0\ 时\end{cases}$$

和其他函数一样，逻辑函数可嵌套使用。

### 2.4.3 表函数

有时候两个变量间的非线性关系借助于图形(曲线)更易于描述。PD Plus 虽然不能直接接受图形输入，但可通过输入自变量和因变量的一组对应数值来描述这种关系，这就是表函数的功能。

PD Plus 提供四种表函数，基本的一种表函数形式如下：

TABLE(TAB, X, XLOW, XHIGH, XINCR)

其中，TAB 为表量名(因变量)；X 为自变量，具有时间下标；XLOW 为自变量 X 的最小取值；XHIGH 为自变量 X 的最大取值；XINCR 为自变量 X 的取值间隔。

自变量的取值在表函数里规定：在最小值和最大值之间等步长取若干个值。因变量的取值则由表量语句决定。

例如，有两个变量 X 和 Y，因变量 Y 随自变量 X 变化的关系如图 2.4.1 所示。

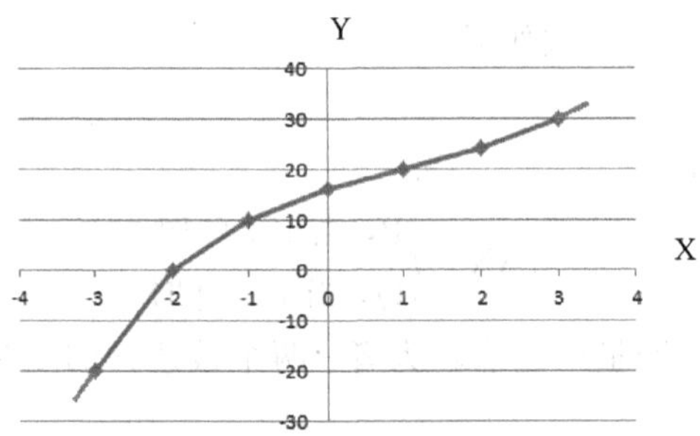


图 2.4.1 X 和 Y 之间的关系

取若干个点，两变量的对应值如表 2.4.1 所示。

**表 2.4.1 变量 X 和 Y 取点对应值**

| X | −3 | −2 | −1 | 0 | 1 | 2 | 3 |
|---|---|---|---|---|---|---|---|
| Y | −20 | 0 | 10 | 16 | 20 | 24 | 30 |

如果 Y 为辅助变量，则用如下表函数和表量语句来描述这种关系：

A Y.K=TABLE(YTAB, X.K, −3, 3, 1)

T YTAB=−20, 0, 10, 16, 20, 24, 30

该表函数实际上是对图 2.4.1 函数曲线的一种多阶段线性近似。在计算过程中，当 X

在给定的范围内取值时，表函数按线性插值的原则使 Y 取对应的值。当 X 的取值超出给定范围时，表函数将取对应的端点值，并给出警告信息。

有些曲线具有水平渐近线。当自变量的变化曲线包括很长的渐近区域时，为避免在表量语句中反复输入同一个数，PD Plus 提供如下所示的第二种表函数：

TABHL(TAB, X, XLOW, XHIGH, XINCR)

在函数功能上，该表函数的不同点在于：当 X 取值超出给定的范围时，表函数取对应的端点值，但不给出错误信息。

第三种表函数形式如下：

TABXT(TAB, X, XLOW, XHIGH, XINCR)

当 X 取值超出给定的范围时，TABXT 不取端点值，而取端点的趋势外推值。当曲线具有非水平渐近线时，TABXT 函数尤其有用。

以上三种表函数给出的曲线在各点均呈不连续变化趋势，这种不连续性可能会在模型的结果中明显地表现出来。为消除这种影响，PD Plus 提供如下所示的第四种表函数：

TABPL(TAB, X, XLOW, XHIGH, XINCR)

TABPL 函数利用三阶多项式使曲线在各点光滑连接。当自变量取值超界时，TABPL 取端点值，并给出错误信息。为 TABPL 表量赋值的 T 语句的格式与以上三种表函数均不同，要求在通常的 T 语句的数值后加上相同个数的零。对于前面给出的第一种表函数的例子，如改为 TABPL，则 T 语句如下：

T　　YTAB=－20, 0, 10, 16, 20, 24, 30, 0, 0, 0, 0, 0, 0, 0

### 2.4.4　测试函数

测试函数包括脉冲 PULSE、斜坡 RAMP、采样 SAMPLE、阶跃 STEP 等函数。这类函数用于测试模型对外部影响的反应特性。

**1. 脉冲函数 PULSE**

脉冲函数 PULSE 的函数形式如下：

PULSE(HGHT, WDTH, FRST, INTVL)

其中，HGHT 为脉冲高；WDTH 为脉冲宽度；FRST 为第一个脉冲出现的时刻；INTVL 为相邻两脉冲之间的间隔。

**2. 斜坡函数 RAMP**

斜坡函数的函数形式如下：

RAMP(SLOPE, START)

RAMP 函数的取值如下：

$$\text{RAMP}=\begin{cases}0，当\ \text{TIME}\leqslant\text{START}\ 时\\ \text{SUM}(\text{SLOPE}*\text{DT})，当\ \text{TIME}>\text{START}\ 时\end{cases}$$

其中，SLOPE 为斜率，START 为斜坡函数的起始时刻。

**3. 采样函数 SAMPLE**

采样函数的函数形式如下：

SAMPLE(X, INTVL, ISAM)

其中，X 为被采样变量，INTVL 为采样间隔，ISAM 为采样函数初始值。

在采样时刻，采样函数取与 X 相同的值，并将其保持到下一个采样时刻。

**4. 阶跃函数 STEP**

阶跃函数的函数形式如下：

STEP(HEIGHT，STEPTM)

其中，HEIGHT 为阶跃高度，STEPTM 为阶跃时间。

STEP 函数的取值如下：

$$\text{STEP}=\begin{cases}0，当\ \text{TIME}<\text{STEPTM}\ 时\\ \text{HEIGHT}，当\ \text{TIME}\geqslant\text{STEPTM}\ 时\end{cases}$$

### 2.4.5 随机数函数

随机数函数包括噪声 NOISE、正态分布 NORMRN 两种随机函数，主要用于模拟现实世界不能预测的随机现象。

**1. 噪声函数 NOISE**

NOISE 函数的函数形式如下：

NOISE( )

NOISE 函数产生均匀分布在－1/2 和 1/2 之间的随机数，后面的括号里不写参量。

**2. 正态分布函数 NORMRN**

NORMRN 函数的函数形式如下：

NORMRN(MEAN，STDV)

其中，MEAN 为均值，STDV 为方差，NORMRN 产生正态分布的随机数。

需要指出的是，随机函数产生的是伪随机数。为避免每次仿真运行时产生的随机数序列完全相同，PD Plus 允许用户设置不同的随机数发生器的起始值，可在仿真状态下通过改变运行参数 NS_SEED 的取值来实现。

### 2.4.6 数学函数

PD Plus 备有如下五种数学函数：

(1) 指数函数：EXP(A)。

(2) 自然对数函数：LOGN(A)。

(3) 平方根函数：SQRT(A)。

(4) 正弦函数：SIN(A)。

(5) 余弦函数：COS(A)。

PD Plus 外部函数

## 2.5 PD Plus 编译模块

任何模型在运行之前都必须经编译模块(Compiler)编译。编译后的模型存入扩展名为 .SMT、.DAT 和 .INS 的三个文件中，供仿真模块调用。

### 2.5.1 从 PD Plus 用户接口启动编译模块

在 PD Plus 命令主菜单状态下键入字母“C”，或者用箭头键移动光标到“Compile”并按“Enter”键。屏幕列出当前目录下所有扩展名为.DYN 的文件，并提示如下信息：

Select file to compile：arrows　Enter　(Esc for none)

用箭头键选择要编译的文件并按“Enter”键，或者按“Esc”键返回到 PD Pus 命令主菜单。

当启动 PD Plus 时键入了文件名及扩展名.DYN，选择 Compile 后会自动开始编译具有该名的模型；当启动 PD Plus 时没有带文件名，而当前目录下只有一个.DYN 文件时，选择 Compile 也会直接开始编译该模型，而不显示选择模型的菜单。

当模型被编译时，屏幕左上角显示一行信息，指明被编译的模型。编译结束后如无严重错误，屏幕又将显示一行，指出模型的大小(字节数)；如出现警告错误，屏幕将显示警告信息；如有严重或致命性错误，PD Plus 将自动退出编译模块，并直接进入编辑模块的改错工作方式。以这种方式初次进入 ED 时，提示行显示如下信息：

Error mode. Type <Alt N> for next error.

此时进入查错状态，同时按“Alt”键和字母“N”进行找错。每按一次“Alt”和“N”，就查一处错，提示行显示关于错误的解释信息。查错时，从光标所在位置往下找，此过程可循环进行。如没有插入或删除字符，查出错误后，光标总是落在出现错误的地方。

### 2.5.2 在 DOS 状态下启动编译模块

在 DOS 提示符状态下键入如下信息：

CMPL 文件名

以上述方式启动编译模块后，将直接开始编译指定的模型。编译完成后给出结束信息并回到 DOS 状态。如编译不成功，屏幕上将显示出现的错误及其位置。如启动编辑模块时用了 de 选择，编译模块会将错误信息自动存入调用 ED 时指定的 ERRORS 文件(错误信息文件)，该文件可用编辑模块调出查看。

在 DOS 状态下启动编译模块时可有选择项。命令格式如下：

CMPL　文件名　[－选择项]

可用的选择项如下：

(1) MU：显示模型大小及占用的内存。

(2) NU：显示既没有在方程右端出现也没有在 SAVE 语句中出现的量名。

(3) SD：路径指明存放 INSERT 文件的路径名。该文件装有 PD Plus 函数和宏指令。SD 与路径名中间至少空一格。

(4) ST：去掉时间下标检查。选此项后构建模型可不用时间下标。

(5) SW：去掉警告信息。警告信息由程度较轻的错误导致，但不阻止模型运行。

(6) XF：编译后产生一个 C 程序，该 C 程序可与外部函数连接使用。

# 2.6 PD Plus 仿真模块

调用 PD Plus 仿真模块(Simulator)可以对模型进行仿真运算。调用仿真模块之前，必须先将模型进行编译。仿真模块备有全屏幕修改和存入命令，用户可利用这些命令在仿真运行之前修改常数、运行参数，或改变存入变量结果。运算结束后，仿真模块将生成运算结果的输出文件(具有扩展名.RSL)。

## 2.6.1 启动仿真模块

### 1. 从 PD Plus 用户接口启动仿真模块

在 PD Plus 命令主菜单状态下键入字母“S”，或者移动光标到“Simulate”并按“Enter”键，屏幕会列出当前目录下所有具有扩展名.SMT 的文件，这些文件由编译模块产生。提示行信息告知用户用箭头键选择要运行的文件并按“Enter”键，或者按“Esc”键返回到 PD Plus 命令主菜单。

当启动 PD Plus 时键入了文件名及扩展名.SMT，选择“Simulate”后会自动执行该文件；当启动 PD Plus 时没有带文件名，而当前目录下只有一个.SMT 文件时，选择“Simulate”也将直接执行此文件，而不显示模型选择菜单。

### 2. 在 DOS 状态下启动仿真模块

在 DOS 提示符状态下键入如下信息：

SMLT 文件名

文件名后不必加扩展名，可加选择项。每个选择项后必须跟上合适的文件名(不必加扩展名)。各选择项如下：

- chg：从指定的结果文件(.RSL 文件)里读参数值。
- exg：从指定的.EXG 文件(不是与模型同名的.EXG 文件)里读外生变量的输入值。
- go：启动仿真运行，将运行结果自动写入指定的.RSL 文件，并在仿真运行结束时执行 Esc。
- prs：将仿真运行的最终状态保存到指定的.STT 文件里。
- rsm：在仿真运行前恢复指定的.STT 文件。

仿真模块启动后，屏幕底部显示如下信息：

Simulating FILENAME：Changes Save Go Preserve Resume Help Esc Quit

上述信息是仿真模块的命令行，指明正进行仿真运行的模型，并给出命令菜单。共有八项可选择的命令：修改、存入、运行、保存、恢复、帮助、Esc 和 Quit。

## 2.6.2 修改(Changes)

Changes 命令允许在模型运行之前对常数和表量值进行修改。选择 Changes 后，屏幕显示出模型中所有给定常数、表量值和运行参数，并分类排列。利用箭头键和“PgUp”键及“PgDn”键移动光标到要修改的数值的位置，键入新的值即可。按“Esc”键返回仿真模块命令菜单。

当量很多时，可用“F3”查找量名，其方式与编辑状态下用“F3”查量名时相同。

Changes 命令的修改功能同时完成对模型的编译，即对参数进行修改后可直接进行仿真运行，无须重新编译。因此，在需要的情况下，可反复改变常数值，方便地进行多次仿真运算。用 Changes 命令所作的修改属于“临时性”修改，只在仿真模块的一次启动中起作用，一旦退出仿真模块，这种修改就失效。

### 2.6.3　图形方式下改变表量值

图形方式下改变表量值是 PD Plus 的一个很具特色的修改功能。选择 Changes 命令后，屏幕显示各类常数，其中包括表量值。移动光标到表量名上，按“Enter”键，屏幕上显示该表函数曲线。在显示曲线的屏幕中，符号“×”代表光标。按左右箭头键使光标沿曲线左右移动，从一个坐标点移到另一个相邻的坐标点；按上下箭头键使光标上下移动(沿纵向)，若光标偏离原曲线而致使曲线形状发生变化，以这种方式即可改变表量值。修改后的曲线在屏幕上以虚线显示。修改完毕后，按“Esc”键返回 Changes 屏幕。

### 2.6.4　存入(Save)

选择 Save 命令后，屏幕按变量类型显示模型中所有的变量。在模型中用 Save 语句定义存入的变量名均呈高亮度显示。将光标移到变量名上，按“Enter”键即改变该变量的状态：在“存”与“不存”之间变换。当变量很多时，可用“F3”查寻变量。按“Esc”键返回仿真模块命令菜单。

与 Changes 命令一样，用 Save 命令对存入变量进行修改后可直接进行仿真运行。同样，一旦退出仿真模块，用 Save 命令作出的修改无效。切记：只有被存入的变量的运算结果才能被写入到.RSL 文件。

### 2.6.5　运行(GO)

选择 GO 后，屏幕提示行显示如下信息：

Type run name or type Enter for：FILENAME

仿真模块要求用户指定运行名称。直接按“Enter”键则以模型名作为运行名。或者键入用户所希望的运行名并按“Enter”键。仿真结果被存入具有该运行名的 .RSL 文件里。指定运行名后，屏幕提示行显示如下信息：

Simulating FILENAME　　　　Esc to abort　　　　TIME=21

上述信息指明正在运行的模型，并显示运行时间。按“Esc”键中断运行。运行结束后返回到仿真模块命令菜单。如出现致命性运行错误，运行将中止，运行时间 TIME 停留在出现错误的时刻，屏幕上部显示错误信息。所有的错误信息将存放在 ERRORS 文件里，可用编辑模块调出查看。

### 2.6.6　运行状态的保存和恢复(Preserve 和 Resume)

如果需要以某个已有运行结果的最终状态对模型进行初始化，即作为模型的初始输入以进行新的运算，可使用仿真模块的 Preserve 和 Resume 命令。

Preserve 命令用于保存仿真运行结果的最终状态，即变量的最终值。要保存运行的最终值，首先必须运行模型。运行结束后回到仿真模块命令菜单，选择 Preserve 命令，屏幕提示行显示如下信息：

Type state file name or type Enter for：FILENAME

用户需要键入状态文件名(仿真模块自动加扩展名.STT)，或者直接按“Enter”键，即选用运行名。

在运行结束后，选择 Preserve 之前，可用 Changes 命令对各种常数或表量值进行修改。修改后再启用 Preserve 命令，就将运行的最终状态连同运行后所作的若干修改一起存入指定的.STT 文件。

选择 Resume 命令，要用指定的.STT 文件对模型进行初始化，并准备运行该模型。在启用 Resume 命令后，仍可利用 Changes 命令对各种常数或表量值进行修改，然后用 Go 命令运行模型。

如果需要基于某个被保存的运行状态进行一系列恢复运行，可反复调用 Resume 命令。如果状态文件(.STT 文件)不止一个，选择 Resume 命令后屏幕将列出当前目录下所有的状态文件，然后移动光标选择文件并按“Enter”键。必须指出，进行恢复运行时，计算初值的 K 语句将被重新计算，但 N 语句则不被重新计算。所以如果希望在恢复模型状态之前重新设置水平变量或重新计算某些常数，必须用 K 语句定义，而不能用 N 语句。

### 2.6.7 Esc 和 Quit 命令

按“Esc”键，可返回到 PD Plus 命令主菜单。

选择“Quit”命令，可退出 PD Plus，返回到 DOS 状态。

## 2.7 PD Plus 结果查阅模块

PD Plus 结果查阅模块(Viewer)以曲线和表格的形式为用户提供需要查阅的运行结果，这些结果存放在仿真模块生成的.RSL 文件里。

### 2.7.1 启动结果查阅模块

**1. 从 PD Plus 用户接口启动结果查阅模块**

在 PD Plus 命令主菜单键入字母“V”，或用箭头键移动光标到“View”并按“Enter”键。

**2. 在 DOS 状态下启动结果查阅模块**

在 DOS 提示符状态下键入如下信息：

VIEW 文件名

文件名后不必加扩展名.RSL。

从 PD Plus 命令主菜单选择 View 后，屏幕显示当前目录下所有的.RSL 文件，用箭头和 Enter 键选择要查阅的结果文件。如当前目录下只有一个.RSL 文件，则直接进入查阅模块的命令菜单。命令菜单显示如下信息：

Viewing FILENAME：Plot Select_Tabulate Tabulate_All Help Esc Quit

显示正被查阅的文件名，并列出六项供选择的命令：绘图、选择列表、全体列表、帮助、Esc 和 Quit。

### 2.7.2　绘图(Plot)

选择 Plot 命令后，屏幕列出所有已被存入的变量，提示行给出如何进行变量选择的信息。用箭头键移动光标到要以图形方式显示结果的变量名上，按"Enter"键。被选择的变量呈高亮度显示。PD Plus 允许一个屏幕上最多绘六条曲线。选择变量后按"Esc"键，屏幕显示曲线图形：时间 TIME 始终作为曲线的横坐标，纵坐标为选择的变量，并以不同的刻度显示。

如果希望两个或更多的变量以同一刻度显示，则将光标移到第一个要以相同刻度显示的变量名上，键入字符"＜"。提示行由原来的"Select vars to plot"(选择要绘图的变量)变为"Common Scales"(相同刻度)，再移动光标到其他变量上按"Enter"键，然后再键入"＞"，提示行回到原来的状态。其间选择的变量均将以相同刻度显示，其他变量则按独立的刻度显示。

屏幕显示图形时，底部提示行信息如下：

View 1：Next View_no Print Esc Quit

左端给出显示编号，后面是五项供选择的命令。与其他命令菜单不同的是图形状态下的命令行仅为提示信息，不能通过移动光标进行选择。

· Next：按字母"N"或"Enter"键，显示一系列图形中的下一个图。如再没有其他图形，则返回 View 命令菜单。

· View_no：在显示过程中，结果查阅模块对每一个显示(包括图形和表)自动编号。如果希望重新显示某个图形，需要键入该图形的显示编号，并按"Enter"键。

· Print：按字母"P"，对屏幕曲线进行硬拷贝，即在打印机上输出屏幕图形。(详见本节"图和表的打印"部分)

· Esc：按"Esc"键返回到 View 命令菜单。

· Quit：键入字母"Q"退出 PD Plus，返回到 DOS 状态。

如果用户微机装有 EGA、CGA 或 Hercules 图形卡，PD Plus 能够根据图形卡设置情况自动设定图形显示方式(曲线的类型、颜色)。如果用户想改变默认的图形方式，可在启动 PD Plus 或在 DOS 状态下启动 View 时加选择项。命令格式如下：

PD　文件名　－选择项

VIEW　文件名　－选择项

五个选择项分别如下：

· plm 6：单色图形(640×200)。

· plm 14：中分辨率彩色图形(640×200)。

· plm 16：高分辨率彩色图形(640×350)。

· plm 40：Hercules 图形。

· plpr：单色字符图形。用此选择后，曲线将以文本打印方式显示，而不是以图形方式显示。

### 2.7.3 选择列表(Select_Tabulate)

选择 Select_Tabulate 命令，屏幕列出所有已被存入的变量。用箭头键移动光标到要列表显示结果的变量上，按“Enter”键。被选择的变量呈高亮度显示。一次可显示任意多个变量。选择变量后按“Esc”键，提示行显示如下信息：

Type print interval or type Enter for：1

上述信息要求用户键入显示变量结果的时间间隔，或者直接按“Enter”键，用默认的间隔值，即 SAVPER 的取值。输入显示间隔值后，屏幕沿行和列的方向列表显示变量的运算值。时间 TIME 总在第一行，沿水平方向按指定的时间间隔显示，各变量名沿纵向排列在第一列，变量取值沿水平方向与时间 TIME 的取值相对应。

列表显示的屏幕底部给出用键信息及可选择的命令。一个屏幕往往不能完整地显示一张给定的表，用户需要通过光标的移动查阅表中各部分内容。移动光标可用箭头键“←”“→”“↑”“↓”，并结合使用“Ctrl”键，还可使用“Home”和“End”键，其工作方式与在编辑状态下的工作方式相似。

五项供选择的命令与图形显示状态下的命令类似。

### 2.7.4 全体列表(Tabulate_All)

选择 Tabulate_All 命令，屏幕将所有已被存入的变量结果直接以列表的形式显示。列表方式、用键及命令均与在 Select_Tabulate 状态下的相同。

### 2.7.5 查阅数组变量

在 View 命令菜单中选择 PLOT 后，显示变量名的菜单中以星号 * 代表数组元素。选择变量时，对数组只能选择元素，不能选择数组，即便数组中只有一个变量时也是如此；选择的元素不能超过六个。

在 View 命令菜单中选择 Select_Tabulate 后，对数组变量仅显示数组名，并不逐个显示元素。所以只能在列表中显示数组的所有元素。如果选择 Tabulate_All 命令，将显示所有变量，包括所有数组元素的运行结果。在列表显示中，数组变量的表示与一般变量稍有不同。

### 2.7.6 图和表的打印

在绘图或列表显示结果时，用 Print 命令(键入字母“P”)对显示的内容进行打印输出。

**1. 在打印机上输出曲线图形**

如果用户微机装有诸如 IBM CGA 或 EGA 的图形卡，应在启动 PD Plus 之前，在 DOS 状态下调用 Graphics 命令，否则不能对显示的图形进行硬拷贝。

如果用户微机装有 Hercules 图形卡，则在启动 PD Plus 之前首先调用 HGC.COM 文件，然后调用 PD Plus 提供的如下文件：INT10.COM、Hardcopy.COM 及 Printer.DEF，即在启动 PD Plus 之前，在 DOS 状态下键入如下三个命令：

```
HGC full
INT10
Hardcopy Printer.DEF
```

**2. 在打印机上输出表**

在列表显示状态下选择 Print 命令，屏幕给出如下选择菜单：

| | |
|---|---|
| Title (40 chars max)： | |
| Max chars per line： | 80 |
| Lines per page： | 60 |
| Output to： | PRN |

对每一项用户可键入适当的选择，然后按“Esc”键开始输出。四个选择项的解释如下：

· Title (40 Chars max)：表的标题。不能超过 40 个字符。

· Max chars per line：每行最多打印的字符数。默认值为 80，刚好为一个屏幕显示的宽度。可根据打印机允许的宽度设置该项选择。

· Lines per page：每页行数。默认值为 60。

· Output to：输出到什么地方。默认选择为 PRN，即输出到打印机。如键入“CON”则在屏幕上重新显示。如键入文件名，则将显示的表写入该文件。

## 2.8 可变积分方法

对于一个实际的连续系统，水平变量表现为流入或流出该量的净速率的积分。但对于数字计算机而言，做精确的积分实际上是不可能的。PD Plus 作近似积分时将时间划分为若干区间 DT，以 DT 内的速率量作为常数，对一系列宽度为 DT、高度为速率的矩形进行累加求和，以此积分近似值作为水平变量。

由于 DYNAMO 语言是在 20 世纪 50 年代研制的，所有的 DYNAMO 软件使用的均是一种简单的固定步长(DT 为常数)的一阶积分方法，即欧拉(Euler)法，该算法容易被理解。但为了控制仿真精度，使用这种算法时用户要首先选择一个 DT 值(比如为最短时间常数的 1/2～1/4)进行运算，然后再取更小的 DT 值重复仿真运算，以便检验第一个 DT 值的合理性。一旦模型结构甚至模型参数发生变化，对 DT 的取值就应当重新考察，这通常需要耗费很大的工作量。到了 1970 年，积分方法的研究有了进一步发展，从而使得让计算机代替人去自动完成选择 DT 的工作成为可能。

### 2.8.1 PD Plus 里的积分

PD Plus 采用了可变步长、三阶的龙格-库塔(Runge-Kutta)积分算法。进行仿真运算时，用户只需选择好所要求的精度，PD Plus 会自动选择合适的 DT 值。在运算过程中，PD Plus 不断地检测积分误差并调整 DT 的大小，以用尽可能少的计算机资源获得用户所要求的运算精度。因此，用户不必去忧虑模型参数的变化对 DT 的影响，而尽可根据需要对模型进行各种修改。PD Plus 能确保满足用户给出的运算精度要求。

同时，PD Plus 备有固定步长的一阶算法(欧拉法)。如果模型为“硬性”(见本节“硬性”部分)的，则转为使用欧拉法。详见本节第 5 部分。

关于积分的算术近似的理论基础是函数的泰勒级数(Taylor Series)，该级数在某点的邻域内展开。如 L 为 t 的函数，希望使 L 的取值与其在 T 点的值相关，即有如下的泰勒级数：

$$L(T+DT)=L(T)+(DT/1!)*L'(T)+(DT**2/2!)*L''(T)+\cdots$$

式中，DT 是关于 T 的微小变化，L′和 L″分别为一阶和二阶导数，并假设函数 L(T)在 T 点附近连续。

取一阶近似时(如欧拉法)，式中只包含泰勒级数的前两项，即

$$L(T+DT)=L(T)+DT*L'(T)$$

如果已知函数 L 的导数：L′(t)=R(t)，则有

$$L(T+DT)=L(T)+DT*R(T)$$

此式刚好与 PD Plus 的水平方程式相对应：

$$L.K=L.J+DT*R.JK$$

近似阶次越高，近似式里所含的项数也越多。并且，随着步长的减少，其误差趋于零的速度越快。

PD Plus 采用的三阶的、可变步长的龙格-库塔法，通过比较三阶和二阶的计算结果实现对精度的控制。根据计算结果决定近似值的可取性，并选择下一个步长或重复该步长，龙格-库塔法具有几乎可随意改变步长的优越性。因此，在适当的情况下，PD Plus 可增大步长 DT 以减少计算次数，从而降低计算机积累误差导致的不准确性并减少计算费用。

PD Plus 采用的三阶近似公式为

$$L(T+DT)=L(T)+DT*\frac{(2*R1+3*R2+4*R3)}{9}$$

式中，R1、R2、R3 为三个导数值，各个系数均从三阶积分算法中推导而得。用不同的权因子将三个导数值重新组合，得到如下的二阶近似公式：

$$LTWO(T+DT)=L(T)+DT*\frac{(R1+3*R2+2*R3)}{6}$$

上述两式相减即得局部截断误差的上限值：

$$E=DT*\frac{(R1-3*R2+2*R3)}{18}$$

### 2.8.2 误差控制

在仿真计算中有三种误差来源：与数字计算机的精度限制相关的积累误差；近似计算中的局部误差；在仿真结束或在仿真过程中的某些重要点上出现的总体误差。构模人员对总体误差最为关注，这种总体误差明显地与局部误差相关。

传统的控制误差的途径是选择固定步长的方法，首先利用一个尽可能合理的估计步长进行计算，然后再用较小的步长重复计算，通过比较两次结果再对首先选定的步长进行评估。以前的 DYNAMO 软件就是采用的这种办法。PD Plus 则是通过计算三阶泰勒近似式里最后一项的大小对局部误差进行监测，并根据误差的情况调节 DT，从而实现以尽可能少的计算次数达到所要求的精度。

积累误差与计算次数直接相关。步长越小，计算次数越多，积累误差就会越大。较高阶的算法通常能以较少的计算时间(次数)获得较高的精度。这类方法再辅之以步长的自动调节，无疑会省时省心。

### 2.8.3　不连续性

除固定步长的欧拉算法外，所有的积分方法只能求连续函数的积分。对于 PD Plus 采用的龙格-库塔法，被积分的函数在每个步长内必须连续，在步长边界则允许不连续。PD Plus 指出要出现在边界处不连续的时刻 TIME(STEP、RAMP、SAMPLE 和 PULSE 等函数出现时即导致这种情况)，并在该点停止龙格-库塔步骤。

NOISE 和 NORMRN 函数是导致不连续的另一因素。如果这类函数在一个龙格-库塔步长内发生变化，其结果就不会有意义。因此，在用户选定的时间长度 DT 内，PD Plus 维持 NOISE 和 NORMRN 函数输出不变。由于该 DT 值将成为积分方法选择步长的一个上限值，故用户应适当地将 DT 选得大一些。

### 2.8.4　硬性

一个模型如果既包含长时间常数、又包含短时间常数，则属"硬性"模型。用系统动力学的术语来讲，相对于长时间常数而言，短时间常数仅产生短暂的过渡效应。然而，短的时间常数却总迫使积分方法根据它们的大小来决定 DT 的取值。时间常数短，则要求 DT 也相应要小，由此就有可能需要大量的计算时间，并且计算的累积误差也可能变得很重要。

PD Plus 所采用的可变步长的三阶积分方法应用于硬性系统时就可能变得不稳定，这种不稳定表现为有关变量结果的振荡。出现这种不稳定现象往往与积分步长有关：一般地，步长越大，不稳定的可能性就越大。至于步长为多大时会变得不稳定，则取决于积分方法的阶数。为了维持稳定，较高阶的积分方法要求步长的取值更小；低阶的积分方法(如欧拉法)则较能适应于硬性系统。

检测模型硬性的途径之一是比较同一个积分在连续两个步长计算中最大误差项的符号。如果积分方法表现出不稳定性，则符号会交替出现；对于非硬性系统，其符号通常不变。误差项与积分式中最高阶导数成正比，如果被仿真的系统是连续的，导数在两个步长之间就不会出现巨大的变化。

这种由于积分方法导致的不稳定性往往会把问题弄糟。如果某个积分方法在获得较高的精度及其他一些方面都很有效，但不能适应系统的"硬性"，那么这种方法对于硬性系统模型仍是不可取的。欧拉法虽然是最为简单的一种算法，但其具有适应硬性模型的特点。只要不是极其硬性的模型(以至于导致积累误差不能容忍)，采用欧拉法总能达到运算要求。如果欧拉法仍不能令人满意，用户要么对模型进行修改以改善模型特性，要么就得求助于某种专门为硬性系统设计的算法。修改硬性模型一般可采用两种方法：一种办法是用等效的静态元素取代模型中有关的动态元素；另一种办法是将短时间常数延长。

采用龙格-库塔法时，如检测出模型为硬性的，PD Plus 将给出报告信息，指出有关的水平变量，然后可转为采用欧拉法。

### 2.8.5　使用 PD Plus 可变积分

启动仿真模块即可选择采用欧拉算法或者龙格-库塔算法。

在仿真模块命令菜单状态下选择 Changes 后，屏幕分类显示出各类常数，其中包括运行参数。移动光标到标明“SPEC’s”的部分，如果 REL_ERR 等于零，则默认使用欧拉法；如果 REL_ERR 为某个大于零的数，则 PD Plus 使用龙格-库塔可变步长积分算法。

### 2.8.6　选择 DT

DT 值必须大于零，否则，PD Plus 将提示“Please correct SEPC’s”(请修改运行参数)。

一般地，DT 应大于或者等于 SAVPER 的取值。如果模型中包含 NOISE 或 NORMRN 函数，则必须考虑可以使其函数值保持不变的某个时间间隔，并以此作为 DT 的取值。由于该 DT 值将作为积分步长的一个上限值，所以必须慎重选取。

### 2.8.7　控制精度

在 PD Plus 的仿真运行中，用 REL_ERR 和 ABS_ERR 两个参数值指定用户所希望的运算精度。参数 REL_ERR 确定相对于水平变量大小的用户可容许的积分误差，是相对误差的概念。例如，某个水平变量将达 1000 个单位，选定 REL_ERR 为 0.01(1%)，则表示对于该变量可容许的误差不超过 10 个单位。参数 ABS_ERR 确定可容许误差的绝对值，是绝对误差的概念。如果 ABS_ERR 等于 0.001，水平变量降至零时，积分方法可容许的误差即为 0.001 个单位。

REL_ERR 是关于各个水平变量的百分数，即相对数；ABS_ERR 则是针对所有水平变量的一个绝对数。为选择 ABS_ERR，首先应考虑哪些水平变量可能接近或通过零，然后根据这些水平变量最大可容许的误差确定 ABS_ERR。

REL_ERR 和 ABS_ERR 可在 SPEC 语句中给出，也可在仿真状态下用 Changes 命令进行修改。PD Plus 默认取值如下：

REL_ERR＝0.01 和 ABS_ERR＝0.001

PD Plus 自动选用欧拉积分算法。如要采用龙格-库塔可变积分算法，置 REL_ERR 为某个大于零的数即可。

一旦模型运行情况良好，可尝试将 REL_ERR 和 ABS_ERR 的取值降低十分之一后再运算。通过考察两次运算结果的差别可进一步调整容许误差的范围，以使积分方法更为有效。

由于 PD Plus 使用的是单精度计算，对于 REL_ERR，其取值小于 $10^{-4}$ 或 $10^{-5}$ 时并不具有实际意义。另外，当 REL_ERR 小于 1% 时，应考虑采用 TABPL 函数，该表函数在各点光滑连接。

## 2.9　PD Plus 报告生成模块

PD Plus 报告生成模块(Report Generator，简记为 REP)使得用户能够方便地按照需要的格式生成各种报告。通过一个报告格式文件(具有扩展名.DRS)来实现对报告内容和格式的控制。在调用 REP 之前，用户必须用 PD Plus 提供的报告生成语言建立一个.DRS 文件。一旦建立起该文件，对于模型的多次运行即可反复调用该文件，从而很快、很方便地生成各次运行结果的完整报告。

### 2.9.1　启动 Tools

如果从 PD Plus 用户接口调用报告生成模块，首先必须进入 Tools 命令菜单。Tools 由若干模块组成，用于完成 PD Plus 的高级功能。由于 Tools 不是一个单个的模块，因此只能从 PD Plus 用户接口进入。

在 PD Plus 命令主菜单键入字母“T”，或者移动光标到“Tools”并按“Enter”键，屏幕显示 Tools 命令菜单如下：

Tools：Document Dynex Report Utilities Help Esc Quit

菜单中有七项可选择的命令：文档、执行接口、报告、应用、帮助、Esc 和 Quit。移动光标到命令上并按“Enter”键，即可执行该命令。

选择 Help，屏幕显示关于 Tools 的帮助信息。

选择 Esc，退出 Tools，返回 PD Plus 命令主菜单。

选择 Quit，退出 PD Plus，返回到 DOS 状态。

### 2.9.2　启动报告生成模块

**1. 从 PD Plus 用户接口启动报告生成模块**

首先在 PD Plus 命令主菜单选 Tools。在 Tools 命令菜单键入字母“R”，或者移动光标到“Report”并按“Enter”键，即进入报告生成模块。屏幕列出当前目录下所有的运行结果文件(.RSL 文件)。选择要报告的结果文件后按“Enter”键，屏幕又显示当前目录下所有的报告生成文件(.DRS 文件)。选择.DRS 文件后，屏幕列出如下两个选择项：

· Append to output file：生成的报告是否要与输出文件里原有的内容连接在一起。默认值为 y，表示连接。键入“n”则表示覆盖原有的内容。

· Write output to：将生成的报告写入什么地方。默认选择为写入与结果文件同名的.OUT 文件。用户可键入自己希望的输出文件名。

选择完后按“Esc”键，REP 根据.DRS 文件规定的格式，将.RSL 文件里的运行结果生成报告。如有错误，PD Plus 将自动退出 REP 并进入编辑模块，用户可直接对.DRS 文件进行修改。

**2. 在 DOS 状态下启动报告生成模块**

在 DOS 提示符状态下键入如下信息：

REP 结果文件名 报告格式文件名

该命令中的两个文件名顺序不能颠倒。如没有指明报告格式文件名，REP 将调用与结果文件同名的.DRS 文件。在 DOS 状态下调用 REP 时可加选择项：

－outf 文件名：将生成的报告写入该文件(自动加扩展名.OUT)。如无该项选择，报告将写入与结果文件同名的.OUT 文件。

－t：生成的报告覆盖输出文件里原有的内容。

－plm ＃：以图形方式绘曲线。＃可取四个值：6、14、16 或 40(见第 2.7 节)。

－plpr：以字符图形方式绘曲线(见 2.7 节内容)。

－txi n：指定图形中时间(TIME)刻度线的间隔。默认的时间刻度线间隔值为

SAVPER 取值的 10 倍。

### 2.9.3 报告输出

启动报告生成模块后，如果没有错误，将显示图形和数字报告，并生成报告输出文件。图形将按照.DRS 文件中给定的顺序在屏幕上显示。按“Enter”键显示下一个图形。在显示过程中，REP 对图形按顺序编号。键入图形编号并按“Enter”键能重新显示已编号的图形。如启动 REP 时用了－plpr 选择，即字符图形方式，则所有的图形显示后被存入输出文件。常规图形(选择－plm ＃)只在屏幕上显示。图形可打印，见 2.7 节内容。

数字报告将在屏幕上显示，并被存入输出文件。在显示过程中，用“Ctrl＋S”键暂停显示。如果从 PD Plus 用户接口启动 REP，报告生成结束后，PD Plus 将自动调出报告输出文件(.OUT 文件)，直接进入编辑模块。

### 2.9.4 绘图语句

在启动报告生成模块之前，用户必须用编辑模块 ED 建立一个报告格式文件(.DRS 文件)。报告格式文件中主要有三类语句：绘图语句、报告语句及结构控制语句。这些语句可从任一列开始，里面的空格将被忽略。每一个绘图语句或报告语句都被自动续行，直至下一个绘图语句或报告语句出现。REP 不能识别模型文件中采用的续行标志符“^”，如果语句太长，直接新起一行即可。.DRS 文件中可用 NOTE 语句写入注释信息，但 NOTE 必须从第一列开始。.DRS 文件不区分字母大小写。

**1. 简单的绘图语句**

以 PLOT 标识绘图语句，后面跟变量名，变量名之间用逗号分隔：

PLOT VAR1，VAR2，VAR3

一个图中最多可绘制六条曲线，如 PLOT 语句中变量超过六个，将只绘出前六个变量的曲线。REP 将自动选择每个变量的曲线类型及刻度。曲线均以时间 TIME 为横坐标。如 PLOT 语句中有数组名，将绘出数组中所有元素的曲线。

**2. 标题和名称**

在 PLOT 后面可利用双引号给出图形标题。标题最多为 60 个字符，它将出现在图形上方中间。在变量后可用双引号给出用户所希望的变量的图形显示名称，该名称在图例中出现，最多为 60 个字符。如不为变量加图形显示名称，REP 将在图例中直接用变量名。例如，一个图的标题为 Population，变量 BRT 在图例中标志为 Birth Rate，则绘图语句如下：

PLOT “Population” BRT “Birth Rate”

**3. 刻度**

REP 将自动地以不同的刻度绘出各个变量的曲线。如果一个图中的某几个变量需要以同一刻度显示，则将这些变量放在角括号“＜ ＞”里。在角括号里的最后可加上两个数值指明刻度值的上下界。语句的一般格式如下：

PLOT ＜变量清单，刻度下界，刻度上界＞

如果不标明上、下界值，REP 将自动确定刻度。可借助星号 * 指定曲线刻度的单边界值：

PLOT＜VAR1，VAR2，VAR3，0，*＞

**4. 曲线类型**

REP 能根据微机硬设备情况自动确定曲线的类型。备有彩色图形卡时，可绘出彩色曲线；备有单色图形卡时，将绘出实线、虚线及各种类型的点画线。当以文本方式绘图时，则采用字符型曲线。用户可用－plm 或－plpr 进行选择，改变 REP 默认的曲线类型，见 2.7 节内容。

在 PLOT 语句中，变量名后面用符号“~”和曲线类型指示符指定曲线类型。曲线类型指示符如下：

| | | | |
|---|---|---|---|
| ~1 | 实线 | ~A | 实白线 |
| ~2 | 长画线 | ~B | 实绿线 |
| ~3 | 中画线 | ~C | 实蓝线 |
| ~4 | 点线 | ~D | 实红线 |
| ~5 | 长画线和点 | ~E | 实洋红线 |
| ~6 | 中画线和两点 | ~F | 实黄线 |

数字 0～9 和字母 A～Z 均可作为曲线类型指示符，但用户必须试验各数字和字母的曲线类型，以采用合适的指示符。符号~与曲线类型指示符之间不能有空格。

当用－plpr 选择字符曲线时，可选用任何字符。

如对数组全元素绘图时，只标明了一种曲线类型，报告生成模块将自动按顺序采用不同的曲线类型指示符，以区别不同元素的曲线。

典型的语句如下：

```
PLOT VAR1~1, VAR2~5
PLOT VAR4~A, VAR5~E
PLOT POP(*)~B
```

**5. 多方案比较绘图**

用 PLOT 语句可对多个运行方案的结果在同一个屏幕上绘图。因此，用户可方便地进行多方案比较分析。对多方案结果同时绘图时，要求在变量名后加上运行下标，即在变量名后加一小圆点“.”，再紧接着标上结果文件名(不要加扩展名)。例如：

PLOT　＜ABC，ABC.POL2＞

对于该语句，REP 将默认的结果文件和 POL2.RSL 文件中的 ABC 以相同的刻度在同一个屏幕上进行显示。

**6. 算术表达式**

PLOT 不仅可以对变量绘图，还可以对算术表达式直接绘图。例如：

PLOT　“Population in millions” TPOP/1E6

如对算术表达式没有给出图形显示名，则在图例中将标作“…”。

PLOT 语句的各种功能均可结合使用。

**7. 自选自变量绘图语句 PLOTXY**

PLOT 均给出以时间 TIME 为自变量(横坐标)的曲线，PLOTXY 则允许用户自己选定自变量。在 PLOTXY 语句中，第一个变量必须是用户给定的自变量，其后的变量即为要绘图的变量。在其他方面，PLOTXY 语句与 PLOT 语句功能完全相同。例如，用如下语句描绘变量 PROD 和 QUAL 随变量 WM 变化的曲线：

PLOTXY WM"Worker Morale", PROD"Productivity", QUAL"Work Quality"

## 2.9.5 报告语句

报告语句主要用于生成表格形式的报告。保留字 REPORT 用于标志报告内容的开始(同时也标志任何一个 PLOT 语句的结束)。

**1. 变量**

用户必须告知 REP 需要报告的内容，这些内容可以是变量、运算式或者一段说明文字。对要报告的变量，必须指明变量名、下标(对数组而言)、时间及.RSL 文件。时间在方括号内标志：

TPOP[1981]

POP(YOUNG).POL2[1982]

如果没有指明时间或运行名(结果文件名)，REP 将采用默认选择。默认的时间为 TIME 的初值，默认的运行名即启动 REP 时的结果文件名。可用 TIME 和 RUN 语句改变默认时间和运行名：

TIME=1982,

RUN=POL2,

TIME 和 RUN 语句后面的所有语句都将使用新定义的默认值。

在有数组的情况下，FOR 变量可用作下标，但一个 FOR 变量只能取一个下标值。FOR 变量的默认值为 1，即第一个指标。可按如下方式指定 FOR 变量的取值：

AGE=YOUNG,

POP(AGE),

可在双引号内加入说明文字对数值进行解释。每行不能超过 120 个字符。如说明信息太多，可用多行书写。分号"；"使报告换行：

"FOR the uptown store we had："；

"Sales of，"SALES(STOR1),

**2. 报告格式**

报告中的各项内容用逗号隔开，FORMAT 语句确定每行报告内容的多少及其在一行中的位置。在 FORMAT 语句中，用整数规定各项内容在一行中的位置基准(列数)，整数后用一个符号给出各项内容的定位原则(见下例)。三个定位原则符号如下：

< 从左定位，输出从指定的列数开始；

— 中间定位，输出以指定的列数为中心；

> 按右定位，输出在指定的列数结束。

例如：

FORMAT="1<，20—，40<，60>"

该语句定义每行输出四项内容：第一项从第 1 列开始；第二项在第 20 列居中；第三项从第 40 列开始；第四项在第 60 列结束。输出最多不能超过 120 列，否则将出现覆盖的情况，REP 不给出警告信息。默认 FORMAT 语句格式如下：

FORMAT＝“1＜，14＜”

**3. 数值打印**

引号内的文本信息将完全按在.DRS 文件中的书写格式输出。数值打印语句 PICTURE 仅适用于数值的输出。PICTURE 语句由一系列字符组成，指明以怎样的形式打印数值。语句中可用的字符如下：

· V 或 v：整数结束标志。V 左边为整数部分，右边为小数部分。V 的作用仅在于标明打印时最后一位整数的位置。如语句中没有指明 V，REP 则认为 V 作为最右端的字符。

· Z：如果该位置不是前位零(非零数字前面的零)，则在 Z 出现的位置打印该数字。如是前位零，则将该位置作空格处理。

· 9：与 Z 的作用基本相同，但打印前为零。

· .或/：当这类字符出现在 V 或打印字符右边时，在该位置打印这类字符。

· － ：当数值为负时，在该列打印负号。

· (,)：当数值为负时，在该列打印左括号或右括号。

· CR，cr：当数值为负时，打印字符 CR。

· ＄：在该列打印该字符。

· ＋：如果数值为正则打印正号，如果数值为负则打印负号。

· ＋＋：如果数值为正则在第一个非空字符前打印一个正号，如果数值为负则在第一个非空字符前打印一个负号。

· B：在 B 出现的列打印空格。

数值中的其他字符则在出现的列被打印。REP 默认的数值打印形式如下：

PICTURE＝“－－－，－－9v.99”

下面给出几个按 PICTURE 语句打印输出的例子。

| 数值 | PICTURE＝ | 打印输出 |
|---|---|---|
| 12.3456 | “99，999V.99” | 00，012.35 |
| 12.3456 | “＋Z,ZZ9V.99” | ＋12.35 |
| －12.3456 | “－－，－－9V.99” | －12.35 |
| .3456 | “ZZ,ZZ9V.99” | 0.35 |
| .3456 | “ZZ,ZZ9.99” | 0.00 |
| .3456 | “ZZVZZ.9％” | 34.6％ |

**4. 算术表达式**

REP 允许用户用算术表达式定义新的变量，这些变量的定义必须基于.RSL 文件里的变量值。以这种方式定义的变量仅用于报告生成，称为局部变量。定义局部变量的语句格式如下：

变量名＝算术表达式

局部变量的定义必须服从以下规定：

(1) 该变量不能出现在结果文件里；

(2) 不能使用保留字；

(3) 不超过 7 个字符；

(4) 没有任何下标；

(5) 在使用前进行定义。

表达式中可使用算术运算符：+，−，*，/。此外，定义局部变量时，可使用“大于”和“小于”两种条件句：

```
IF TOTPOP>0
THEN PCI=INCOME/TOTPOP
ELSE PCI=0.0
END
```

### 2.9.6　结构控制语句

REP 提供 FOR 循环语句及条件语句，使得用户能够容易地完成大量相似的报告生成工作，并方便地选取具有意义的计算结果。

**1. FOR 循环语句**

REPORT 备有 FOR…DO…END 的循环语句结构，用户借助它能够以简洁的语句完成一系列报告输出。用户在 FOR 语句中指定时间 TIME 或运行名的选取。例如：

```
FORMAT="1<, 3<, 7<, 35>"
FOR TIME=70 T0 85 BY 5 DO
    "19", TIME, "Net Profit", NTPRF;
END
```

该循环语句则导致当时间 TIME=70、75、80 和 85 时，对字符串“19”、时间 TIME、字符串“Net Profit”和变量 NTPRF 每次均以相同的格式输出。如果要求每循环一次，TIME 增加为 1，则应有 BY 1，此时可略去关于步长(BY 1)的描述。

循环参量可以是数组的下标变量(FOR 变量)：

```
FORMAT="1<, 10<, 20<, 30<"
"North", "East", "South", "West";
FOR RGN=NORTH TO WEST DO
  PROD(RGN)[1980];
END
```

循环参量也可以是运行名，但运行名必须逐个列出，并用逗号隔开：

```
"Net Profits in Alternative Runs"
FOR RUN=BASE, POL1, POL2, POL3, DO
      PROFIT;
END
```

FOR…DO…END 循环语句结构可以嵌套使用。

**2. 条件语句**

REPORT 提供的条件语句可使用户方便地对报告内容进行选取。语句的基本结构为 IF…THEN…ELSE…END。一般格式如下：

```
IF 表达式 1<(或>)表达式 2
THEN…
END
```

或者

```
IF 表达式 1<(或>)表达式 2
THEN…
ELSE…
END
```

在 IF 语句中，用大于符号或小于符号对两个表达式进行比较。IF 语句与 FOR 循环结构一样，条件语句结构也可嵌套使用。

**3. 字符串和字符串名**

字符串必须放在单引号或双引号里（'…'或"…"）。为避免出错，对字符串的书写应尽可能在一行里完成。字符串能够直接被打印。可为字符串赋名称，以备他用。例如：

```
FRM1="1<, 10<…",
FRM2="4<, …",
FORMAT=FRM1,
…
FORMAT=FRM2,
…
```

REP 允许定义字符串名向量，以便为数组的各个元素提供不同的字符串。定义字符串名向量时，字符串名之间用斜杠"/"隔开。例如：

```
RGNDESC="NORTH"/"EAST"/"SOUTH"/"WEST"
```

使用向量中一个字符串时，必须标明下标。例如，打印第 I 区域的字符串：

```
RGNDESC(I)
```

**4. 页面标题**

如果用户希望在每页上方打标题，可用 HEADING…END 语句定义要打的内容。例如：

```
PAGENO=0,
HEADING
FORMAT="38- 75< 80<",
PICTURE="Z9",
PAGENO=PAGENO+1,
"TITLE", "PAGE", PAGENO; ; ;
END
```

HEADING…END 语句只定义每页台头要打印的内容和格式，在需要打印的地方必须使用保留字 NEWPAGE，才能使被定义的内容被打印。

控制结构语句可与绘图语句结合起来使用，从而可用一条 PLOT 语句给出若干个图形，或利用逻辑表达式对众多的图形进行选择输出。

### 2.9.7　报告语句中的符号和保留字

**1. 符号**

，用于分隔输出内容。

；可使报告换行。

＝ 用于定义局部变量，或为 TIME、运行名或字符串赋值。“＝”不能用于条件语句中。

( ) 标志下标量。

[ ] 标志时间。

. 用于放在运行名的前面，或为小数点。

‘’ 是字符串定义符。

“” 是字符串定义符。

/ 用于分隔字符串，或为除号。

＜ ＞ 是相同刻度绘图标志符。

～ 用于放在曲线类型标志符前面。

＊ 代表数组中一维的所有元素，或为乘号。

＋、－、＊、/、()为运算符号，用于定义算术表达式，或定义局部变量。

＜ 表示小于。

＞ 表示大于。

**2. 保留字**

保留字包括 BY、DO、ELSE、END、FOR、FORMAT、HEADING、IF、NEWPAGE、PICTURE、PLOT、PLOTXY、REPORT、RUN、THEN、TIME、TO。

### 2.9.8　报告举例

下面是一个.DRS 文件及由该文件生成的输出报告。

.DRS 文件

```
pageno=0
rundesc="Base run"/"Alternate Policy"
runno=1,
heading
    pageno=pageno+1,
    format="65< 70<", picture="Z9"
    "Page", pageno,
    format="35> 37<"
    "profit & Loss-", rundesc(runno);;
end,
mlns="(, (((, ((9)", prcnt="--V-9%",
for run=exbase, expol do
    newpage,
    format="15- 30- 45- 60-"
```

```
    " ", " ", " ", "Change from";
    "sales", "Expenses", "Profits(Loss)",
    "previous year"; ;
    for time=80 to 85 do
        format="5< 18> 33< 48> 63> "
        picture=mlns, sales, expc, prfts
        if time >80 then
            picture=prcnt,
            (prfts-prfts[time-1]) /prfts[time-1]
        end
    end
    runno=runno+1
end
```

生成的输出报告

PAGE1

Profit & Loss - Base Run

| | SALES | EXPENSES | PROFITS (LOSS) | CHANGE FROM PREVIOUS YEAR |
|---|---|---|---|---|
| 80 | 15.800 | 14.500 | 1.300 | |
| 81 | 18.900 | 19.200 | (300) | −123% |
| 82 | 21.400 | 22.500 | (1.100) | 267% |
| 83 | 22.500 | 23.500 | (1.000) | −9% |
| 84 | 25.900 | 25.100 | 800 | −180% |
| 85 | 30.200 | 28.900 | 1.300 | 62% |

PAGE2

Profit & Loss — Altomate Policy

| | SALES | EXPENSES | PROFITS (LOSS) | CHANGE FROM PREVIOUS YEAR |
|---|---|---|---|---|
| 80 | 15.800 | 14.500 | 1.300 | |
| 81 | 18.000 | 18.200 | 700 | −46% |
| 82 | 21.400 | 21.500 | (100) | −114% |
| 83 | 22.500 | 22.500 | 0 | −100% |
| 84 | 25.900 | 24.100 | 1.800 | 3333.e30 |
| 85 | 30.200 | 27.100 | 31.00 | 72% |

# 2.10　PD Plus 文档模块

PD Plus 文档模块(Documentor)具备三方面功能：提供关于用户模型的各种报告清单(文档功能)；对用户模型进行标准格式化处理(重新格式化功能)；将 DYNAMOⅡ和 DYNAMOⅢ格式的模型变换成 PD Plus 格式模型(变换功能)。PD Plus 用户接口将文档模块的三方面功能纳入不同的命令渠道：文档功能由 Tools 的文档子命令 Document 进行调用；重新格式化和变换功能则由 Tools 的应用子命令 Utilities 进行调用。本节讨论该模块的文档功能。

## 2.10.1　用户模型的报告清单

Documentor 的文档功能产生的用户模型报告清单具有以下特点：

(1) 方程按一定逻辑关系分组排列；

(2) 在每组方程后给出方程中各量的解释信息；

(3) 解释信息包括指明该量在何处定义；

(4) 在每个方程右端(或在另外的清单中)列举出该量用于何处；

(5) 列出关于模型中各量名称、类型、解释及在何处被计算的清单。

用户模型及其报告清单

## 2.10.2　模型准备

为了尽可能有效地利用文档模块的功能，用户应首先对模型在书写格式上做一些必要的准备。

**1. 大模型的分解**

用户应根据模型内容和结构上的特点，尽可能将大模型划分为几个子块。书写模型时按子块集中，用星号语句起头标志各个子块：

```
*100 NEW SECTOR
```

语句中数字应紧跟在 * 号后面。上述语句让文档模块完成以下三件事：

(1) 开始新的一页；

(2) 将 NEW SECTOR 用作页面标题；

(3) 将星号后的第一条语句编号为 100。

**2. 方程的顺序**

应尽可能将方程按一种自然的、便于阅读的顺序排列。首先安排活性方程，可采用“追踪”型排列方式：当一个方程被描述后，如方程右端有些量还没有出现过，则接着定义这些量，直至所有右端的量均被定义，然后选另一个还没有涉及的量进行描述。

活性方程安排好后，就将常数和表量方程紧接着置于相应的活性方程后面，初值方程则在相应的活性方程及 B、P 或 T 方程之后。

**3. 量的解释**

在模型中对各个量的含义给出解释信息是很重要的，当模型很大时尤其如此。有以下两种方式提供量的解释信息。

一种提供解释信息的方式是直接在模型中给出量名意义解释：在方程后的注释区(见2.3节内容)写入解释信息，或在方程下一行用注释语句提供。注释语句由空格或NOTE标志。例如：

```
L  POP.K=POP.J+DT*(BRTHS.JK-DTHS.JK)
   POPULATION(PEOPLE)
R  BRTHS.KL=BRTHRT*CRWDF.K
NOTE                 BIRTHS(PEOPLE/YR)
C  BRTHRT=0.004      BASIC BIRTH RATE
NOTE                 BEFORE FACTORS
```

模型中并非一定要给出量的单位，但给出量的单位对查阅模型很有帮助。单位放在括号里表示，既可置于方程后，也可放在量名解释后。

另一种提供解释信息的方式是建立专门的量名解释文件。该文件可由编辑模块产生，具有扩展名.DEF。解释文件中量名从第一列开始，量名后至少空一格，然后书写量的含义及单位。每行字符不得超过120个，第一列空格即为续行。可用星号引出注释语句。例如：

```
*  THIS IS A SAMPLE DEFINITION FILE
POP POPULATION(PEOPLE)
BRTHS BIRTHS(PEOPLE/YEAR)
```

**4. 方程编号**

Documentor可按两种原则给方程编号：按方程类型编号或按行首空格多少编号。默认方式为按方程类型编号。对每一个活性方程赋"主号"，用整数表示；对紧跟在活性方程后的常数、表量和初值方程(支持方程)赋"从号"，以相同的主号后加一小数表示。如活性方程编号为3，则其支持方程编号为3.1、3.2、…。启动Documentor时用户可选择按方程行首空格编号。默认的按行首空格编号方式为：在第7列以前开始的方程被认为是"主方程"，赋主号；从第7列或以后开始的方程被认为是"从方程"，赋从号。

通过选择"主增量"(－MJI，见本节"启动文档模块"部分内容)来决定主方程间可容纳的从方程数。默认的主增量为10，从方程编号按0.1递增。用户可选主增量为100，则从方程编号按0.01递增。

用星号语句可以标志不同的模型子块，同时可决定该子块方程的起始编号。星号语句格式见本节"大模型的分解"。

## 2.10.3　启动文档模块

**1. 从PD Plus用户接口启动文档模块**

在PD Plus命令主菜单选择"Tools"，进入Tools命令菜单后键入字母"D"，或者移动光标到"Document"并按"Enter"键。屏幕列出当前目录下所有的模型文件(.DYN文件)。用箭头键和"Enter"键选择文件后，屏幕显示如下的选择项菜单，菜单中包括各选择项的默认值。

| | |
|---|---|
| Definition file： | |
| Group by indent： | n |
| Include FOR variables： | n |
| Major increment： | 10 |
| Minor column： | 7 |
| Minor increment： | 1 |
| Form feeds： | y |
| Number by indent： | n |
| Suppress Documentor listing： | n |
| Suppress List of Variables： | n |
| Suppress Undefined Variables： | n |
| Suppress Where-Used Lists： | n |
| Where-Used List ONLY on right： | n |
| Where-Used List ONLY separate： | n |
| Left margin： | 1 |
| Lines per page： | 66 |
| Page width： | 132 |
| Suppress initial pages： | 0 |
| Suppress page headings： | n |
| Top margin： | 3 |
| Width： | 80 |
| Redirect output to： | FILENAME.doc |

选择项输入分为三类：数字、y 或 n、文件名。各选择项的含义及输入要求见本节“在 DOS 状态下启动文档模块”。用上、下箭头键移动光标，对各项进行选择，然后按“Esc”键，PD Plus 即对模型进行文档化处理，屏幕上部同时显示如下信息：

Documenting：FILENAME.DYN [－options]

指出正在进行文档化处理的模型，并用方括号标出用户给出的选择项。

Document 命令结束后，屏幕仍回到 Tools 命令菜单。按“Esc”键返回 PD Plus 命令主菜单。选择“Quit”退出 PD Plus，返回到 DOS 状态。

**2. 在 DOS 状态下启动文档模块**

在 DOS 提示符状态下键入如下信息：

DOC 模型文件名

模型文件名后可跟若干选择项，选择项用空格隔开，每个选择项前必须有符号“－”。可用的选择项如下：

－DEFF 文件名：(Definition file)量名解释文件。当模型中量名解释由一个.DEF 文件提供时，需用此选择，Documentor 将从给定的文件(具有扩展名.DEF)里读取解释信息。

文件名可用等号"＝"代替，即量名解释文件是与模型同名的.DEF 文件。如果在模型中已给出量名解释，则不用此选择。从 PD Plus 用户接口启动时，在文档处理的选择菜单中将此项空出。

－GRPI：(Group by Indent)按行首空格将方程分组。在文档报告的模型描述清单中，方程均分组排列。REP 默认按方程类型分组，遇到活性方程则开始新的一组。选此项后按方程行首空格(即方程开始的列数)多少分组，遇到从列(－MNC)以前开始的方程，则开始新的一组。

－IFOR：(Include FOR variables)包括 FOR 变量。在量使用地点清单中一般不包括 FOR 变量。

－MJI n：(Major Increment)主增量，见本节"方程编号"，其默认值为 10，最大可选 100。

－MNC n：(Minor Column)从列。在该列以前开始书写的方程为主列方程，从该列或以后开始书写的方程为从列方程。MNC 默认值为 7。

－MNI n：(Minor Increment)从增量，即从方程编号增量，其默认值为 1。

－NFF：(No Form Feed characters)无换页字符。

－NUMI：(Number by Indent)按行首空格编号，即主列方程赋主号，从列方程赋从号。REP 默认按方程类型编号，即 B、C、I、K、N、P、T 等方程赋从号，其他方程赋主号。

－SDOC：(Suppress Documentor listing)不列模型描述清单。

－SLVR：(Suppress List of Variables)不列量名清单。

－SUDV：(Suppress Undefined Variables)不列无解释量清单。

－SWU：(Suppress Where-Used list)不列量使用地点清单(包括单独的和方程右端的量使用地点清单)。

－WUR：(Where-Used list to the Right)不列单独的量使用地点清单，仅列出方程右端的量使用地点清单。

－WUS：(Where-Used list Separate)不列方程右端的量使用地点清单，仅列出单独的量使用地点清单。

－LFTM n：(Left Margin)页面左边空格数，其默认值为 1。

－LPP n：(Lines Per Page)每页行数，包括页面上下空行，其默认值为 66。

－PGW n：(Page Width)页宽，即输出的最大列数，其默认值为 132。

－SPG n：(Suppress initial Pages)去掉输出的前 n 页，其默认值为 0。

－SPGH：(Suppress Page Headings)去掉每页上边的页号、注释信息和日期。

－TOPM n：(Top Margin)页面上、下空行数，其默认值为 3。

－WDTH n：(Width)文档输出宽度。这里指模型描述清单(方程右边的量使用地点清单除外)的宽度。WDTH 的默认值为 72，允许变化的范围为 $60 \leqslant n \leqslant 80$。

－OUTF 文件名：(Redirect Output to)重新指定输出。默认的输出为与模型同名的.DOC 文件。采用此选择项后文档报告写入指定的文件。如需输出文件带有扩展名，则这里必须标明。如用 PRN 取代文件名，则输出到打印机上打印。如用 CON 取代文件名，则输出到屏幕上显示。

## 2.11 PD Plus 执行接口

PD Plus 执行接口(DYNAMO for Executives，记为 Dynex)是一个模型接口。有经验的构模人员借助于该模型接口，能够设计一种结构型的、易于理解的方式来控制和运行模型；而一个对 PD Plus 不了解的用户只需按屏幕提示对一些简单的问题进行回答，即可改变模型参数、运行模型并查阅结果。为叙述方便，在本节中将那些对模型和 Dynex 都很熟悉的人称为“构模人员”，将那些对 PD Plus 和系统动力学模型不甚了解的人称为“用户”。

为使用 Dynex，构模人员首先必须建立一个专门用于 Dynex 的屏幕方式文件(具有扩展名.DNX)，该文件包含若干命令和信息。Dynex 按照.DNX 文件设定的方式直接与终端用户对话，显示各种说明信息，并给出提示，引导用户完成各种修改和选择。

Dynex 的工作过程如下：首先读取由编译模块产生的.SMT 文件和.DAT 文件；然后读取.DNX 文件、显示说明信息、提示终端用户、引导用户改变参数或进行选择，整个过程是交互进行的；再将用户输入的数值写入.DAT 文件，将 Dynex 的文本输出写入.DRS 文件。Dynex 的执行过程实际上是完成对模型数据文件(.DAT 文件)的修改，并生成输出文件(.DRS 文件)。在此基础上，用户就可运行模型并查阅结果。只不过这一过程是以一种人机对话的简易、直接的方式完成的。

有了编译过程的模型并建立了.DNX 文件，构模人员需要用 DOS 命令建立一个批处理文件(.BAT 文件)，以调用 PD Plus 模块、控制运行过程及方式、形成一个所期望的自动执行结构。用此执行结构，即便是一个不熟悉模型的人也能以人机对话的方式修改参数、运行模型、进行试验运算和分析。所以，为有效地使用 Dynex，构模人员必须建立一个性能良好的模型，设计合理的参数修改及选择方式(.DNX 文件)，并建立控制试验性仿真运算的命令执行结构(.BAT 文件)。下面是一个批处理文件的例子：

```
:Loop
Dynex POP
IF ERRORLEVEL 4 GOTO Exit
Smlt POP - go =
Rep POP
GOTO Loop
:Exit
```

### 2.11.1 启动执行接口

#### 1. 从 PD Plus 用户接口启动执行接口

在 PD Plus 命令主菜单选择“Tools”，进入 Tools 命令菜单后，移动光标到 Dynex 并按“Enter”键(注意：在 Tools 菜单状态下直接按字母“D”将启动文档命令 Document，而不是执行接口 Dynex)，屏幕列出当前目录下所有的.SMT 文件。用箭头键和“Enter”键选择文件后，屏幕显示如下两个选择项：

• Create Logical Listing：列出.DNX 文件的逻辑结构清单。默认选择为“n”，即不列清单；如选“y”，则 Dynex 不再作交互式会话运行，仅按一定的逻辑关系列出.DNX 文件清单，该清单清楚地表明.DNX 文件中的嵌套结构。

· Copy Statements to：将文本语句拷贝到指定的文件。Dynex 将不能识别的文本语句拷贝到当前输出文件。默认的输出文件为与模型同名的.DRS 文件。用户可键入自己希望的输出文件名，如没有指明扩展名，Dynex 将认为是.DRS。

移动光标进行选择，然后按"Esc"键，Dynex 执行结束后屏幕回到 Tools 命令菜单。如要运行模型并查阅结果，用户就必须再调用仿真模块和结果查阅模块。

**2. 在 DOS 状态下启动执行接口**

在 DOS 提示符状态下键入如下信息：

DYNEX 文件名

该文件名必须是模型文件名，与.SMT 和.DAT 文件同名。文件名后可跟如下选择项：

－d 文件名：指定输出文件名，见本节对 Copy Statements to 的解释。

－l：列出.DNX 文件的逻辑结构清单，见本节对 Create logical listing 的解释。

－h 文件名：调用指定的帮助(Help)文件。如果用户提供了与模型同名的.HLP 文件，Dynex 就将其作为默认的帮助文件；否则，Dynex 将 PD Plus 提供的 DYNEX.HLP 作为默认的帮助文件。

## 2.11.2　建立.DNX 文件

.DNX 文件用 Dynex 控制语言编写。该语言很灵活，能够方便地产生用户所希望的交互式工作环境。文件中所有语句都从第一列开始，大小写字母均可以。

**1. 显示语句 DISPLAY…DEND**

任何解释或说明信息均可用 DISPLAY…DEND 语句描述。DISPLAY 与 DEND 之间的任何内容(包括空格、空行)都将完全不变地显示在屏幕上，但并不显示 DISPLAY 和 DEND。这些被显示的行称作 DISPLAY 文本。DISPLAY 文本通常用于说明 Dynex 的基本特点、显示选择菜单、描述要设定的参数等。例如：

```
DISPLAY
This is a population model
DEND
```

用 DISPLAY CLEAR 语句可清除屏幕上原来的显示，并开始显示该语句下面的内容，直至出现 DEND。

用 DENDQ 取代 DEND 可消除 Dynex 的屏幕提示。只要.DNX 文件中出现 CQ、TQ 或 CHOICE(S)等语句，Dynex 就会给出屏幕提示信息。DENDQ 可使 Dynex 取消对下一个 CQ、TQ 或 CHOICE(S)语句的提示。

DISPLAY 文本中如果出现关于参数名和数字的算术表达式，并且表达式前加有符号"#"，Dynex 将计算该表达式，并在表达式出现的位置显示计算结果。例如：

```
DISPLAY
Remember, the birth rate for youth is #BRTHY
          the birth rate for old is #BRTHO
Now enter your 2 values for death rate:
```

```
DENDQ
```

这段语句将使 Dynex 在屏幕上显示如下信息：

```
Remember, the birth rate for youth is 0.1
    The birth rate for old 0.02
Now enter your 2 values for death rate:
```

表达式中可包含参数名、数字、算术运算符、max(a, b)和 min(a, b)函数。参数名可具有由元素名或整数表示的下标。表达式从符号 # 开始，以空格或逗号结束。

**2. 选择语句 CHOICE(S)…CEND**

CHOICE n 语句提供 n 项可供选择的语句内容，允许用户选择其中之一。这 n 项内容在 CHOICE n 语句后依次给出，每项均以 CEND 结尾，至第 n 个 CEND 语句出现，选择语句结构结束。如果没有紧接在 CHOICE n 语句之前用 DENDQ，Dynex 执行该语句时将提示如下信息：

```
enter your choice:
```

用户键入从 1 到 n 的任一数字，Dynex 则执行对应该数字那一项的语句内容。CHOICE n 语句提供 n 项可供选择的语句内容，允许用户选择一项、两项直至全部 n 项的语句内容。对于 CHOICE n 语句，Dynex 接受用户输入从 1 到 n 的任何数字。如果选择多项，则输入的各个数字之间用空格或逗号隔开。通常在 CHOICE(S)…CEND 语句结构前用 DISPLAY 语句提供关于各项选择的解释信息。

CHOICE(S)语句可以嵌套使用。利用嵌套的选择语句，用户可以方便地生成选择菜单的多层次结构。

没有选择内容的 CHOICE 1 语句比较特殊，需要用户按“Enter”键作答。可用如下语句实现固定屏幕显示(直至按“Enter”键)的功能：

```
DISPLAY
…
Press ENTER to continue
DENDQ
CHOICE 1
CEND
```

**3. 参数修改语句 CQ 和 TQ**

利用 CQ 和 TQ 语句(或 BQ、IQ、PQ、SPECQ 语句)，可实现修改常数和表量的功能。参数修改语句举例如下：

```
CQ   ABC=3.0
TQ   PRD=14 6 5 20
CQ   SQFEET(PLANT)=le6
TQ   TABCON=1 2 3
   4 5 6
```

每当遇到这类语句时，Dynex 自动提示用户键入修改值并按“Enter”键，或按“Enter”键直接使用屏幕上显示的数值(即不修改)。如对上面 TQ PRD 语句，Dynex 将提示如下信息：

enter your 4 values, and press ENTER, or just ENTER to use these values:

14 6 5 20

必须指出，Dynex 显示的是从.DAT 文件读出的数值，而不是.DNX 文件中在 CQ 或 TQ 语句里给出的数值。用户如输入以下四个数值(数值之间用逗号或空格分隔)：

20 5.5 10 20

Dynex 就将这四个数再写入.DAT 文件。由于 Dynex 提示时并不显示相应的量名，可在 CQ 或 TQ 语句前用 DISPLAY 语句提供关于参数的解释信息。

如用户输入参数时出现错误，Dynex 将提示用户修改：如输入的参数不够，Dynex 将要求补齐；如输入的参数太多，Dynex 将拒绝接受所有的参数，并提示重新输入；如输入的参数出现不适合的字符，Dynex 也将要求重新输入。

当一条 TQ 语句中参数很多时，用户可将其分解成若干条 TQ 语句，Dynex 一次只提供一条 TQ 语句中的所有参数。在这种情况下，构模人员可在每条 TQ 语句前面用 DISPLAY 文本对表量进行说明。例如：

```
DISPLAY
enter your values for 1980 productivity
DEND
TQ tbprdv(1)=1 2 3 4 productivity 1980
DISPLAY
and for 1981
DEND
TQ tbprdv(5)=5 6 7 8 productivity 1981
```

其中，TQ 语句中数字后面的简短说明(如 productivity 1980)将被拷贝到比较文件里(见本节“比较文件.WAS 文件”)。

前面提到当出现 CQ 或 TQ 语句时，Dynex 显示的数值是从.DAT 文件中读到的最近值。CQ 或 TQ 语句中数值仅起占一个位置的作用，指示一次显示的数值个数。除用一个数表明一个位置外，构模人员还可附加一个符号，用以规定用户输入数值的允许范围。例如：

```
TQ tbprdv=0< 1<2 <3 3.5 productivity
```

该语句要求：第一个数非负；第二个数大于等于 1 且小于等于 2；第三个数小于等于 3；第四个数则没有限制。其中规定范围的数值可用一算术表达式取代，注意表达式前不要加符号“#”。如用户输入的数值超出现定范围，Dynex 将提示重新输入。

**4. DYNEX 语句**

可以在文件中需要的地方用 DYNEX 语句改变输出文件。如默认的输出文件为 POP.DRS，用如下语句改作输出文件为 POP1.DRS：

```
DYNEX -d POP1
```

也可以在需要的地方用 DYNEX 语句改变默认的帮助文件(.HLP 文件)，例如：

```
DYNEX -h POP1
```

当读到 DYNEX -1 语句时，Dynex 就开始列出以下语句的逻辑清单，直至出现 DYNEX -nol 语句。例如：

```
DYNEX -1
```

…

DYNEX - nol

其中，“…”表示的所有语句都将被列成清单，直接在屏幕上显示，而不写入.DAT或.DRS文件。这种清单对于直观地了解.DNX文件中的CHOICE(S) n语句嵌套结构很有用。为查阅方便，构模人员可对CHOICE(S)…CEND结构中的每一个CEND语句进行编号，并给出说明信息。例如：

CHOICE 3

…

CEND 1 3 Energy

…

CEND 2 3 Water

…

CEND 3 3 Labour

**5. 非询问性C和T语句**

当发现非询问性参数语句(.DYN文件的C、T、B、I、P或SPEC语句)时，Dynex将其数值直接写入.DAT文件，而不在屏幕上显示或写入比较文件。非询问性C和T语句里不能有规定数值范围的符号及算术表达式。

借助于非询问性C和T语句，并结合使用选择语句，可将已修改的参数值重置为标准值。

**6. 比较文件.WAS文件**

当用户输入参数时，Dynex将修改情况记录到具有扩展名.WAS的比较文件里。该文件可用编辑模块调出查阅。当在.DNX文件中读到如下语句时：

CQ　DTHRT＝0.02 Death Rate

Dynex将提示用户输入参数。如显示的是0.02，则用户键入“0.03”，Dynex即可将0.03写入.DAT文件(取代原来的0.02)，并将如下行写入.WAS文件：

Death Rate

was：0.02

is ：0.03

其中，Death Rate由CQ语句中的说明信息产生，was为行为原来的值，is为行为用户输入的修改值。关于参数的说明可在CQ类语句中给出(如上例)，或在CQ类语句后紧接着用NOTE语句提供，Dynex将其写入.WAS文件。如对参数不加任何说明，Dynex将直接用参数名。

**7. 帮助文件.HLP文件**

PD Plus备有关于执行接口的帮助文件DYNEX.HLP。此文件给出关于用户输入及用键的简短信息(但却是基本的信息)。在回答任何提示时，键入字母“h”，并按“Enter”键将显示默认的帮助文件内容。

如果用户备有与模型同名的.HLP文件，则该文件将是默认的帮助文件，否则Dynex将DYNEX.HLP作为默认的帮助文件。可用DYNEX语句加－h选择将指定的.HLP文件作为当前帮助文件。构模人员可用这种方式为用户提供非常具体的用户帮助文件。任何帮助文件均需具有扩展名.HLP。

.HLP 文件里可以有算术表达式。与 DISPLAY 文本一样，算术表达式从符号“#”开始，以空格或逗号结束。一旦调用.HLP 文件，Dynex 将计算表达式，并在定义表达式的位置显示计算结果。

### 2.11.3　中断执行接口的运行

在任何提示状态下键入字母“q”并按“Enter”键，Dynex 执行过程即被中断，并回到启动 Dynex 前的状态。

### 2.11.4　重新启动执行接口

在任何提示状态下键入字母“r”并按“Enter”键，正在执行的 Dynex 过程即被中断，并自动重新启动 Dynex。

## 2.12　PD Plus 应用模块

PD Plus 应用模块(Utilities)具有以下三个功能：

(1) 将老版本的 DYNAMO 模型变换成 PD Plus 格式的模型；

(2) 对用户模型进行标准格式化处理；

(3) 将 WKS/WRK、RSL 或 ASCII 格式的数据文件转化成 PD Plus 可读的数据文件。

### 2.12.1　启动应用模块

在 PD Plus 命令主菜单选择 Tools，进入 Tools 命令菜单后，移动光标到“Utilities”并按“Enter”键，或者直接键入字母“U”，即进入 Utilities 命令菜单：

Utilities：Convert Reformat Translate Help Esc Quit

应用模块由转化模块(Translator)和文档模块(Documentor)的部分功能组成，在 DOS 状态下虽不能直接调用 Utilities，但可直接调用文档模块和转化模块。

### 2.12.2　变换 DYNAMO 模型(Convert)

Utilities 的变换功能可将老版本的 DYNAMO Ⅱ 和 DYNAMO Ⅲ 模型变换成 PD Plus 模型。

在 Utilities 命令菜单选择“Convert”，屏幕列出当前目录下所有的.DYN 文件。选择文件后，屏幕显示唯一的选择项“Redirect output to”(重新指定输出)。默认的输出为与原模型同名的.DOC 文件。如果用户希望将变换后的模型存入另一个文件，则键入该文件名，可加扩展名；如果希望使变换后的模型在屏幕上显示，则键入“CON”；如果希望将变换的模型在打印机上输出(硬拷贝)，则键入“PRN”。

指定输出后按“Esc”键，就开始对模型进行变换。

如果在 DOS 状态下调用 Utilities 的变换功能，则在 DOS 提示符状态下键入如下信息：

DOC 文件名 －CNV［－OUTF 输出文件名.扩展名］

选择“－CNV”表示调用文档模块的变换功能。选择“－OUTF”表示重新指定输出，该选择项后必须跟文件名.PRN 或 CON。

### 2.12.3 重新格式化模型(Reformat)

用户模型经重新格式化处理后，所有的方程和注释信息将统一按规定的格式排列。默认的格式为：重要方程从第 4 列开始，支持方程从第 7 列开始，量名解释从第 35 行开始。

**1. 模型的源程序**

```
*     SIMPLE RETAIL SECTOR
L        UFLORD.K=UFLORD.J+DT*(ORDERS.JK-SHIP.JK)
N        UFLORD=DFLORD*ORDERS              UNFILLED ORDERS
R        SHIP.KL=UFLORD.K/DFLORD.K         SHIPMENTS SENT
A        DFLORD.K=TABLE(TDFLOR, INV.K/SMSLS.K, 4, 12, 4)
                                           DELAY FILLING ORDERS
T        TDFLOR=1.5, 1, .75         TABLE OF DELAY FILLING ORDERS
A        SMSLS.K=SMOOTH(ORDERS.KL, DSMORD)   SMOOTHED SALES
C        DSMORD=8           DELAY SMOOTHING ORDERS
A        DSINV.K=INVCOV*SMSLS.K             DESIRED INVENTORY
C        INVCOV=8           INVENTORY COVERAGE
R        PRCORD.KL=SMSLS.K+(DSINV.K-INV.K)/IVADTM
                                           PURCHASE ORDERS SENT
C        IVADTM=4           INVENTORY ADJUSTMENT TIME
R        SHPRCD.KL=DELAY3(PRCORD.KL, DLRCGD)
                                           SHIPMENTS RECEIVED
C        DLRCGD=6           DELAY IN RECEIVING GOODS
L        INV.K=INV.J+DT*(SHPRCD.JK-SHIP.JK)
N        INV=DSINV          INVENTORY, ACTUAL
R        ORDERS.KL=BSORD+STEP(STPORD, 5)   ORDERS RECEIVED
C        BSORD=1000         BASE ORDERS
C        STPORD=100         STEP INCREASE IN ORDERS
SAVE     INV, DSINV, UFLORD, ORDERS, SHIP, PRCORD, SHPRCD, DFLORD
SPEC     DT=.25/LENGTH=40/SAVPER=1
```

**2. 标准格式模型**

用户模型的源程序经重新格式化后的标准格式模型如下：

```
*   SIMPLE RETAIL SECTOR
L   UFLORD.K=UFLORD.J+DT*(ORDERS.JK-SHIP.JK)
N       UFLORD=DFLORD*ORDERS     UNFILLED ORDERS
R   SHIP.KL=UFLORD.K/DFLORD.K    SHIPMENTS SENT
```

```
A  DFLORD.K=TABLE(TDFLOR, INV.K/SMSLS.K, 4, 12, 4)
                                     DELAY FILLING ORDERS
T     TDFLOR=1.5, 1, .75             TABLE OF DELAY FILLING OR
                                     DERS
A  SMSLS.K=SMOOTH(ORDERS.KL, DSMORD)
                                     SMOOTHED SALES
C       DSMORD=8                     DELAY SMOOTHING ORDERS
A  DSINV.K=INVCOV * SMSLS.K          DESIRED INVENTORY
C       INVCOV=8                     INVENTORY COVERAGE
R  PRCORD.KL=SMSLS.K+(DSINV.K-INV.K)/IVADTM
                                     PURCHASE ORDERS SENT
C       IVADTM=4                     INVENTORY ADJUSTMENT TIME
R  SHPRCD.KL=DELAY3(PRCORD.KL, DLRCGD)
                                     SHIPMENTS RECEIVED
C       DLRCGD=6                     DELAY IN RECEIVING GOODS
L  INV.K=INV.J+DT * (SHPRCD.JK-SHIP.JK)
N       INV=DSINV                    INVENTORY, ACTUAL
R  ORDERS.KL=BSORD+STEP(STPORD,5)    ORDERS RECEIVED
C       BSORD=1000                   BASE ORDERS
C       STPORD=100                   STEP INCREASE IN ORDERS
SAVE  INV, DSINV, UFLORD, ORDERS, SHIP, PRCORD, SHPRCD, DFLORD
SPEC  DT=.25/LENGTH=40/SAVPER=1
```

**3. 从 PD Plus 命令主菜单调用重新格式化功能**

在 Utilities 命令菜单选择“Reformat”，屏幕列出当前目录下所有的.DYN 文件。选择文件后按“Enter”键，屏幕显示如下的选择项菜单：

```
Definition column:                 35
Page headings with form feeds:     n
Indent by type:                    y
Major column:                      4
Minor column:                      7
Note:                              n
Left margin:                       1
Lines per page:                    66
Suppress initial pages:            0
Suppress page headings:            n
Top margin:                        3
```

Width：　　72

Redirect output to：　　FILENAME.doc

菜单中同时给出各选项的默认值，选择项输入分三类：数字、y 和 n、文件名。用上、下箭头键移动光标对各项进行选择。选择项含义及输入要求，见本节的“在 DOS 状态下调用重新格式化功能”。选择完毕后按“Esc”键，PD Plus 即对模型文件重新格式化。同时，屏幕上部显示如下信息：

Reformatting：FILENAME.DYN [－options]

其中，方括号内为用户给出的选择项。重新格式化结束后，屏幕回到 Utilities 命令菜单。

**4. 在 DOS 状态下调用重新格式化功能**

在 DOS 提示符状态下键入如下信息：

DOC　文件名　- RFM　[－选择项]

RFM 表示调用文档模块的重新格式化功能。RFM 后面可加如下选择项：

－DEFC n：(Definition Column)量解释列。所有的量解释信息均从第 n 列开始。n 的默认值为 35。

－FF：(Page headings with form feeds)输出时标出换页符号及页面抬头。

－INDI：(Indent by Indentation)按方程书写时的缩进格式排列。在通常情况下，方程排列时按类型排列：L、A、R、S 等方程在主列 MJC 对齐，而 N、T、C、K 等方程则在从列 MNC 对齐。选择－INDI 后，方程排列时按书写格式(行首空格情况)对齐：在从列 MNC 以前开始的方程均在主列 MJC 对齐；在从列 MNC 及以后开始的方程均在从列 MNC 对齐。

－INDNC：(Indentation No Change)方程格式不变。但量名解释仍从 DEFC 开始。

－MJC n：(Major Column)主列。所有主方程均在该列对齐(从该列开始)。MJC 的默认值为 4。

－MNC n：(Minor Column)从列。所有从方程均在该列对齐(从该列开始)。MNC 的默认值为 7。

－NFF：(No Form Feed)输出时去掉换页符号。

－NOTE：(Note)加字 NOTE。选 NOTE 后，量名解释语句前均有 NOTE。不选该项，量名解释语句前则为空格。

－OUTF：(Redirect output to)重新指定输出。默认输出为与模型同名的 .DOC 文件。如果希望重新指定输出文件，则在－OUTF 后键入该文件名(扩展名需要用户指定)；如果输出到打印机上打印，键入“PRN”；如果输出到屏幕上显示，键入“CON”。

### 2.12.4　转化数据文件(Translate)

Utilities 的转化模块(Translator)完成对外生变量数据文件的格式转化。这是 DYNAMO 软件的一个新的、很有用的功能。该功能使得用户能够容易地输入和改变模型的外生参数(或历史数据)，同时可以方便地将一些单个的模型以外生输入的方式连接起来(一个模型的输出作为另一个或几个模型的外生输入)。

Translator 可将如下四种格式的数据文件转化成 PD Plus 可读的数据输入文件：

(1) 标准的 ASCII 字符格式文件(.ASC 文件)；

(2) Lotus 1—2—3 数据表格式文件(.WRK 文件)；

(3) Lotus Symphony 数据表格式文件(.WKS 文件)；

(4) PD Plus 结果文件(.RSL 文件)。

Translator 对这些文件进行转化后生成.EXG 文件。该.EXG 文件即为 PD Plus 模型可读的标准格式的外生数据文件。同时，Translator 也可对.EXG 文件进行转化处理。

**1. 启动转化模块**

1) *从 PD Plus 用户接口启动转化模块*

在 Utilities 命令菜单选择"Translate"，屏幕列出当前目录下所有的.DYN 文件。用箭头键选择需要输入外生数据的模型文件(该模型中用 E 语句定义了外生变量)，并按"Enter"键，屏幕进入 Translate 命令菜单：

Translating for FILENAME: Load　Review　Select　Write　Help　Esc　Quit

2) *在 DOS 状态下启动转化模块*

在 DOS 提示符状态下键入如下信息：

TRNS 文件名

**2. 装入待转化文件(Load)**

进入 Translate 命令菜单后，首先选择"Load"命令，屏幕列出当前目录下可用于转化的各类文件：.ASC、.EXG、.RSL、.WKS 和.WRK 文件。用箭头和"Enter"键选择文件后，屏幕显示关于该文件的描述菜单。

文件描述菜单包括文件类型、初始时间、时间间隔及文件使用情况。各部分内容均可修改。移动光标并按"Enter"键可改变文件类型。移动光标并键入新的数值可改变初始时间和时间间隔的取值。移动光标并按"Enter"键可改变文件的使用状况：用或者不用。选择完后按"Esc"键，继续执行 Load 命令。

Load 命令结束后，屏幕回到 Translate 命令菜单。如果已经得到模型所需要的所有外生变量数据，光标将落在 Write 命令上。否则，光标将落在 Review 命令上。

**3. 检查数据(Review)**

用 Review 命令检查外生变量获得数据的情况。在 Translate 命令菜单选择 Review 命令后，屏幕将列出模型中定义的所有外生变量。凡是没有获得数据的外生变量均呈高亮度显示。同时，每个外生变量后均以括号标明变量取值的时间范围。

如果还有变量没有获得数据，应再选择 Load 命令装入提供所需数据的文件。

在 Review 屏幕状态下，只能检查外生数据的获得情况，不能作任何修改。按"Esc"键即可返回 Translate 命令菜单。

**4. 选择外生变量值(Select)**

执行 Load 命令后，如果有两个以上数据文件同时包含某个外生变量，则返回 Translate 命令菜单时光标将自动落在 Select 命令上。用 Select 命令在多组不同的数值中进行选择。

在 Translate 命令菜单选择"Select"后，屏幕显示一变量菜单。显示的变量都在两个以上数据文件中出现。对于每一个变量，菜单中均列出包含该变量的所有数据文件名，同时用括号标明变量取值的起始时间和截止时间。Translator 将以变量名后第一个文件作为默认外生输入文件，呈高亮度显示。可用箭头键移动光标，并按"Enter"键对文件进行选择。按"Esc"键返回 Translate 命令菜单。

**5. 写入(Write)**

在 Translate 命令菜单选择"Write"，将所有装入并经选择的数据写入指定的文件。默认的写入文件为与模型同名的.EXG 文件。如果用户希望将转化后的数据写入到另一个文件，则需要键入该文件名。在通常情况下，采用默认的文件名比较合适，因为仿真运行时 PD Plus 将自动从该文件读外生数据。否则，调用 SMLT 命令时，必须用选择"－exg"。

选择文件名后按"Enter"键，如果还有外生变量没有获得数据，计算机会鸣笛警告，并给出信息，指出外生变量不全。此时可按"Esc"键，返回到 Translate 命令菜单，再执行 Load 命令。

在 Write 过程中，如输入的数据中有个别空缺，Translator 将按线性插值的原则补齐。如缺乏给定数据范围以外的数，Translator 将以相应的端点值补齐。警告信息将会指明补入了多少数值。Write 结束后，返回到 Translate 命令菜单。

选择 Help 命令，屏幕显示关于转化模块的帮助信息。

按"Esc"键，即可返回 Utilities 命令菜单。

选择"Quit"命令，退出 PD Plus，返回到 DOS 状态。

**6. 数据文件格式**

1) 标准文本文件(.ASC 文件)

文本文件也称作 ASCII 文件，该文件仅包含字母、数字及标点符号等标准字符。文本文件既可用 PD Plus 编辑模块建立，也可由其他编辑手段产生。为使 Translator 能读，该文件必须具有扩展名.ASC。

在.ASC 文件中，变量数值在变量名后给出，数值之间用逗号、空格或斜杠分隔。可直接续行书写。变量名必须与模型中外生变量名一致，大小写均可。时间用 TIME 或 DATES 标志。TIME 后面必须列出对应各个变量值的时间；DATES 后面必须给出对应变量值的第一个时间和时间增量。

PD Plus 要求变量按等时间步长(增量)取值。如果某个时间的变量值没有或不可用，可在该位置写入字母"NA"，从而保证时间连续、等步长变化。PD Plus 将以线性插值的原则补值。下面是一个标准的 ASCII 文本文件的例子。

```
DATES  1970  .5
VAR1  1  2  3  4  5
VAR2(ONE)=10/9/8/7/6
VAR2(TWO)=4, 5,
5, 4, 5
TIME  1970.5  1971.5  1972.5
VAR3  1  2  3
```

2）数据表文件(.WRK 或.WKS 文件)

数据表文件由 Lotus 1－2－3 或 Lotus Symphony 产生，分别具有扩展名.WRK 和.WKS。在数据表文件中，变量名放在一行的起始位置。变量名后面空一格后可写入注释信息，注释信息也可直接写入同一行的下一个表单元。

用 TIME 标志时间，TIME 后面也可有注释信息。PD Plus 认为数据表中每列数据对应相同的时间。每一行时间标注对以下各行变量值起作用，直至出现另一行时间标注。表中空格单元表示没有数据，即为 NA。上例给出的 ASCII 格式文件可由表 2.12.1 的数据表文件表示。

**表 2.12.1　ASCII 格式数据表**

| TIME | 1970 | | 1971 | | 1972 | |
|---|---|---|---|---|---|---|
| VAR1 | 1 | 2 | 3 | 4 | 5 | |
| VAR2(ONE) | 10 | 9 | 8 | 7 | 6 | |
| VAR2(TWO) | 4 | 5 | 5 | 4 | 5 | |
| VAR3 | | 1 | | 2 | | 3 |

如果在一行中出现不止一个变量名或者 TIME，Translator 就不会读此行，故应避免出现这种情况。

数据表文件中的数据既可沿水平方向排列(如上例，时间 TIME 沿水平方向取值)，也可沿竖直方向排列。当调用 Load 命令后，显示文件描述菜单，其中对数据表文件的默认“文件类型”为沿水平方向排列。所以，当数据表沿竖直方向排列时，必须改变该选择。

3）PD Plus 文件(.RSL 和.EXG 文件)

PD Plus 结果文件(.RSL)及已经生成的外生数据文件(.EXG)均可用 Translate 进行转化，以产生所需要的.EXG 文件。.RSL 和.EXG 文件均由 PD Plus 以一种专门的方式生成，虽然其内容对于用户来讲是不可读的，但用户可以利用 PD Plus 提供的方式控制并使用文件中的内容。

## 2.13　用户定义宏指令

宏指令(MACRO)由 PD Plus 方程构成，在使用上具有函数的功能。当模型中某部分结构反复出现时，为避免重复书写相同的语句结构，用户可用 PD Plus 方程、按定义宏所要求的方式描述这种重复结构、并赋以名称，即形成宏指令。应用时，在模型中只需书写宏指令名即可反复调用该语句结构的功能。

例如，可用如下语句定义确保一个数大于零的宏指令：

```
MACRO   POS(INPUT)
NOTE   ENSURE A POSITIVE VALUE
A   POS.K=MAX(INPUT.K, 1E-6)
MEND
```

在模型中可用如下语句调用该宏指令：

```
A   A.K=B.K/POS(C.K+D.K)
A   Q.K=(R.K+S.K)/POS(U.K)
```

MACRO 语句中的 INPUT 称为宏指令的"哑"参量，它仅起到占一个位置的作用。调用宏指令时，用模型中的量("真"参量)替换哑参量。如上例中 C.K+D.K 和 U.K 即为真参量。当哑参量不止一个时，在调用宏指令的语句中，真参量的个数及顺序必须与哑参量严格对应。

### 2.13.1　定义宏指令的基本规则

定义宠指令的基本规则有以下几点：

(1) 第一句必须是 MACRO 语句。该语句用 MACRO 标志，必须给出宏指令名，并在其后的括号内写入哑参量。哑参量可有任意多个，用逗号隔开；

(2) 用一个或多个 PD Plus 方程定义宏指令、输出参量及内部变量(如果有内部变量的话)；

(3) 宏指令定义以 MEND 语句结束；

(4) 宏指令必须在其被使用之前定义。

### 2.13.2　用户定义宏指令举例

下面是一个预测变量未来值的用户宏指令：

```
MACRO    FRCST(INPUT, SMPRD, FCINTV, SLOPE)
NOTE     SIMPLE FORECASTING MACRO
INTRN    SMTHI
A     SMTHI.K=SMOOTH(INPUT.K, SMPRD)
A     SLOPE.K=(INPUT.K-SMTHI.K)/SMPRD
A     FRCST.K=INPUT.K+FCINTV * SLOPE.K
MEND
```

该宏指令名为 FRCST，有四个哑参量，分别为 INPUT、SMPRD、FCINTV 和 SLOPE，其中 INPUT、SMPRD 和 FCINTV 为输入量，预测值 FRCST 和变量的变量率 SLOPE 为宏指令的输出量，INPUT 的平滑值 SMTHI 为内部变量。

可用如下语句调用 FRCST 宏指令：

```
A     FIRSLS.K=FRCST(SALES.K, SLSPRD, SLSNTV, SLSSLP.K)
NOTE     FUTURE SALES
```

由模型输入给宏指令的量称为输入参量，输入参量只能在主模型中定义；由宏指令计算并输出到主模型的量称为输出参量，输出参量在宏指令语句中定义。输入和输出参量均需出现在宏指令名后面的括号里。每一个宏指令至少有一个输出量，即宏指令名。

在宏指令定义语句中，用 INTRN 语句(或用符号"＄"作为名称的第一个字符)定义内部变量。内部变量只能用于宏指令内部语句，不能作为哑参量出现在 MACRO 语句中。在宏指令定义语句中，内部变量的定义语句必须放在使用这些量的语句之前。

宏定义语句中允许给定常数。

宏指令之间可以相互调用。

# 2.14 PD Plus 的数组

数组变量提供一种可用于任何语句的重复结构。一个数组变量由一组“常规”变量(即一般的变量)组成，常规变量(称作数组元素)可通过对数组名加下标的方式予以指定。当数组在语句中被应用时，其下标值就决定了所采用的数组元素。

数组下标可以是整数、元素名或者“FOR”变量，还可以是在一定限制下的简单表达式。与其他语言不同，PD Plus 的 FOR 变量只需定义一次，即可在模型的任何地方被应用。FOR 变量由 FOR 语句定义，数组则可在任何语句中定义。

## 2.14.1 数组应用举例

在一个简单的人口模型中，假设有两个地区，人口按年龄分为四组，主要有以下几步。

(1) 用 FOR 变量 AGE 标志从幼到老的四个年龄组：

```
FOR   AGE=YOUTH，YADLT，MDLAG，OLDST
```

该语句表明，当任何方程中出现数组下标 AGE 时，均从 1 到 4 计算四次，并且为这些数值依次命名为 YOUTH、YADLT、MDLAG 和 OLDST。

(2) 用 FOR 变量 RGN 标志两个地区：

```
FOR RGN=NORTH，SOUTH
```

用水平变量数组 POP 代表各个年龄组和地区的人口，则可对其赋初始值：

```
N   POP(AGE，RGN)=IPOP(AGE，RGN)
```

式中，IPOP 为另一个具有 8 个元素的数组。对于数组常数，既可在仿真运行前给定，也可在仿真过程中通过计算得到。给定数组值的语句通常与给定标量值(标量在任何给定的时间只有一个值)的语句类型相同。对于数组 IPOP，可用下式赋值：

```
I     IPOP( * ，NORTH)=1000，950，900，400
I     IPOP( * ，SOUTH)=800，750，700，1000
```

当在 B、C、I、P 或 T 语句使用星号“ * ”时，必须将其置于第一个下标的位置。

不考虑人口的机械流动，第一个年龄组的人口可定义如下：

```
      L     POP.K(YOUTH，RGN)=POP.J(YOUTH，RGN)+DT *（TBRTH.
JK(RGN)－ ^
            AGOUT.JK(YOUTH，RGN)－DTH.JK(YOUTH，RGN))
```

当语句中同时出现时间下标和数组下标时，应先写时间下标。该 L 方程只描述第一个年龄组的人口，数组中年龄下标均为 YOUTH，而地区下标则对 NORTH 和 YOUTH 两个地区，所以该语句将计算两次。

(3) 用第三个 FOR 变量 AGE2 标志第二个年龄组以上的三个年龄组：YADLT，MDLAG 和 OLDST。

```
      FOR   AGE2=YADLT－OLDST
      L     POP.K(AGE2，RGN)=POP.J(AGE2，RGN)+DT *（AGOUT.JK(AGE2－1，
RGN)－ ^
          AGOUT.JK(AGE2，RGN)－DTH.JK(AGE2.RGN))
```

数组下标可以是一个简单的表达式，如 AGE2－1。但这种表达式仅局限于 FOR 变量加上或减去一个整数。该 L 方程将针对三个年龄组及两个地区计算六次。

两个可生育年龄组 YADLT 和 MDLAG 具有不同的出生率，但其出生率并不因地区而异，所以总的人口出生率可用下式计算：

R　TBRTH.KL(RGN)＝BRTHR(1) * POP.K(YADLT，RGN)＋
　　BRTHRT(2) * POP.K(MDLAG，RGN)

因年岁的增长，从某个年龄出去的人口的速率应等于该组人口除以该组的持续时间：

R　AGOUT.KL(AGE，RGN)＝POP.K(AGE，RGN)/PRD(AGE)

P　PRD＝15，25，20，1E30

式中，接近于无穷大的数 1E30 表示最大年龄组人口仅因死亡而减少。

人口死亡速率为另一具有 8 个元素的数组：

R　DTH.KL(AGE，RGN)＝DTHRT(AGE) * POP(AGE，RGN)

P　DTHRT＝1.9E－3，0.8E－3，66E3，65E3

利用 SUM 函数求总人口：

A　TIPOP.K＝SUM(POP.K)

由此即构成该人口模型的基本方程。

## 2.14.2 关于数组的一般规则

### 1. 数组的维数和每维的大小

一个数组最多可有 8 维，每维的元素不得超过 255 个。与 FORTRAN 或 ALGOL 程序不同，PD Plus 并不需要专门说明数组变量的大小，这方面信息来自对数组进行计算或初始化的语句。

数组的维数在整个模型中必须保持一致，仅当数组用作某些函数的参量时例外(例如上一部分例子中的 SUM 函数)。

### 2. FOR 语句

FOR 变量是一种指示变量，当语句中涉及数组的多个元素时，就要用 FOR 变量(而不是整数下标)指明应该用哪些元素。FOR 变量由 FOR 语句定义，FOR 语句给出 FOR 变量的名称及其取值范围。FOR 语句格式如下：

FOR forn＝name1，name2，

FOR 语句从第一列开始，其后至少空一格。forn 是 FOR 变量的名称，等式后为 FOR 变量的元素名。FOR 变量名及元素名均应遵从 PD Plus 定义量名的一般原则。这些名称除不能用于 SAVE 语句和宏定义语句外，可在模型中其他任何地方引用。

使用 FOR 变量的元素名(取代数字)有利于追踪被实际计算的数组元素，并帮助 PD Plus 查出模型中的某些嵌套错误。

要定义一组完整的 FOR 变量，只需列出所有的元素即可。例如：

FOR　AGE＝CHLDRN，TNGRS，YNGADLT，MDDLAGD，OLDSTRS

借助于符号“－”可定义 FOR 变量的一个子集。例如：

FOR　AGE2＝TNGRS－MDDLAGD

同时，PD Plus 也支持老式的数字下标，允许 FOR 语句中使用数值。

**3. 涉及数组的语句**

含有数组的语句与一般的 PD Plus 语句在量名、时间下标和运算符号等方面的规则是一样的，其中的区别在于数组下标的使用。

数组名与数组下标之间应该有合适的 PD Plus 时间下标。数组下标必须放在括号里，它可以是整数、元素名、FOR 变量，或者为 FOR 变量加上或减去一个整数。数组下标的最小值不得小于 1。典型的标有下标的数组如下：

```
TBRTH.KL(NORTH)
AGOUT.JK(AGE2－1, RGN)
```

包含数组的语句必须遵从如下规则：

(1) 如果 FOR 变量出现在等式的右端，则它也必须出现在等式的左端。

(2) 数组的元素可用不同类型的方程进行计算，但它们必须具有相同的变量类型。

(3) 每个数组元素至少要用一个方程计算。某些元素或者所有元素有可能同时用活性方程和初值方程计算，但任何元素都不能用两个或更多的活性方程(L、A、R、S 方程)计算。

(4) 一个数组中的各个元素必须相互独立，否则 PD Plus 认为是“同时性”方程错误(见 2.15 节内容)。

(5) 一个 FOR 变量不能在一个数组中同时作为两个下标出现。

**4. 给定常数语句中的数组**

可用 B、C、I、P、T 等语句为数组给定常数。一条语句只能对数组的一维元素给定常数，对多维数组必须用多条语句才能完成，数组必须以星号“＊”作为第一个下标。例如：

```
T    A(＊, ONE)＝1, 2, 3
T    A(＊, TWO)＝4, 5, 6
```

各个数之间用斜杠或逗号分隔。如数组为一维的，则不必写下标。B、C、I 和 P 语句还可用于为单个数组元素给定常数。例如：

```
C    A(TW, ONE)＝4
```

数组水平变量必须用一个或多个 N 或 K 语句提供初值，而 N 语句又可由 I 语句定义的给定数组常数确定。例如：

```
FOR  I＝ON, TW
FOR  J＝ONE, TWO
L    POP.K(I, J)＝POP.J(I, J)＋DT＊…
N    POP(I, J)＝IPOP(I, J)
I    IPOP(＊, ONE)＝…
I    IPOP(＊, TWO)＝…
I    IPOP(＊, THR)＝…
```

可以用一个数对整个数组进行初始化：

```
N    POP(I, J)＝0 或者
N    POP(I, J)＝IPOP
I    IPOP＝0
```

### 2.14.3 使用数组的函数

对于函数计算，只要用数组下标指定每次计算时所涉及的具体元素即可。本章第 2.4 节描述的 PD Plus 函数也允许用数组变量作为其参变量。例如：

```
FOR  I=ON, TW, TH
A    ABC.K(I)=RAMP(INPUT.K(I), 10)
```

对于每个 DT，RAMP 函数将被调用三次。此外，PD Plus 还备有若干专门设计用于处理数组的函数。这些函数大多适用于一维的数组。如数组为多维的，就必须用一个星号标明要用于函数计算的行或列。例如，用 SUMV 函数对一个向量(一个一维数组或多维数组的一维元素)的元素求和，仍用 2.14.1 节给出的例子，求人口模型中 NORTH 地区的总人口：

```
FOR  AGE=YOUTH, YADLT, MDLAG, OLDST
FOR  RGN=NORTH, SOUTH
A    POPNRTH.K=SUMV(POP.K(*, NORTH), YOUTH, OLDST)
```

式中，用星号代替下标 AGE，在计算中它将从 YOUTH 变到 OLDST。

**1. 向量元素积函数(PRDV)**

函数 PRDV 用于求向量(或一维数组)元素的积。函数形式为

PRDV(vector, first-el, last-el)

其中，vector 为向量名称，first-el 为被乘的第一个元素的指标，last-el 为被乘的最后一元素的指标。

**2. 标量积函数(SCLPRD)**

函数 SCLPRD 用于求两个向量相应两两元素积的和。函数形式为：

SCLPRD(vec1, first-el1, last-el1, vec2, first-el2)

其中，vec1 为第一个向量的名称，first-el1 为第一个向量第一个元素的指标，last-el1 为第一个向量最后一个元素的指标，vec2 为第二个向量的名称，first-el2 为第二个向量第一个元素的指标。

如果两个向量的个数不一致，PD Plus 将给出错误信息。

**3. 转移函数(SHIFTC 和 SHIFTL)**

SHIFTC 和 SHIFTL 为两个转移函数，它们用于使向量的元素向前移位。每移动一次，第 i 元素的值将变为 i+1 元素的值。在 SHIFTC 函数的转移过程中，最后一个元素的值将返回为第一个元素的值，从而形成“循环”转移；而在 SHIFTL 函数的转移过程中，最后一个元素的值将被丢弃，并置第一个元素为零，从而形成“线性”转移。转移函数取值为新得到的最后一个元素的值。转移函数形式如下：

SHIFTC(vector, intrvl)

SHIFTL(vector, intrvl)

其中，vector 为向量名，intrvl 为移动间隔。

**4. 求和函数(SUM 和 SUMV)**

函数 SUM 和 SUMV 分别用于对数组和向量求和。数组求和函数的形式如下：

SUM(array)

其中，array 为数组名，通常不写数组下标。SUM 对数组中所有元素求和。向量求和函数的形式为

SUMV(vector，first-el，last-el)

其中，Vector 为向量名，first-el 为相加的第一个元素的指标，last-el 为相加的最后一个元素的指标。

**5. 表函数**

第 2.4 节所讲的表函数中的第一个参量在功能上相当于一维数组。对于多维数组，一旦指明了某一维元素，这些表函数仍可应用。例如：

```
FOR   RGN=NORTH, SOUTH
A     AA.K(RGN)=TABLE(BB(*, RGN), X.K(1), 1, 5, 1)
T     BB(*, NORTH)=1, 3, 7, 9, 11
T     BB(*, SOUTH)=2, 3, 7, 10, 13
```

### 2.14.4　使用数组的宏指令

虽然在宏定义语句中不能使用数组下标，但数组下标可在调用宏指令的方程里使用。PD Plus 将会自动地将所需要的内部变量转换为具有相应维数的数组。例如，对第 2.13 节第二部分中给出的宏指令例子，可用如下语句调用：

```
FOR   I=ON, TW
FOR   J=ONE, TWO, THREE
A     FSLS.K(I, J)=FRCST(SLS.K(I, J), SPRD, SNTV(I), SLP.K(I, J))
```

宏定义语句中的内部变量 SMTHI 将自动被转换成 2×3 的数组。

数组函数也可用于宏定义语句，但其参量不能有数组下标，下标的传送仍通过调用宏指令的方程来实现。

### 2.14.5　外生数组

外生变量也可以是数组变量。外生数组变量在 E 语句中列出，在数组名后的括号里用下标指明数组维数及每维的大小。每个下标均应是 FOR 变量。

## 2.15　错误信息

各种错误按其严重程度分三种类型，不同类型的错误对模型结果及 PD Plus 运行的影响程度不同。三类错误如下所示。

(1) Warnings：警告错误。这是程度最轻的一类错误，不影响仿真结果。

(2) Serious errors：严重错误。这类错误将影响仿真结果。

(3) Fatal errors：致命性错误。这是最严重的一类错误，一旦出现这种错误，PD Plus 立即中断命令的执行。

对于编译错误，PD Plus 显示错误信息和导致错误的语句，同时用符号“V”指示语句中出错的大致位置。错误信息显示完毕后，PD Plus 自动进入编辑模块的改错工作方式。

运行错误信息通常包括出现错误的时间(TIME)值及由错误语句定义的变量名。

### 2.15.1 同时性方程

有以下两种情况可能导致出现“同时性方程”(Simultaneous Equations)错误。

**1. 变量初值问题**

当计算一个反馈回路中变量的初值的时候，需要从某个已知的初值开始，依次计算反馈回路中其他变量的初值。如果回路中没有一个变量给定了初值，或者可经计算得到初值，则回路中所有的初值都不能被计算出来。当回路中只包含辅助变量和 SMOOTH 或 DELAY 函数时，通常会出现这种情况。此即导致同时性初值方程错误，PD Plus 将给出信息“Simultaneous N/K eqns”，同时列出该反馈回路中的变量。可用如下两种办法消除这种错误：

(1) 增加一个 N 方程。加一个 N 方程，为反馈回路中某个变量赋初值。该 N 方程不使用回路中的任何量。

(2) 改变某个 N 方程。改变反馈回路中已有的某个 N 方程，使其不依赖于(直接或间接地)回路中的任何量。

**2. 水平变量问题**

当一个反馈回路中只有辅助变量而没有水平变量时，则导致另一类同时性方程：“Simultaneous Aux eqns”，即同时性辅助方程错误。这种反馈结构内在地决定了这样一种情况：反馈回路中辅助变量的当前值取决于其自身的当前值。这种计算实际上是不可能实现的，这是一种比较复杂且严重的错误。出现这种情况则表明模型中有概念性和技术性错误，需要引起重视。为消除这类错误，可根据具体情况有针对性地采用如下三种办法：

(1) 在反馈回路引入一个水平变量。因为有可能忽略了该回路中的某个积累过程。引入水平变量有可能导致同时性初值方程，如出现这种情况，也需要予以消除。

(2) 去掉反馈环节。去掉反馈环节，将回路分解为辅助变量链。因为这种反馈结构可能并不反映实际系统的结构机制。

(3) 完全重新设计涉及同时性方程的反馈回路。因为将有关的变量按这种反馈结构关系考虑的这种最初的想法可能正是导致错误的根源。

### 2.15.2 初值不一致

在模型中有可能出现这样一种情况，就是用 N 方程为某个量提供的初值与由 A 或 R 方程计算的该量的第一个值完全不一致。例如：

N　X=0

A　X.K=1

PD Plus 语句规则并不排除出现这种情况的可能性。由于模型中会有其他一些量取决于这些值，结果就导致这种不一致的情况在多处表现出来。

利用 SPEC 语句中的参数 CMP_N_1 可检测这种不一致的情况。将 CMP_N_1 置为某个非零的数，在运算时 PD Plus 就会将用 N 方程提供的初值与用 A 或 R 方程计算的第一个值进行比较。如果两个值相差大于百分之一，PD Plus 就将显示出这两个值。

### 2.15.3　常见的错误信息

下面分模块列出一些常见的错误信息，并给出简要的解释。其中的错误信息中，“…”代表某个名称或某个数字。

**1. 编辑模块**

· File too large：文件太大，内存不够。

· I/0 error reading file：不能从磁盘里读出该文件，试用备份文件(具有相同文件名的.BAK 文件)。

· No room add to/cut from file：没有空间用以完成对文本的添加或删除。

**2. 编译模块**

· …is supl on rt of non-supl…：这是一个增补变量，只能用于增补方程的右端。该量被改变为辅助量。

· …is used by DYNAMO and must be scalar：这是 PD Plus 保留的控制量，用户不能重新定义。

· …may notbe in expression in call to…：该参量是宏指令的一个输出参量，必须是一个量名。

· …must be a SPEC：该名已由 PD Plus 定义为运行参数。

· …not defined：该量没有被定义，即没有在模型中任何方程的左端出现。

· …not used：该量虽被定义，但并没有在任何方程的右端或 SAVE 语句里出现。

· …requires N or k eqn：需要为水平变量提供初始值。

· …should be timescripted …in eqn for…：该量应该使用时间的下标。

· Arithmetic operator required before：需要在标明的运算数和前面的括号“)”之间加一个运算符号：+、－ 、*、或/。在方程中，量和数字之间必须用运算符号分隔开。当对语句进行续行时，通常容易漏掉运算符号。

· Defined previously as non－quantity：PD Plus 或者用户已保留该名。

· Errors：…Serious，…Warnings：按类型统计的错误总数，包括统计严重错误和警告错误的总数。

· Expected‘(’：宏指令名后必须有括号“(”。

· Expected‘)’：宏指令的哑参量后必须有括号“)”。

· Expected‘(’following function：PD Plus 要求函数名后跟括号“(”，即使没有参量时也需如此，如：NOISE( )。

· Expected‘(’following macro：PD Plus 要求宏指令名后跟括号“(”，即使没有参量时也需如此，如：NMACR2( )。

· Expected‘，’or‘/’or‘ ’：PD Plus 要求在常量及其数值后跟一个空格，或斜杠(或逗号)及另一个常数语句。

· Expected C or T value：PD Plus 要求在等式后为给定常数值。可能在数字零的位置键入了字母 O。

· Expected comma：宏指令的哑参量必须用逗号分隔。

· Expected comma or slash：内部变量之间应该有分隔符，如逗号或者斜杠。

· Expected instructions：模型中出现了空控制语句，如 SAVE 语句里没有任何变量。

· Expected name：在常量、其数值和斜杠或逗号后面应该出现常数方程。

· Expected name：在 MACRO 后面应该有宏指令名。

· Expecssion nesting exceeds DYNAMO's capacity：表达式超出了 DYNAMO 的容量。这是由于方程过于复杂而导致的很不寻常的错误，应简化方程。

· Extent of denominator ambiguous：分母不明确。例如：A/B+C 将被认为是(A/B)+C，而不是 A/(B+C)。

· Failure to recognize end of file：因句法错误致使 PD Plus 不能读文件。

· Function(macro) not permitted here：在 MACRO 语句中不能嵌入函数和(或)宏指令。

· Illegal exponent：指数不合法。指数表示应具有的形式为 Enn、E+nn 或 E−nn，其中 nn 表示一至两个不超过 60 的数字。

· Illegal format of level equation for…：水平方程格式错误。水平方程应具有如下形式：

L.K=L.J+DT＊…

L.K=L.J+DT/＊…

L.K=L.J+(DT＊…)＊…

L.K=L.J+(DT/…)＊…

L.K=L.J+(DT＊…)/…

L.K=L.J+(DT/…)/…

其中，…表示量名、数字或者是在双括号里的表达式。

· Insufficient memory for alloc( )：计算机内存不够。

· Insufficient room on disk(ette)：磁盘空间不够。

· Left of=improper or no=：等号左端必须是一个量名。

· Misplaced timescript：时间下标错误。时间下标应为.J、.JK、.K 或.KL。

· Name previously used：该宏指令名已在前面使用过。

· Not a Quantity：这不是一个量，所以不能被存入。

· Option not understood：PD Plus 不能识别该选择项。

· Output arg may not be an expression：宏指令的输出参量必须是单一的量名，不能是表达式。

· Previous line not continued：续行标志符"~"后面没有跟上续行的语句。

· Previous MACRO still open：宏指令定义语句不完整，MACRO 语句后面缺少 MEND 语句。

· Previously defined：该量已被定义过，或者是 PD Plus 定义的函数名。

· Repeated argument：参量重复出现在 MACRO 语句中，每个哑参量必须为唯一。

· Should be quantity not defined elsewhere：该名是 PD Plus 的一个函数名，或者用户已在前面将其定义为函数(或宏指令)，其类型不能改变。

· Simultaneous Aus eqns involving：…：同时性辅助方程。模型中出现了由辅助变量(没有水平变量)构成的反馈回路，见 2.15 节第 1 部分。

· Simultaneous N/K eqns involving：…：同时性初始值方程。模型中出现了没有给定或计算任何初始值的反馈回路，见 2.15 节第 1 部分。

· Statement type not recognized：PD Plus 不能识别该语句类型。该语句被忽略。

· Supl not permitted here：增补量只能出现在增补方程的右端，而不能出现在任何其他方程的右端。

· Timescript should be：应该用指出的时间下标。

· Too few ')'：括号不配对，缺少右括号")"。

· Too many ')'：括号不配对，右括号")"多了。

· Too many instructions：模型太大。

· Too many MEND statements：MEND 语句前面缺少 MACRO 语句。

· Too many quantities：模型中变量和常量太多。

· Unable to create：由于磁盘空间不够或目录通道的问题而不能生成该文件。

· Unable to open ERRORS：不能进入 ERRORS 文件。

· Unable to open file…：不能进入指定的文件。

· Warnings suppressed：PD Plus 取消了关于警告信息个数的显示。

· Wrong number of args：参量个数不对。

· Wrong number argument in call to…：调用宏指令的语句中参量个数不对。

**3. 仿真模块**

· Above table…：表函数自变量(第二个参量)的取值超出了表量上限(第四个参量)。采用 TABHL 函数可取消这种警告信息。

· Attempt to duplicate quantity name：.SMT 文件已不能用，应重新编译模型。

· Attempted division by 0…：试图除以零。此时方程中作为分母的变量为零，应修改方程。

· Below table…：表函数自变量(第二个参量)的取值小于表量下限值(第三个参量)。采用 TABHL 函数可取消这种警告信息。

· Error tolerance forces DT too small：模型过于"硬性"，以至 PD Plus 无法进行计算。如果已知最短的时间常数，应将其延长，或者去掉该延迟环节。当模型中出现不连续函数时也可能导致这种错误。

· File name is too long：…：文件名太长。PD Plus 要求文件名不超过 8 字符，扩展名不超过 3 个字符。

Flt pt error …：这里列出在仿真过程中协处理器检测到的错误。

· Insufficient memory to allocate…：计算机内存不够。

· Log of num ＜＝0…：负数的自然对数没有定义。

· Option not understood：…：PD Plus 不能识别该选择项。

· Please correct SPEC'S：修改运行参数。要运行模型，运行参数 LENGTH、DT 和 SAVPER 必须置为正数。

· Requires ＞…integration steps：PD Plus 不能在给定的积分步长数限制内运算到 LENGTH。需要改用欧拉积分算法，或修改模型以降低其"硬性"。

· Sqrt of neg number…：负数的平方根没有定义。

· Table has wrong number of values…：表量值个数不对。表函数中(XHIGH－XLOW)/XINCR 与表量语句中数值的个数减去 1 应该在 0.001 的精度内一致。

· Unable to create…：因磁盘空间不够或目录通道的问题而不能生成该文件。

· Unable to open…：不能进入该文件，应检查文件名和目录是否正确。

**4. 结果查阅模块**

· …is both local variables and something else：.RSL 文件有问题，应重新运算。

· …is both saved quantity and something else：.RSL 文件有问题，应重新运算。

· …was not saved：.RSL 文件有问题，应重新运算。

· Bad saved times in…：.RSL 文件有问题：最大时间小于最小时间，或者 SAVPER＝0。应重新计算。

· Follow －plm with 6，14，16，or 40：这是四种可选择的绘图方式，应在－plm 后跟上数字 6、14、16 或 40。

· follow－txi with a positive number：在－txi 后跟上时间刻度线之间的 SAVPER 个数。

· Instruction array exceeded：查阅的内容太多。

· Insufficient memory to allocate…：计算机内存不够，应用更大的 SAVPER 重新运算或减少查阅的内容。

· no saved values in…：该.RSL 文件虽然存在，但是空文件(有可能包含时间 TIME)。

· No value found for…：.RSL 文件有问题，应重新运算。

· Option not understood：…：PD Plus 不能识别该选择项。

· Plot requires a saved quantity：.RSL 文件有问题，应重新运算。

· Real stack exceeded：查阅的内容太多，栈空间超出。

· String too long：…：字符串太长，PD Plus 不能将其标在图形上。

· TIME too large for…：.RSL 文件有问题，应重新运算。

· Too many curves to plot：曲线太多。一个图形上最多只能绘制六条曲线。

· Unable to open file…：不能进入指定的文件，应检查文件名及目录是否正确。

**5. 报告生成模块**

· bad saved times in ….RSL：.RSL 文件有问题：最大时间小于最小时间或者 SAVPER＝0，应重新运算。

· different number of elements for…in….RSL than in….RSL：在两次仿真运算中该数组大小已发生变化，应选择(或通过运算产生)另一个 .RSL 文件。

· element…of array…in….RSL does not match …in….RSL：在两次仿真运算中该数组的元素名已发生变化，应选择(或通过运算产生)另一个 .RSL 文件。

· element…of…in….DRS does not match in….RSL：该数组在 .DRS 文件和基本 .RSL 文件中具有不同的元素，应改变 .DRS 文件或选择(或通过运算产生)另一个 .RSL 文件。

· Expected comma or do：无论前面是什么内容，均导致 REP 要求逗号或 DO。可能键错了“，”或 DO，或前面的内容有错。

· Expected do：FOR 语句结构中缺少 DO。可能键错了 DO，或者前面的内容有错。

· Expected expression：无论前面是什么内容，均导致 REP 要求算术表达式。该表达式中可以有存入的量、局部变量或(和)数字。可能键错了表达式，或者前面的内容有错。

· Expected field：无论前面是什么内容，均导致 REP 要求给出报告内容项。报告内容项可以是一个已存入的量，也可以是像 IF…THEN…ELSE…END 这样复杂的语句结构。可能键错了报告内容项，或者前面的内容有错。

· Expected field or end：无论前面是什么内容，均导致 REP 要求给出报告内容项或 END。可能键错了报告内容项或 END，或者前面的内容有错。

· Expected fielD，else or end：条件语句结构中缺少 ELSE 或 END。可能键错了报告内容项、ELSE 或 END，或者前面的内容有错。

· Expected run character：符号“～”后面没有图形类型指示符。可能键错了图形类型指示符，或者前面的内容有错。

· Expected run：无论前面是什么内容，均导致 REP 要求给出运行名。可能键错了运行名，或者前面的内容有错。

· Expected text：无论前面是什么内容，均导致 REP 要求给出字符串文本。字符串文本放在单引号或双引号里。可能键错了字符串文本，或者前面的内容有错。

· Expected to：FOR 后面没有 TO。可能键错了 TO，或者前面的内容有错。

· Expected ＞ or ＜：IF 后面没有“＞”或“＜”。可能键错了“＞”或“＜”，或者前面的内容有错。

· Expected )：括号不配对。可能键错了“)”，或者前面的内容有错。

· failure to recognize end of file：REP 不能识别文件何处结束。文件内容没有完，或缺少结束标志。

· follow －plm with 6，14，16 or 40：这是四种可选择的绘图方式，应在－plm 后跟上数字 6、14、16 或 40。

· follow－txi with a positive number：在－txi 后跟上时间刻度线之间的 SAVPER 个数。

· FOR variable…of…in….DRS does not match in….RSL：.DRS 文件和.RSL 文件中该数组的 FOR 变量(或不同维数的 FOR 变量)不一样。

· FOR variable…of…in….RSL does not match in….RSL：某个.RSL 文件中该数组的 FOR 变量(或不同维数的 FOR 变量)与基本.RSL 文件中的不一样。

· Illegal exponent：指数不合法。

· Instruction array exceeded：报告内容超出，应将.DRS 文件缩小。

· Integer stack exceeded：栈空间超出，应简化.DRS 文件。

· larger MAXTIME in….DRS than in….RSL：.DRS 文件中要求的时间范围比基本.RSL 文件中的时间范围大。应改变.DRS 文件或选择(或重新生成)另一个.RSL 文件。

· larger MAXTIME in….RSL than in….RSL：某个.RSL 文件中的时间范围比基本.RSL 文件中的大，应改换.RSL 文件。

· more dimensions for…in….RSL than in….RSL：某个.RSL 文件中该数组的维数比基本.RSL 文件中该数组的维数多。

· No final ”：字符串文本应以双引号结束。

· no saved values in….RSL：该.RSL 文件虽存在，但是空文件(有可能包含时间 TIME)。

· No values found for…：.RSL 文件中没有该量值。

· Option not understood：PD Plus 不能识别该选择项。

· Real stack exceeded：栈空间超出，应简化.DRS 文件。

· Saved quantity…found in ….RSL for….DRS but not in ….RSL：基本.RSL 文件中没有.DRS 文件中的这个量，该量在另一个.RSL 文件中出现。

· Should be a local variable：.DRS 文件不一致：重新为某个变量命名或误用该变量。

· Should be a run id：.DRS 文件不一致：重新为某个变量命名或误用该变量。

· Should be a saved quantity：.DRS 文件不一致：重新为某个变量命名或误用该变量。

· Should be a text label：.DRS 文件不一致：重新为某个变量命名或误用该变量。

· Smaller BYTIME in….DRS than in….RSL：.DRS 文件要求的时间范围比基本.RSL 文件的时间范围大，应改变.DRS 文件或选择(或重新生成)另一个.RSL 文件。

· Smaller BYTIME in… .RSL than in ….RSL：某个.RSL 文件的时间范围比基本.RSL 文件的时间范围大，应改换.RSL 文件。

· Smaller MINTIME in ….DRS than in….RSL：.DRS 文件要求的时间范围比基本.RSL 文件的时间范围大，应改变.DRS 文件或选择(或重新生成)另一个.RSL 文件。

· Smaller MINTIME in… .RSL than in ….RSL：某个.RSL 文件的时间范围比基本.RSL 文件的时间范围大，应改换.RSL 文件。

· too many fields：报告内容项目太多，应简化.DRS 文件。

· Unable to open file….DRS：REP 命令中第二个参量指定的是一个不存在的.DRS 文件。

· Unable to open file….RSL：.DRS 文件涉及的是一个不存在的.RSL 文件。

· …is both local variable and something else：基本.RSL 文件有问题，应重新运行。

· …is both saved quantity and something else：基本.RSL 文件有问题，应重新运行。

· …should not be in….RSL：.RSL 文件中存入的该量是 REP 的保留字，应重新命名。

· …was not saved：.RSL 文件中没有该量。

**6. 文档模块**

· name expected in first column of the definition file：量名解释文件中第一列应该是量名、星号或空格。

· option not found －×××：命令中的该选择不存在，应检查－×××是否拼写正确。

· Capacity exceeded：容量超出。模型太大，不能在用户的计算机上进行文档处理。

**7. 执行接口**

· lst subscript implies fewer values：构模人员应借助逻辑清单修改.DNX 文件。

· attempt to duplicate quantity name：构模人员应借助逻辑清单修改.DNX 文件。

· DNX quitting as requested—exit 4：DYNEX 根据用户要求退出，先前的应答输入将丢失。

· DNX redoing as requested…exit 6：DYNEX 根据用户要求重新运行，先前的应答输入将丢失。

· enter y(es) or n(no)：NYNES 提示用户应答键入 y 或者 n。

· enter your…value(s) and press ENTER，or just press ENTER to use this these value(s)：DYNEX 提示用户应答键入数字。

· enter your choice(s)：(or choices)：DYNEX 提示用户应答键入选择项。

· error—this is not a number：这不是数字，应重新输入。

· error—too many values：TQ 语句太长，构模人员应将其分解。

· error…your 1st'、2nd'、3rd'、nth number is greater than…：输入的数字太大，应重新输入。

· error—your 1st'、2nd'、3rd'、nth number is less than…：输入的数字太小，应重新输入。

· expected…：构模人员应借助逻辑清单修改.DNX 文件。

· expected name：：构模人员使用的该名称不是一个参数名。

· Failure to recognize…：构模人员应借助逻辑清单修改.DNX 文件。

· Insufficient memory for alloc( )：计算机内存不够。

· Line too long…again，please：一行中输入太长，DYNEX 提示用户重新输入。每个值后可按 Enter 键。

· Model has backward range：构模人员在 CQ 或 TQ 语句中给定数值范围的方式不对，在“m<n”中 m 比 n 大。

· model has CHOICE line with no number：构模人员应借助逻辑清单检查.DNX 文件。

· model has CHOICE line with too great a number：构模人员应借助逻辑清单检查.DNX文件。

· model has DISPLAY with no matching DEND：DISPLAY 与 DEND 不配对，构模人员应列逻辑清单检查.DNX 文件。

· model has improper INSERT statement：构模人员应列逻辑清单检查.DNX 文件。

· model has text expression with‘<’：符号“<”必须在构模人员设定的 CQ 或 TQ 语句中用于表示数值范围。

· model has too few CEND lines：缺 CEND 语句，构模人员应列逻辑清单检查.DNX 文件。

· model has too many nested CHOICE lines：选择结构嵌套太多。构模人员应借助逻辑清单检查.DNX 文件。

· Previous line not continued：构模人员应借助逻辑清单修改.DNX 文件。

· Star must be 1st dimension：构模人员应借助逻辑清单修改.DNX 文件。

· Subscript too large：构模人员应借助逻辑清单修改.DNX 文件。

· The DNX command is DNX dnx_file [-d drs_file][-h hlp_file][-l]：这是启动 DYNEX 的命令格式。其中[…]为任选项。

· too few many dimensions：构模人员应借助逻辑清单修改.DNX 文件。

· unable to creat….DAT：不能生成该.DAT 文件，应检查目录是否正确。

· unable to create file you modeler's drs_file…：.DRS 文件不适合，重新启动 DYNEX。

· unable to create file you modeler's was_file…：.WAS 文件不适合，关闭.WAS 文件。

· unable to open…：检查目录是否正确。

· unable to open hlp_file…please type HELP：.HLP 文件不适合，键入 HELP 以查看帮助文件名。

· unable to open your modeler's dnx_file…：.DNX 文件不适合，重新启动 DYNEX。

· unable to read…：构模人员应检查目录。

· unable to write… .dat：构模人员应检查目录。

· you have entered…out of…required values…again，please：输入的数字太多，重新输入所要求的数字。

· you have entered…out of…required values…continue and…：输入的数字不够，再补输入。

· you have entered…choices…again，please：DYNEX 提示用户应答。

· you have not named a dnx_file：没有指定.DNX 文件，重新启动 DYNEX。

· your / modeler's…requires filename：选择项使用的文件不适合，重新启动 DYNEX。

· your / modeler's… _file … must have type：文件扩展名不适合，重新启动 DYNEX。

· your / modeler's… _file file name is to long：选择项使用的文件名不适合，重新启动 DYNEX。

**8. 转化模块**

· Attempt to duplicate quantity name：.SMT 文件已不能用，应重新编译。

· Bad subscripting in…：模型中的下标名与数据中的下标名不一致。

· File name is to long：文件名太长，超过了 8 个字符。

· …has more subscripts than in model：模型中变量下标的个数与数据中的下标个数不一致。

· Illegal value for TIME：TIME 取值不合法，应该以等步长增长。

· Illegal values in DATES：DATE 取值不合法，DATE 的第一个值必须非负，并且其增量必须为正。

· Insufficient memory：计算机内存不够。

· Insufficient memory to load date：计算机内存不够，不能装入数据源文件。

· Insufficient memory to write output：计算机内存不够，不能将数据源文件重写为标准格式文件。

· …is improper and ignored：该数据有错，将被忽略，应检查数据名。

· …is not a proper format file：文件类型不对。

· …is wrong in…Check order：变量下标名不对，应检查是否有拼写错误。

· More than one variable or keyword：数据表一行(或一列)中出现不止一个名称。

· No values for variable：没有变量提供数值，应再装入数据源文件。

· No variable to write：应先 Load，后才能 Write。

· Nothing to select!：当没有同一个变量同时在几个源文件中出现时，就不需要 Select。

· Subscript…not found：模型中没有该下标，应检查是否有拼写错误。

· Too few subscripts in…：模型和数据名不相同。

· too long for number…：数字必须少于 8 位数。

· Unable to open file…：不能打开该数据文件，应检查文件名。

· …values filled for…：当数据中缺少个别数值或者数据范围不够时，TRNS 将自动补齐，该信息指出对某个变量补入了多少数值。

· …values missing for…：该信息说明指定有多少数据没有或不可用(在文本文件中以 NA 表示，在数据表中则为单元空缺)。

· Variable…is missing：该变量没有获得数值，应再调用 Load 命令。

· Warning：Not all exogenous variables have been found：还有变量没有获得数值，需要再调用 Load 命令。

· Warning：Unsuccessful in loading…：没能装入数据源文件，应检查该文件内容及格式。

# 第二篇 基于Windos的仿真软件

# 第 3 章　Vensim PLE

Vensim 是一种被广泛采用的系统动力学建模及仿真软件，有个人学习版(PLE)、专业版(Professional)和决策支持系统版(DSS)。这里介绍的 Vensim PLE 5.0 可以满足学习、小规模的建模和一般的应用。

## 3.1　Vensim PLE 用户界面

### 3.1.1　Vensim PLE 菜单栏

Vensim PLE 的用户界面中包括标题栏、菜单栏、工具栏、绘图栏、状态栏、分析工具栏、执行文档窗口和绘制流图窗口，如图 3.1.1 所示。

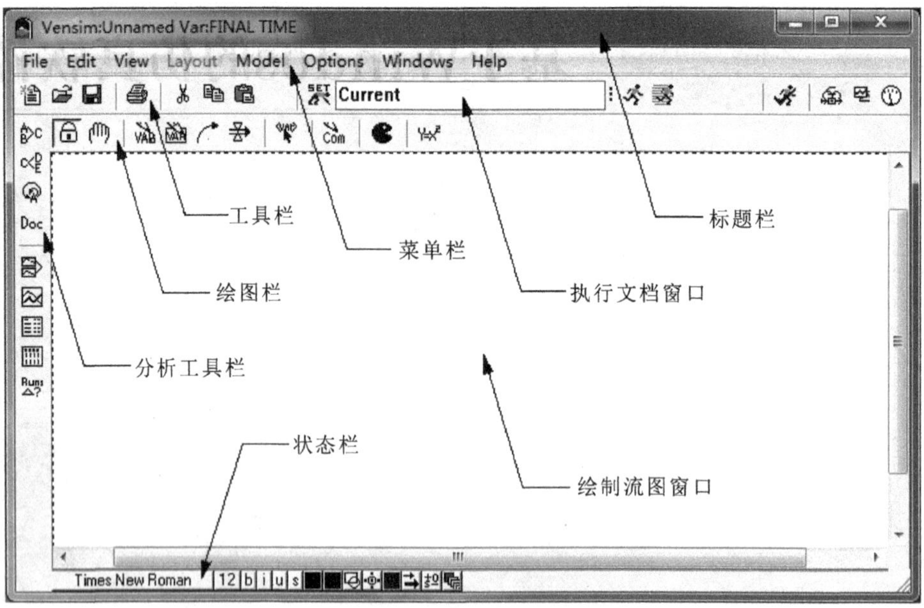


图 3.1.1　Vensim PLE 的用户界面

Vensim PLE 菜单栏的驱动，除了可以逐级打开以外，还可以用相应的快捷键。

· File(文件管理)：包括 New Model(新建模型)、Open Model(打开模型)、Save(保存模型)、Save as(模型另存为)、Print(打印模型)、Print Options(打印模型)、Close(关闭模型)、Exit(退出系统)等。

· Edit(编辑)：包括 Undo(取消操作)、Redo(恢复操作)、Copy(复制)、Cut(剪切)、Paste(粘贴)、Select all(选定所有变量)、Or select(选定某类变量)、Find(查找变量)、Find workbench(查找工作台)、Find Again(再次查找)等。

· View(观察)：包括 Zoom(缩放模型)、Show Behavior(显示行为)、Find and Colors(设置图形的默认字体和颜色)、Refresh(刷新)等。

· Model(模型)：包括 Setting(设置)、Check Model(检查模型)、Units Check(检查变量单位)、Compare to(比较模型)、Reality Check(真实性检验)等。

· Options(选项)：包括 Show Line Markers on Graph Lines(显示图线标记)、Continually Refresh Sketches(更新图结构)等。

· Windows(窗口)：包括 Control panel(控制面板)、Pop Output Forward(输出窗口转换)、Error History(出错记录)、Selection History(选择记录)等。其中，Control panel 包括 Variable(分析变量选择)、Time Axis(时间轴设置)、Scaling(纵坐标调整)、Datasets(数据集选择)、Graph(自定义作图)等。

· Help(帮助)：包括 Vensim Manual(Vensim PLE 使用手册)、Keyword Search(模型中关键词查找)、About Vensim(关于 Vensim PLE 的版本号及开发时间)。

### 3.1.2 Vensim PLE 窗口

Vensim 提供三种类型的窗口，使用户在窗口之间工作和切换，从而完成模型的建立、仿真分析、修改和最终的输出。

· Building Windows(模型建立窗口)：用于建立模型。

· Control Windows(控制窗口)：用于调整和控制输出结果，使输出曲线等更加完美。

· Output Windows(输出窗口)：用于结构分析和数据集分析。

在上述三种窗口之间切换时，可以选择主菜单 Windows 下的相关子菜单进行切换，或直接选择建立模型窗口中工具栏的相关按钮进行切换。

### 3.1.3 Vensim PLE 工具栏

工具栏是绘图工具的集合。Vensim PLE 工具栏的功能依次如下：

· New Model (新建模型)：开始建立一个新模型。

· Open Model (打开模型)：打开一个已有的模型。

· Save (保存)：将新建或修改后的模型存盘。

· Print (打印)：将选定的模型打印输出。

· Cut (剪切)：将选定的模型或部分模型切入剪贴板，所选内容会被剪去，但可以在其他部分和程序中通过粘贴后再现。

· Copy (复制)：将选定的模型或部分模型移入剪贴板，所选内容仍留原处。

· Paste (粘贴)：将先前被剪切或被复制的内容在当前位置使用。

· Set up a Simulation (设置仿真)：调整模型的仿真参数。

· Run Name Current (数据文件名)：通过不同的设置，形成不同的数据文件。

· Run a Simulation (执行仿真)：进行仿真运算。

· Automatically Simulate on Change (自动仿真改变)：启动 SyntheSim，浏览模块敏感度来改变常数值，“动”观其变，而不需要储存每个模块，重复执行与保存模块，便于计算与审查问题。

· Run Reality Checks (真实性检验)：对建立的模型添加描述约束，进行真实性检验。

· Building Windows (模型建立窗口)：打开 Vensim 软件看到主窗口，即为模型建立的窗口。

· Output Windows (输出窗口)：改变模型的输出。

· Control Panel (控制窗口)：控制模型的输入和输出。

### 3.1.4 Vensim PLE 绘图栏

在 Vensim PLE 绘图栏中有以下工具：

· Lock Sketch (锁定图)：对流图对象进行锁定。锁定后可以选定流图对象以及变量，但不能移动流图。

· Move/Size (移动/大小)：对流图对象进行选择、移动以及大小调整。

· Variable (变量)：创建变量(常量、辅助变量)以及数据。

· Box Variable (方框变量)：创建水平变量。Vensim 一般约定，水平变量的第一个字母大写，常量和表函数字母全部大写，其余变量字母全部小写。当然用户也可以有自己的约定。

· Arrow (箭头)：创建连接箭头，可以是直的或弯曲的。注意，创建时，先选中箭头，在因变量上按下左键，然后松开，移动鼠标到空白处按左键，松开后移动到果变量再按左键。在箭头图符的中间位置会有一个操作柄。

· Rate (速率变量)：创建速率变量。它由四部分构成：两个箭头，一个开关，两朵表示源和漏的云，以及变量本身。可通过选择移动开关移动和改变图符形状。速率变量一般至少有一端指向一个状态变量(也叫水平变量)，在创建时可以是其一端直接指到状态变量上。

· Shadow Variable (重复变量)：对现有模型添加影子变量。有时模型很大，若一个变量已在一个子块中定义，则在另一子块中只要用 Shadow Variable 再声明一次即可。

· Sketch Comment (图表注释)：在流图中添加注释和图片，使模型更容易看懂。Vensim PLE 的注释方法很丰富，可以是文字、图符等，它在模型流图中无实质性作用。

· Delete (删除)：删除流图中的变量及线条。

· Equations (方程)：创建和编辑模型方程。

注意：要创建一个模型，首先通过点击鼠标选择一个绘图工具。用户还可以通过按常用键区的一个字母选择一个绘图工具(非数字键)。1 表示第 1 个工具，2 表示第 2 个(0 是第 10 个，Q 是第 11 个，W 是第 12 个，等等)。这些仅在创建窗口活动时才可用。

在绘图时，通过移动鼠标并单击来使用工具(对于 Arrows 和 Rates，首先单击，然后移动鼠标再次单击)。

在用户选择另一个绘图工具之前，所选的绘图工具一直保持活动状态。

### 3.1.5 Vensim PLE 状态栏

Vensim PLE 状态栏显示流图以及流图对象的状态。Vensim 提供了丰富多彩的图符和字体表示方式。对于已有的图符和字体，有两种调整方法。一种是用鼠标选中图符操作柄和变量，然后再点按底部工具条；另一种是直接用鼠标右键点按图符操作柄或变量，就会出现相应的对话框。

**1. 利用工具条对图符和字符作调整**

Vensim PLE 状态栏包含了一系列修改被选对象状态的按钮。图 3.1.1 中底部状态栏工具条功能依次如下：

Times New Roman ：字体选择。对当前变量或注释选择任何 Windows 所提供的字体，也可选择汉字。

12 ：设置字体的大小。

b ：设置字体加粗。

i ：设置字体倾斜。

u ：对字体加下画线。

s ：对字体加中串线。

：设置字体颜色。

：设置变量边框颜色。

：选择变量边框形状。

：选择文本的位置。

：设置箭头的颜色。

：选择箭头的形状。

：设置箭头的极性，一般可用“＋，－”，也可用“S，N”。

：将加亮的字符移到下面。

熟练使用这些工具条可以使模型外观非常漂亮，但这些工具对于模型本身无实质影响。

注意：当使用文本编辑器时，状态栏会转变到文本编辑操作状态。

**2. 利用对话框操作对图符和字符作调整**

用鼠标右键单击要操作的图符操作柄，将会出现相应的对话框。这些对话框主要有箭头选择对话框、开关选择对话框、注释对话框、变量选择对话框。其中，注释对话框和变量设置对话框的使用见第 3.3 节(模型的建立)。

· 箭头选择对话框：可以选择极性(选择字体)，设置箭头可以隐藏、可以无头，选择箭头颜色及线的形状和宽度。这是针对因果关系箭头和速率量箭头进行操作的。

· 开关选择对话框：通过对速率量的开关进行操作，可调整速率变量相对于图符的位置、颜色等。

### 3.1.6　Vensim PLE 分析工具栏

Vensim PLE 分析工具栏中的工具用来显示模型变量的信息，其输出可以以图片格式保存。这些工具又可组成分析工具包。Vensim PLE 提供了两个分析工具包(图 3.1.1 中分析工具栏的上下两列)。

**1. 结构分析工具**

· Causes Tree (原因树)：创建包括影响所选中变量的所有变量的树状图，对选定变量进行直接原因追踪分析。

· Uses Tree (结果树)：创建从选中变量到它影响的所有变量的树状图，对选定变量进行直接结果追踪分析。

· Loops (反馈回路)：列出穿过所选中变量的所有反馈回路的清单。

· Document (文档)：列出选定变量的方程、定义、量纲和选择的数值。

**2. 数据分析工具**

· Causes Strip (原因图)：显示分析变量及其第一级原因变量的线条图，用户可以探寻变量之间的因果关系。

· Graph (曲线图)：显示选定变量的线条图，表征其行为模式。它有多种输出选项，是一个比原因图大的图表。

· Table (数据表)：生成变量在时间轴上从左到右(横排列)的表格。

· Table Time Down (竖排列表格)：生成变量在时间轴上从上到下竖排列的表格。

· Runs Compare (运行比较)：比较第一次与其他各次运行的所有表函数和常量。

## 3.2 Vensim 内置函数

### 3.2.1 概述

Vensim 中的 Equation(等式)是建立模型最为重要的环节之一。因为在模型中所有变量之间的关系都是通过 Equation 联系起来的，而整个模型的内在结构也只能通过这些变量之间的精确关系体现出来。只有当 Equation 设置的情况和真实情况相符合的时候，Vensim 中的模型才可以帮助决策者更好地了解和分析其所处的决策环境和决策条件，做出最为合理有效的决策方案，达到预期的效果。

所要仿真的决策环境往往复杂多变，这同时决定了模型变量之间关系的复杂性。在设置变量间关系的过程中，除了加、减、乘、除这些最简单、最常用的基本运算外，还常常需要使用更为复杂的关系。在这方面，Vensim 提供了强大的函数关系功能，可以为用户在模型建立过程中提供很多帮助。下面将分别介绍 Vensim 函数库和 Vensim 表函数两部分内容。

### 3.2.2 Vensim 函数库

Vensim 函数库是 Vensim 软件内部集成的函数功能。在 Vensim PLE 5.0 版本中，函数库一共包含 25 个函数。需要体现模型变量间的关系时，可以在设置变量关系的过程中选择使用这些函数。

单击“Equation”功能键，Vensim 就会打开公式编辑器。在这里，单击“Functions”(函数)功能键，Vensim 软件提供的所有函数就会出现在“Functions”下面的选择框中，如图 3.2.1 所示。

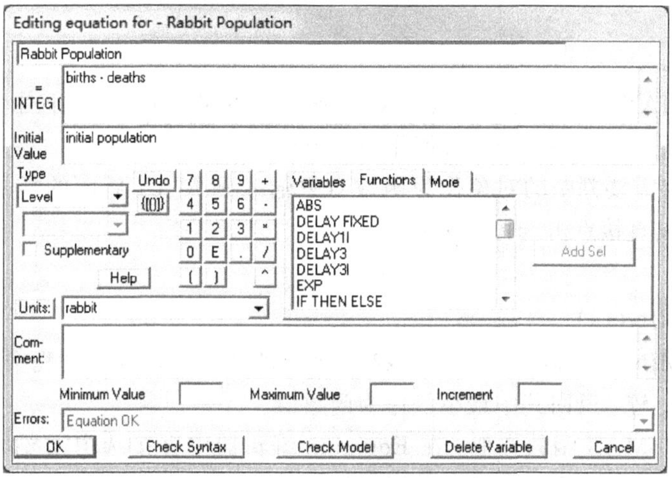


图 3.2.1　函数功能键

Vensim 函数库中的 25 个函数分为以下几类：数学函数、逻辑函数、随机函数、测试函数、延迟函数和其他函数。下面对这些函数一一进行介绍。

**1. 数学函数**

数学函数是 Vensim 函数库中最简单的一类函数，包括 SIN、EXP、LN、SQRT、ABS、INTEGER、MODULO 七个函数，主要应用于变量之间的基本数学关系。表 3.2.1 中总结了这七个数学函数的名称、形式和功能，读者可以在建立模型过程中参考和使用。

**表 3.2.1　Vensim 数学函数总结**

| 函数名称 | 函数形式 | 函数功能 |
|---|---|---|
| SIN | SIN({x}) | 取正弦 |
| EXP | EXP({x}) | $e^x$ |
| LN | LN({x}) | 取对数 |
| SQRT | SQRT({x}) | 取平方根 |
| ABS | ABS({x}) | 取绝对值 |
| INTEGER | INTEGER({x}) | 取整数 |
| MODULO | MODULO({x}, {base}) | 取余数 |

**2. 逻辑函数**

Vensim 函数库中另一类重要的函数是逻辑函数。在建立模型过程中，有时变量间的关系需要经过一些比数学计算更复杂的处理，比如判断若干变量中最大或者最小的值，然后将结果赋予另一个变量。再如模型中某一环节的进行依赖于上一环节的结果，这时就需要对不同种情况下发生的情况分别进行定义。

Vensim PLE 版本中的逻辑函数包括最大值判断函数(MAX)、最小值判断函数(MIN)和条件函数(IF THEN ELSE)。这三个函数在很多模型的变量关系判断中使用频率都很高。

1）MAX

基本形式：MAX({x1}，{x2})。

函数功能：MAX后面括号中的x1、x2是函数的变量。在运行过程中，MAX函数对括号中的变量进行比较，返回其中最大值作为函数值。

使用方法：将需要判断的对象作为函数对象输入到MAX后面的括号内(在Equation编辑器窗口下可以直接点击选择变量)。

2）MIN

基本形式：MIN({x1}，{x2})。

函数功能：MIN后面括号中的x1、x2是函数的变量。在运行过程中，MIN函数对括号中的变量进行比较，返回其中最小值作为函数值。

使用方法：和MAX函数类似，在Equation编辑器中直接选中需要比较的对象名称，对象即会自动变为函数变量，并参加逻辑运算。

3）IF THEN ELSE

基本形式：IF THEN ELSE({cond}，{ontrue}，{onfalse})。

函数功能：在模型建立过程中常常遇到这样的情况，变量值在不同的情况(是否符合某条件)有不同的计算方法。IF THEN ELSE函数就是针对这种情况设计的。

在Vensim中，该函数实际上具有两种意义：① 像其他函数一样，IF THEN ELSE函数会根据运算结果返回一个函数值；② 表达式d=IF a THEN b ELSE c实际上把变量“IF a THEN b ELSE c”赋给了d这个变量。

使用方法：打开公式编辑器→选择“Functions”图标，并点击“IF THEN ELSE”函数→选择“Variables”图标→点击函数中的“cond”变量→在“Variables”中选择要使用的目标变量，设定一个临界条件→同样地选择“ontrue”和“onfalse”变量并分别赋予条件满足和不满足两种情况下对应的不同的函数关系式。

DHPI=IF THEN ELSE(Time>=1920，COE，0)

说明：这个函数的含义是，如果时间变量Time大于或等于1920年(Time是表示时间的变量，是模型内置的一个变量)，则逻辑函数返回值为COE，这时DHPI=COE；其他情况下，即时间变量Time<1920年的时候，逻辑函数返回值为0，这时DHPI=0。

**3. 随机函数**

随机函数是一类常用的函数类型。因为所建立的模型是仿真现实环境的，而现实环境中常常存在一些不能确定的情况，即存在随机性。所以除了模型中确定的变量关系外，还需要模拟一种不确定性的发生。Vensim函数库中的随机函数就是针对这种用途设计的。

1）RANDOM UNIFORM

函数形式：RANDOM UNIFORM({min}，{max}，{seed})。

函数功能：产生一个介于min值和max值之间的数值，这个数值是随机生成的，但是它的分布依赖于种子(seed)的确定。每一个不同的种子都可以产生一个不同的基本分布。当没有指定种子的时候，Vensim会自动使用默认种子及其分布，以产生随机变量。

使用方法：在函数列表Functions中选择RANDOM UNIFORM，然后用鼠标依次点击“min”→“max”→“seed”并输入设定值。

2）RANDOM NORMAL

函数形式：RANDOM NORMAL({min}，{max}，{mean}，{stdev}，{seed})。

函数功能：此函数和上一个功能类似，都是产生 min 和 max 之间的随机数值，并依赖于种子产生的分布。其不同之处在于，此函数可以设定种子所产生分布的期望均值和方差。函数中 mean 即表示均值，而 stdev 则表示方差。

使用方法：在函数列表中选择 RANDOMU NIFORM 函数，然后用鼠标依次点击“min”→“max”→“mean”→“stdev”→“seed”并输入相应的设定值。

**4. 测试函数**

测试函数是 Vensim 中另一类非常有特色、而且很常用的函数类型。下面介绍四种测试函数：阶跃函数 STEP、斜坡函数 RAMP、单脉冲函数 PULSE、多脉冲函数 PULSE TRAIN。这四种函数都可以产生比较典型和有特色的数值变化规律，因此在建模过程中经常使用。

1）阶跃函数 STEP

基本形式：STEP({height}，{stime})。

基本功能：此函数可以控制对变量启动赋值的时间。如图 3.2.2 所示，在 stime 之前，函数赋予变量的数值为 0。当时间到达 stime 后，函数赋予变量的值为预先设定的 height，并持续下去。

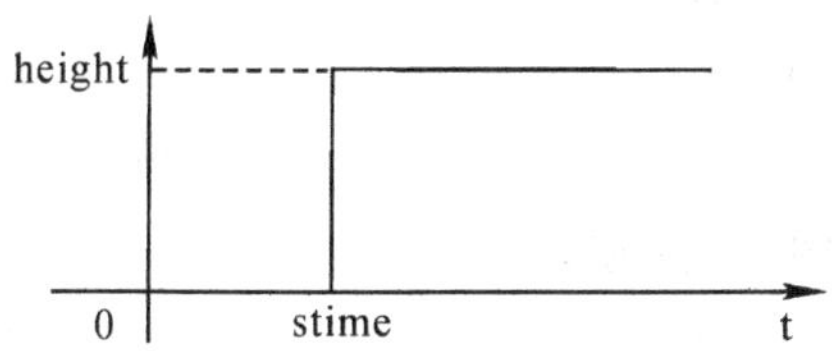


图 3.2.2　阶跃函数的含义

使用方法：在函数列表中选择 STEP，然后用鼠标依次点击“height”→“stime”并输入阶跃函数的取值和起始时间。

2）斜坡函数 RAMP

函数形式：RAMP({slope}，{start}，{finish})。

函数功能：函数从给定的起始时间开始到给定的结束时间终止。在这个过程中，函数的变化完全取决于预先设定的斜率，其初值默认为 0，如图 3.2.3 所示。

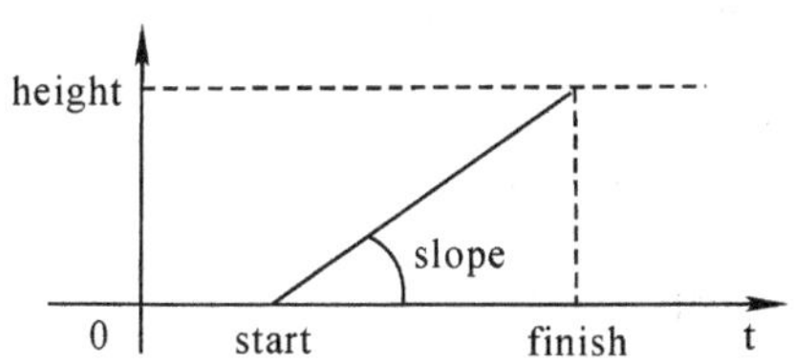


图 3.2.3　斜坡函数的含义

使用方法：从函数列表中选择 RAMP 函数，在“slope”处单击鼠标左键，输入设定的函数斜率，然后用同样的方法设定起始时间“start”和结束时间“finish”。

3）单脉冲函数 PULSE

函数形式：PULSE({start}，{duration})。

函数功能：此函数和阶跃函数的功能具有共同点，但与阶跃函数不同之处有以下两点：

（1）单脉冲函数在起始时间后的脉冲高度只能为 1。这个值是 Vensim 默认的，而不是自行设置的。

（2）单脉冲函数可以控制脉冲持续的时间，即函数图中的 duration，如图 3.2.4 所示，在 start 后经过 duration 时间长度，函数将重新开始赋予变量 0 值。

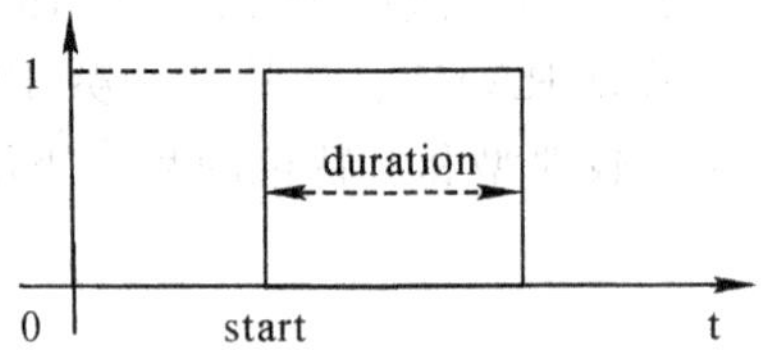


图 3.2.4　单脉冲函数图形

使用方法：在函数列表中选择 PULSE，然后用鼠标依次点击“start”→“duration”，并输入脉冲起始时间和持续时间长度。

4）多脉冲函数 PULSE TRAIN

函数形式：PULSE TRAIN({start}，{duration}，{repeattime}，{end})。

函数功能：多脉冲函数较单脉冲函数可以实现更多的功能，即把原本单个连续的赋值阶段切分成若干小阶段，如图 3.2.5 所示。这里的 duration 是指分割后每一个阶段的持续时间长度，而 repeattime 是指一个阶段开始时刻(终止时刻)和下一个阶段开始时刻(终止时刻)间的时间间隔长度。这样的阶段反复循环出现，直到时间到达 end。

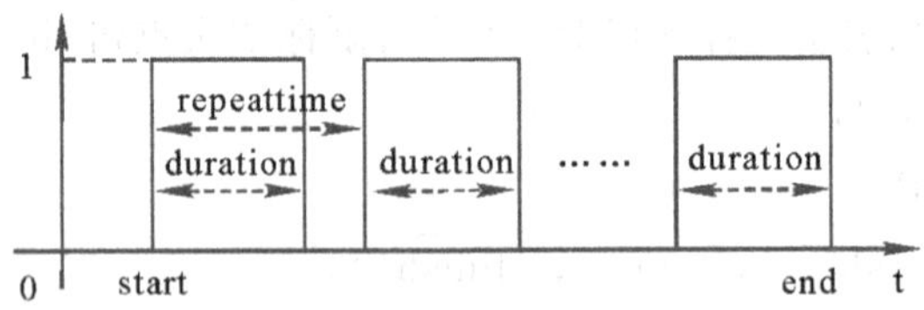


图 3.2.5　多脉冲函数图形

使用方法：选择 PULSE TRAIN 函数，依次点击“start”→“duration”→“repeattime”→“end”并设置。

**5. 延迟函数**

延迟函数是 Vensim 函数库中非常重要的一类函数，使用范围很广。在建立模型的过程中常常需要模拟物质或信息在模型中不同模块间的流动，而现实中，由于物质或信息传播渠道的客观限制，这种流动经常会产生一定的延迟。延迟函数正是为模拟这种延迟效果而设计的。Vensim 中的延迟函数包括两类，即模拟物质延迟效果的 DELAY 函数和模拟信息延迟效果的 SMOOTH 函数。

1）物质延迟函数

（1）DELAY1I。

函数形式：DELAY1I({in}，{dtime}，{init})。

函数功能：此函数根据设定的延迟时间，对输入量作延迟处理。其运行过程中，内部原理相当于下面的等式：

DELAY1I＝LV/dtime

LV＝INTEG(in－DELAY1I，input * dtime)

这里 INTEG 函数的功能是对括号内的变量 in－DELAY1I 进行积分。

使用方法：在函数列表中选择 DELAY1I 函数，单击鼠标设定输入值 in、延迟时间 dtime 和初值 init。

（2）DELAY3。

函数形式：DELAY3({in}，{dtime})。

函数功能：DELAY3 函数同样对物质作延迟处理，但和 DELAY1I 不同，它是针对三阶延迟设计的，即在处理过程中，它根据延迟时间对物质做三次延迟处理，然后再返回函数值。换句话说，它相当于执行了三次 DELAY1I，但每一次延迟的时间只有原函数中设定延迟时间 dtime 的三分之一。DELAY3 内部原理等同于下面的等式：

DELAY3＝LV3/DL

LV3＝INTEG(RT2－DELAY3，DL * in)

RT2＝LV2/DL

LV2＝INTEG(RT1－RT2，LV3)

RT1＝LV1/DL

LV1＝INTEG(in－RT1，LV3)

DL＝dtime/3

使用方法：和 DELAY1I 的使用方法相同。

（3）DELAY3I。

函数形式：DELAY3I({in}，{dtime}，{init})。

函数功能：此函数功能和 DELAY3 功能类似，不同之处在于其可以设定初值。

使用方法：和 DELAY1I 的使用方法相同。

（4）DELAY FIXED。

函数形式：DELAY FIXED({in}，{dtime}，{init})。

函数功能：DELAY FIXED 函数对输入量作延迟处理，但处理过程中 dtime 是一个常量。即便在设置时将 dtime 设置为表达式，运行过程中延迟时间也不会随着表达式的变化而变化。

使用方法：和 DELAY1I 的使用方法相同。

2）信息延迟函数

（1）SMOOTH。

函数形式：SMOOTH({in}，{stime})。

函数功能：此函数模拟信息延迟效果，对输入值作延迟处理，其内部原理相当于以下等式：

SMOOTH＝INTEG((input－SMOOTH)/dtime，input)

使用方法：在函数列表中选择 SMOOTH 函数，然后设定输入值和延迟时间。

（2）SMOOTHI。

函数形式：SMOOTHI({in}，{stime}，{inival})。

函数功能：此函数和 SMOOTH 函数功能类似，但可以设定初值。其内部原理相当于以下等式：

SMOOTHI=INTEG((input－SMOOTHI)/dtime，init)

使用方法：和 SMOOTH 的使用方法相同，但需要设定初值{inival}。

（3）SMOOTH3I。

函数形式：SMOOTH3I({in}，{stime}，{inival})。

函数功能：此函数实现的延迟功能和 DELAY3 相似，即对输入量作三阶延迟，内部原理相当于以下等式：

SMOOTH3=INTEG((LV2－SMOOTH3)/DL，input)

LV2=INTEG((LV1－LV2)/DL，input)

LV1=INTEG((IN－LV1)/DL，input)

DL=dtime/3

使用方法：和 SMOOTH 的使用方法相同，只是这里的延迟时间是三阶延迟时间，因此，运行过程中每一阶的延迟时间是它的三分之一。

**6. 其他函数**

Vensim PLE 的函数库中还有两个函数，这里作简要介绍。

1）XIDZ

函数形式：XIDZ({numerator}，{denominator}，{X})。

函数功能：返回 numerator/denominator 的数值，如果分母 denominator 的数值为 0，则自动返回 X 值。

使用方法：在函数列表中选择 XIDZ 函数，依次点击{numerator}→{denominator}→{X}并设置分子、分母和 X。

举例：XIDZ(3，4，1)的返回值是 0.75，XIDZ(3，0，1)的返回值是 1.0。

2）ZIDZ

函数形式：ZIDZ({numerator}，{denominator})。

函数功能：ZIDZ 函数和 XIDZ 函数的功能基本相同，只是当其分母 denominator 数值为 0 时，函数自动返回 0。这个函数等价于 XIDZ({numerator}，{denominator}，{0})。

使用方法：在函数列表中选择函数并设置{numerator}和{denominator}。

举例：ZIDZ(3，4)的返回值是 0.75，ZIDZ(3，0)的返回值是 0。

### 3.2.3　Vensim 表函数

上面介绍了 Vensim PLE 函数库中的 25 个函数，一般来说，直接调用函数固然方便快捷，但具有一定的局限性。当用户想根据个性需要创建一些特殊的函数（往往是非线性函数）的时候，表函数更好用。下面讨论表函数的创建和使用方法。

表函数往往用于描述某变量对另一变量的影响，比如用 Rabbit 模型（Vensim PLE 5.0

安装目录下\models\guide\CHAP08\COMPLETE 的子目录中）描述兔子拥挤程度对兔子死亡率的影响时，选中方程工具后，在模型中点击“effect of rabbit crowding on deaths”。在变量类型 Type 标识下，有两个下拉框，一个显示 Auxiliary，另一个显示 Normal。点击“Normal”的下拉框，从中选择“with Lookup”，这样就可以赋予这个变量一个表函数。

在模型中，Rabbit Population/carrying capacity 用来衡量兔子拥挤程度，不同的拥挤程度对应不同的影响（effect）。越拥挤，则 effect 的值越大，这时 deaths 的取值会离参考值（reference）越远。参考值在这种情况下可以等同于自然死亡率。下面是创建这个表函数的过程。

点击图 3.2.1 位于“Type”下拉框下面的“As Graph”按钮，会打开一个表函数编辑器，如图 3.2.6 所示。

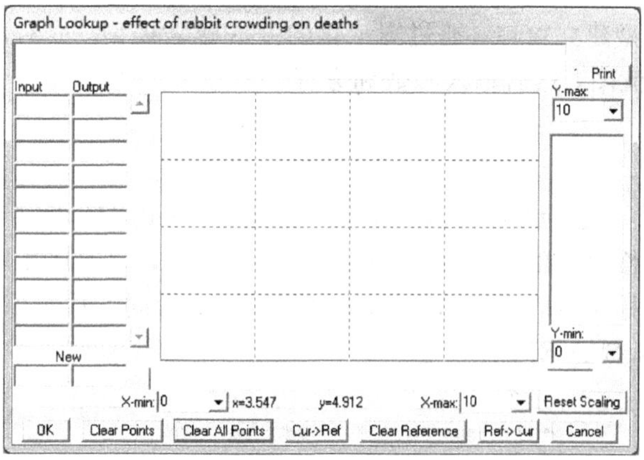


图 3.2.6　表函数编辑器

在 Input 和 Output 中，分别输入一系列 x 值和 y 值，x 在这里对应的是自变量，即 Rabbit Population/carrying capacity，y 则对应因变量，即 effect of rabbit crowding on deaths。例如输入五个数对（0，0.9），（1，1），（2，1.2），（3，1.5），（4，2），然后调整 x 和 y 的数值范围（通过调整 X-min，X-max，Y-min，Y-max），使得所形成的曲线能较清晰地显示出来，如图 3.2.7 所示。

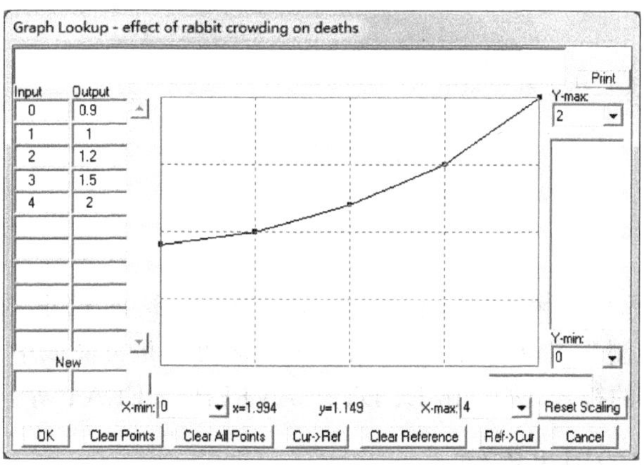


图 3.2.7　表函数曲线图

点击“OK”按钮，这样就创建了一个从 Rabbit Population 到 deaths 的表函数了。表函数中(1，1)对应的关系，是当 Rabbit Population 刚好等于 carrying capacity 的时候，兔子的死亡率就等于自然死亡率。当 Rabbit Population 超过了 carrying capacity 的时候，如表中的(2，1.2)，则表示 Rabbit Population 是 carrying capacity 的 2 倍，这时，兔子的死亡率就等于 1.2 倍的自然死亡率。

综上所述，Vensim 中自带的函数使用起来简单方便，但是表函数更为灵活，可以创建用户自己需要的任何特殊函数关系。

## 3.3　模型的建立

模型建立是在模型建立窗口，通过图示化的方式建立模型，或对已建立的模型进行修改。主要过程是画出流图，然后输入参数和方程。

### 3.3.1　开始

在主菜单“File”下，选择“New Model”或“Open Model”，就可以开始建立一个新模型或者对已建模型进行修改。在选择“New Model”的情况下，会出现如图 3.3.1 所示的窗口，它是用来对于模型初始化的，可以选择起始时间、结束时间、时间单位、时间步长(Time Step)和数据记录步长 SAVEPER。

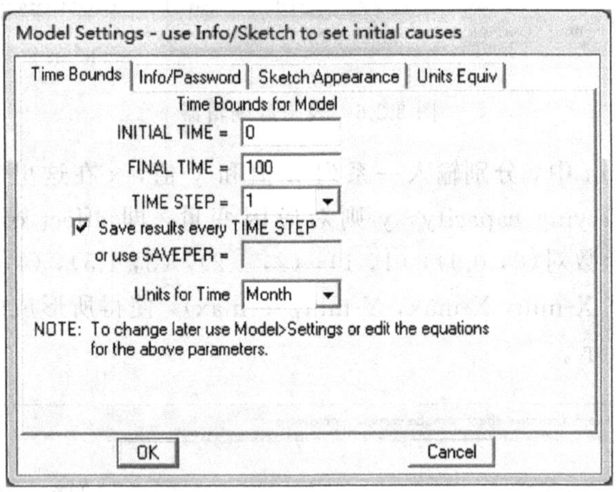


图 3.3.1　模型初始化

### 3.3.2　添加变量

在对问题进行系统思考的基础上，使用 Vensim 绘图栏中的“Variable”和“Box Variable”按钮可在绘制流图窗口区添加变量。变量名可以是英文或中文，但变量名要避免使用那些有特定意义的符号，如 TIME、DT、SAVPER、DELAY 等。

### 3.3.3　建立变量间的因果连线

使用绘图栏中的 Arrow 按钮建立各变量之间的因果连线。点击一个变量并移动光标到另外一个变量，再次点击，一个箭头就把两个变量连接起来了。可以通过操作箭头中间的操作手柄移动箭头或改变箭头方向。注意，变量及其连线可以用绘图栏中的“Delete”按钮进行删除。

### 3.3.4　对流图加注释

通过点击绘图栏中的“Sketch Comment”按钮，可打开注释对话框。注释可以是文字，也可以是图形。文字的注释可以选择字体、大小、颜色、加粗等。图形的注释可以选择点位图或者是 Windows 的图元文件(均可由剪贴板获得)。可以对注释加边框，选择边框形状等。

### 3.3.5　方程和参数的输入

方程的左边一定是某一变量，而 Vensim 是围绕这一变量来建立方程和输入参数的。当模型变量的因果连线完成以后，使用绘图栏中的“Equations”按钮开始对变量进行建立等式和赋值等工作。点击“Equations”按钮后，再点击一个变量，会出现如图 3.3.2 所示的对话框。

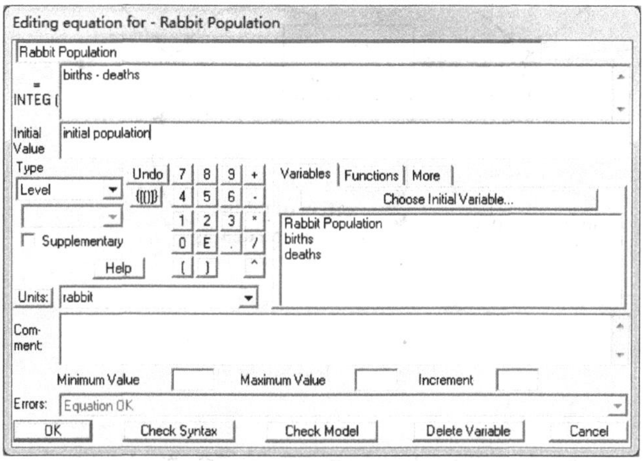


图 3.3.2　方程编辑对话框

该对话框主要包括以下选项：

· 方程编辑框：可选择变量、函数、数字和运算符构成方程。

· Variables(输入变量)：若流图正确，此变量的因变量均包含于此，并构成输入变量。在方程编辑中只要从此选择即可，不需要再输入变量。

· Functions(函数)：列举了 Vensim 提供的所有函数，可选择进入方程编辑。

· Type(变量类型)：Level 表示流位变量(要在 Initial Value 框中输入流位变量初值)；Auxiliary 表示速率或辅助变量；Constant 表示常量；Lookups 表示表函数等。

· Units(单位)：方程右边必须有正确的单位。若是一个无量纲的变量，可不加或输入“dmnl”。

· Comment(注释)：可对方程进行注释，以增加其可读性。

· Errors(错误信息)：在方程书写中，会随时提示书写是否正确。

### 3.3.6　表函数的建立

运用表函数是系统动力学一个重要特色。它用于建立两个变量之间的非线性关系，特别是软变量之间的关系。例如员工士气对工作效率的影响程度：两个变量先归一化，或者先规整化，再根据经验给出大致的关系图来。这样设计的变量是无量纲的量。当在“Type”中选择“Lookup”项时，会有 As Graph 选项，选择此选项就会出现表函数输入对话框。

表函数输入对话框用于图形化定义，表函数可以直接填入框中。包括自变量和函数值列举，自变量和函数的最大值等。单击“As Graph”按钮，出现表函数编辑器，可以在 Input、Output 列中填入表函数的对应数值，或用鼠标左键在编辑器的图形框中点按，自动构成图形。输入完成后，单击“OK”按钮。

### 3.3.7 Rabbit 模型流图

根据以上模型建立的基本步骤，可以自己建立 Rabbit 模型，或直接调用 Vensim PLE 5.0 安装的 models\guide\CHAP08\COMPLETE 子目录中的 rabbit.mdl 模型，如图 3.3.3 所示。

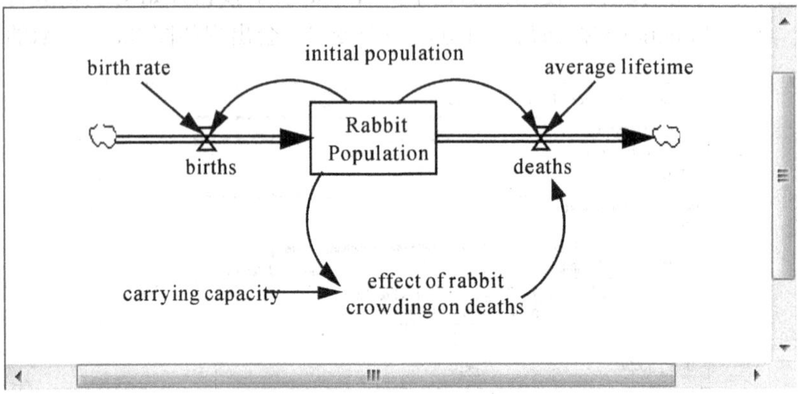


图 3.3.3 Rabbit 模型

## 3.4 模型建立后的静态分析

模型建立后，在运行前和运行后均可以进行静态分析。静态分析主要是一种结构分析。Vensim 是通过分析工具栏的工具操作的。其中，原因树分析、结果树分析和反馈回路分析是对于具体的变量进行的(因此首先要选择变量到工作台)，而模型文档列举和量纲检查是对于整个模型的分析。

### 3.4.1 将分析变量选入工作台

变量选入工作台有两种方法：一种方法是用鼠标点击要选择的变量，就会在主窗口标题栏看到被选中的变量；另一种方法是用鼠标点击工具栏的“Control panel”按钮，会出现一个对话框，列出模型的所有变量，且可以分类显示，选择要分析的变量即可。

### 3.4.2 原因树分析

首先点击分析工具栏的“Causes Tree”按钮，对于选定变量，则列举出作用于其上的变量；然后对于这些变量，再列举作用于其上的变量；依次类推，逐级反向追溯，直到出现给定变量本身的一级为止。这时，就得到了选定变量的一个原因树，最末一级的所有变量(除变量本身)实际上是该子系统的边界。这些变量的外部作用决定了选定变量的变化。图 3.4.1 是对于变量 Rabbit Population 的原因树分析图。可以锁定窗口，打印该图，也可以将该图拷贝到剪贴板或以图元文件(wmf)保存。

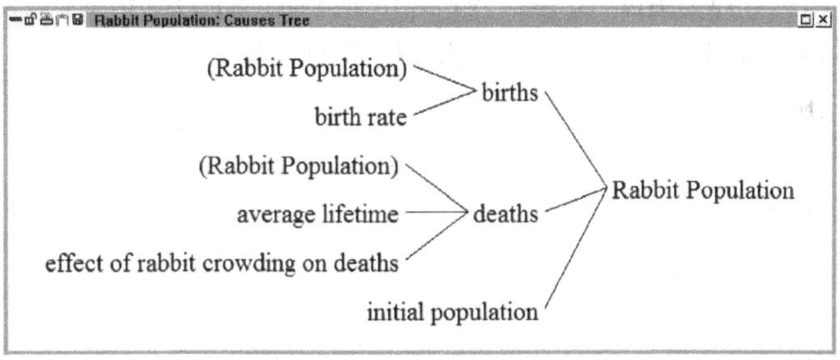


图 3.4.1　原因树分析图

### 3.4.3　结果树分析

首先点击分析工具栏的“Uses Tree”按钮，对于选定变量，列举其作用的变量；然后对于这些变量，再列举其作用的变量；依次类推，逐级正向追溯，直到出现给定变量的一级为止。给定变量的结果树也构成了一个子系统，其最末一级的所有变量(除给定变量本身)构成子系统边界，表示指定变量对于整个系统的最终作用。图 3.4.2 是变量 Rabbit Population 的结果树分析图。

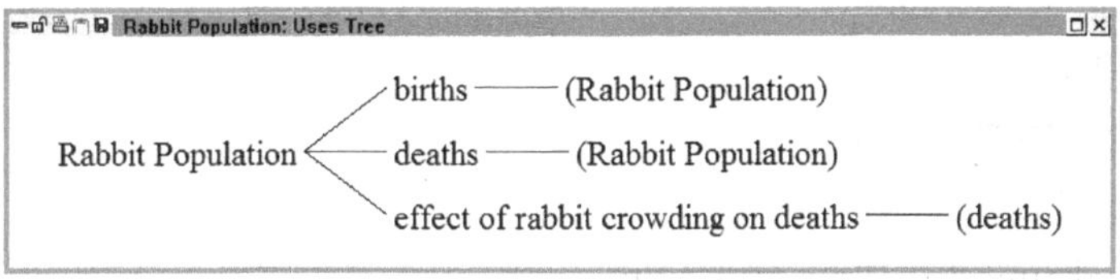


图 3.4.2　结果树分析图

### 3.4.4　反馈回路分析

点击分析工具栏的“Loops”按钮，对于给定变量，列举包含该变量的所有的反馈回路。注意，尽管在建模时标明了每个箭头的极性，但 Vensim 并不提供反馈回路的极性分析。图 3.4.3 是包含变量 Rabbit Population 的反馈回路。

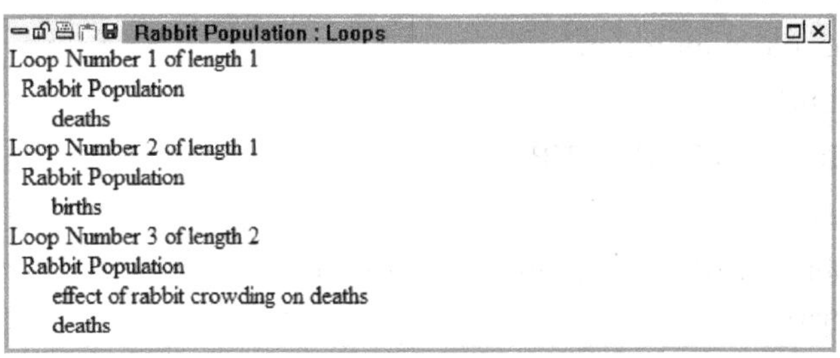


图 3.4.3　变量的反馈回路

### 3.4.5 模型文档

点击分析工具栏的"Document"按钮，看到的是方程列举的文档。该文档详细列举了所有等式、参数、表函数，以及用户注释及 Vensim 提供的用途分析。这一文档和模型流图构成了 Vensim 基本的模型文档。下面是 Rabbit 模型的文档。

(01)average lifetime=8
    Units：Year
(02)birth rate=0.23
    Units：fraction/Year
(03)births=
        Rabbit Population * birth rate
    Units：rabbit/Year
(04)carrying capacity=1000
    Units：rabbit
(05)deaths=
        (Rabbit Population / average lifetime ) * effect of rabbit crowding on deaths
    Units：rabbit/Year
(06)effect of rabbit crowding on deaths= WITH LOOKUP (
        Rabbit Population / carrying capacity,
            ([(0, 0)-(4, 2)], (0, 0.9), (1, 1), (2, 1.2), (3, 1.5), (4, 2) ))
    Units：Dmnl
(07)FINAL TIME = 30
    Units：Year
    The final time for the simulation.
(08)initial population=1000
    Units：rabbit
(09)INITIAL TIME = 0
    Units：Year
    The initial time for the simulation.
(10)Rabbit Population= INTEG (
        births-deaths,
            initial population)
    Units：rabbit
(11)SAVEPER = TIME STEP
    Units：Year
    The frequency with which output is stored.
(12)TIME STEP = 0.125
    Units：Year
    The time step for the simulation.

# 3.5　模型仿真及数据集分析

建立好了模型，就可以进行仿真和数据集分析。Vensim 的数据集分析是对于仿真的结果—数据文件 .vdf 进行比较分析。可以对一次运行结果分析，也可以对多次运行结果(即多个 .vdf 文件)比较分析。同结构分析一样，数据集分析一般也是对于具体的变量进行的，需先选择要分析的变量。

## 3.5.1　模型仿真计算

选择工具栏的“SET”选项，会出现对话框。它允许用户修改有关参数、表函数，设定、保存运行结果的文件名等。在对于同一模型反复调整参数，比较运行结果时很重要。注意，这里对于参数和表函数的修改不会保存到模型文件中去。

利用菜单栏“Model”中的“settings”可以对运行起始时间、步长等重新进行设定。模型运行后会产生供数据集分析用的文件.vdf。若是多次调整参数运行同一模型，并生成不同数据文件，则图形和表格显示是多次运行结果的比较。例如，在不同的参数条件下，运行 Rabbit 模型，得到数据文件：Current.vdf，Current1.vdf，Current2.vdf。

下面对于变量 Rabbit Population 进行分析。先点击变量“Rabbit Population”，可以看到该变量被选入工作台标题栏。

## 3.5.2　数据集分析工具

### 1. Run Compare(运行比较)

在多次运行同一模型，只是改变其参数时，显示和列举各次运行的参数比较。对 Rabbit 模型，按下该工具按钮，则出现图 3.5.1 所示的窗口，它详细记录了三次运行模型参数的调整情况。由于这些变化使模型表现出不同的行为模式。将比较内容 Export 到剪贴板，还可以得到参数比较的文本。

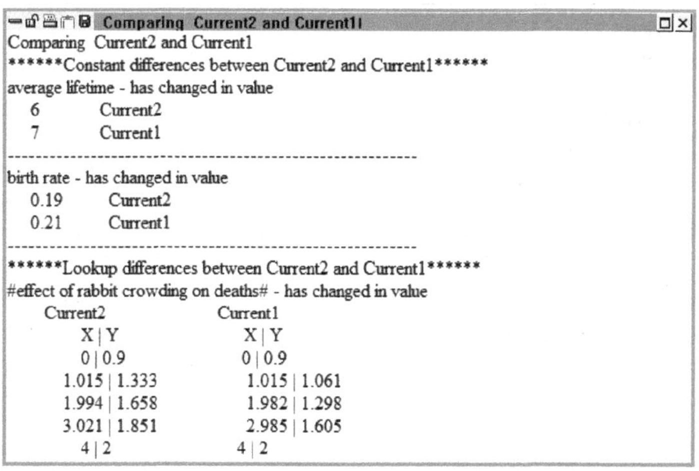
Comparing Current2 and Current1

Comparing Current2 and Current1

******Constant differences between Current2 and Current1******

average lifetime - has changed in value

6　　Current2

7　　Current1

----------------------------------------------------------

birth rate - has changed in value

0.19　　Current2

0.21　　Current1

----------------------------------------------------------

******Lookup differences between Current2 and Current1******

#effect of rabbit crowding on deaths# - has changed in value

| Current2 | Current1 |
|---|---|
| X \| Y | X \| Y |
| 0 \| 0.9 | 0 \| 0.9 |
| 1.015 \| 1.333 | 1.015 \| 1.061 |
| 1.994 \| 1.658 | 1.982 \| 1.298 |
| 3.021 \| 1.851 | 2.985 \| 1.605 |
| 4 \| 2 | 4 \| 2 |

图 3.5.1　参数比较对话框

**2. Graph(曲线图)**

Graph 给出分析变量随时间的变化图。变量 Rabbit Population 的 Strip 图如图 3.5.2 所示。

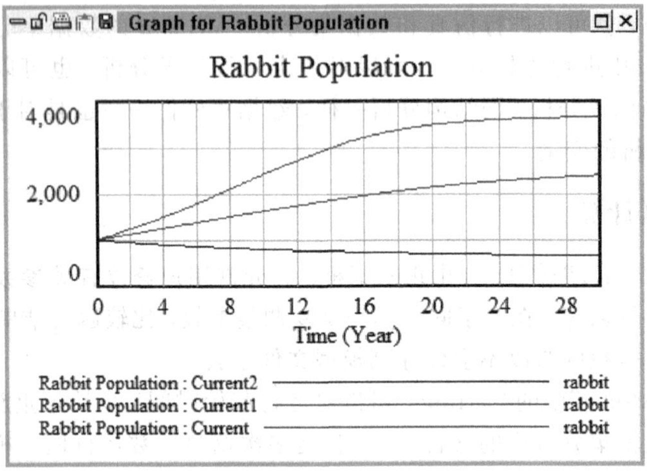


图 3.5.2　变量随时间的变化图

**3. Causes Strip(原因图)**

Causes Strip 给出分析变量本身及其直接作用的其他变量的 Strip 图，如图 3.5.3 所示。

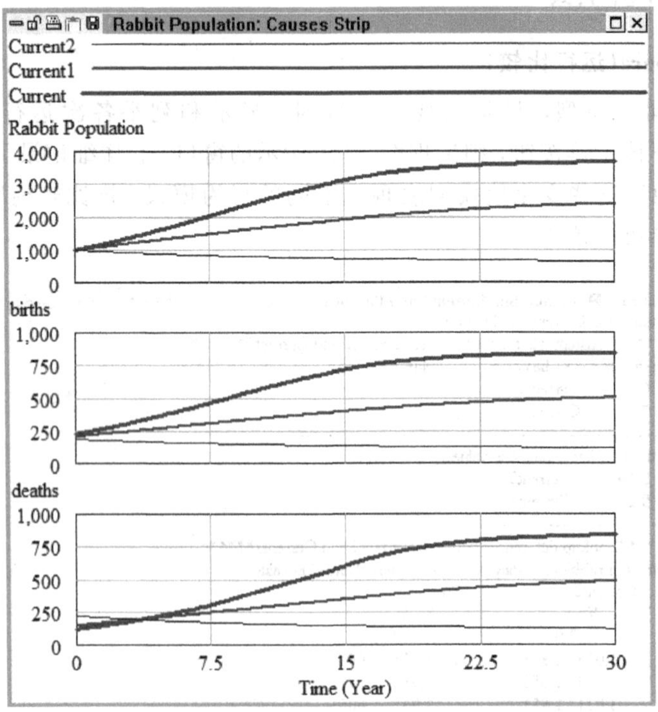


图 3.5.3　变量影响原因图

**4. Table(数据表)**

Table 给出分析变量随时间变化的数据表格，如图 3.5.4 所示。

| Time (Year) | | 29.375 | 29.5 | 29.625 | 29.75 | 29.875 | 30 |
|---|---|---|---|---|---|---|---|
| "Rabbit Population" | Runs: | Current2 | Current1 | Current | | | |
| Rabbit Population | | 649.685 | 649.18 | 648.679 | 648.181 | 647.686 | 647.194 |
| | | 2381.14 | 2383.24 | 2385.32 | 2387.38 | 2389.4 | 2391.41 |
| | | 3656.22 | 3656.9 | 3657.56 | 3658.21 | 3658.83 | 3659.43 |

图 3.5.4 变量随时间变化表

## 3.5.3 控制窗口及输出的优化

一般数据分析是结合控制窗口的操作完成的。Vensim 提供了强大的控制输出功能，使模型运行分析更加方便、输出结果更加美观。

**1. 控制窗口和控制工具按钮**

在菜单栏“Windows”中有“Control panel”选项，点击此选项后出现的对话框中包含 Variable、Time Axis、Scaling、Datasets、Graph，与工具栏的“Control panel”按钮功能相同。

· Variable(变量选择)：选择模型中的某一变量，使其成为当前工作台变量。

· Time Axis(时间轴调整)：用于选择感兴趣的时间区间。若不选择，则默认分析全区间。

· Scaling(纵坐标调整)：有两种选择。选择“Raw”，曲线最高点撑满纵坐标；选择“Rounded”，曲线最高点在纵坐标轴的适当的分割点，以使图形美观。两种图形的比较如图 3.5.5 所示。

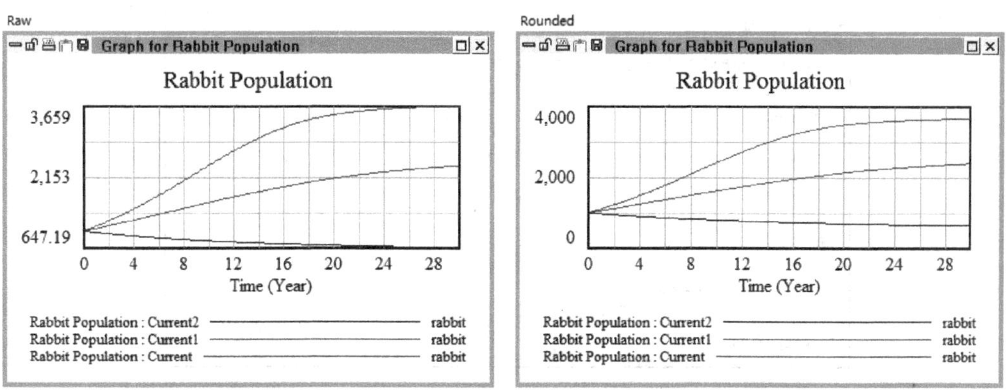


图 3.5.5 纵坐标调整

· Datasets(数据集选择)：用于选择要分析的运行结果数据文件进入数据集。

· Graph(作图)：由用户选择作图。单击窗口中的“New”按钮，出现变量选择和图形设置对话框，如图 3.5.6 所示。单击“Sel”按钮，出现模型中所有变量列表，可供选择。当选择了多个变量，选择“scale”可使相关变量显示刻度保持一致。还可以设置输出图形的 Name（名称）、Title（标题）、X 轴 Y 轴的标尺、Comment（注释）等选项。

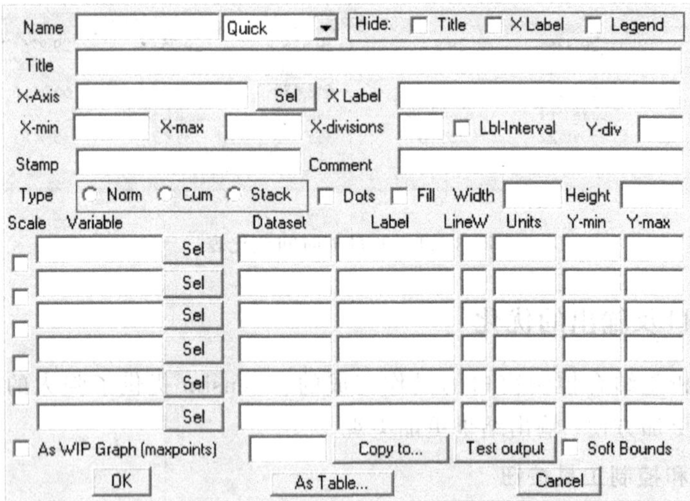


图 3.5.6　变量选择和图形设置对话框

**2. 数据集选择**

在作图前一般先要进行数据集选择。进入数据集选择有两种途径，一是直接由工具栏进入，另一是由“Control panel”选项下的“Datasets”进入。

如图 3.5.7 所示，在 Vensim\models 子目录下共有三个 .vdf 文件，其中 CURRENT1 和 CURRENT2 已列入数据集，“＞＞”和“＜＜”是用来将选择文件加入和取出数据集的，而 Delete 选项将会由磁盘把数据文件删除。

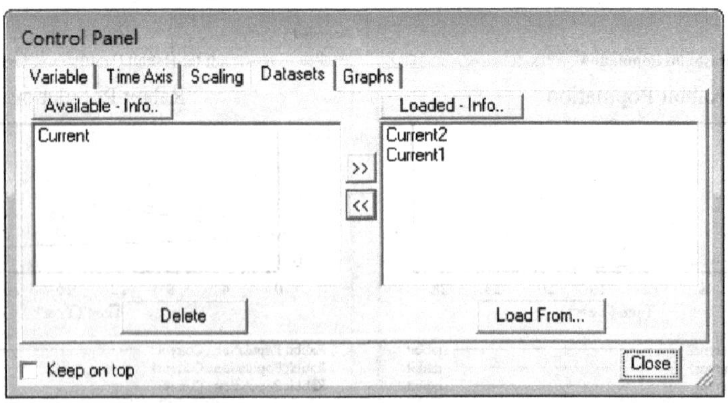


图 3.5.7　数据集选择

**3. 用户自定义作图**

Vensim 提供两种进入用户自定义作图的途径。一种是通过“Control panel”选项下的“Graph”，一种是通过建立方程的“Lookup”选项。通过选择显示变量，设置 X、Y 轴、曲线宽度等，最后得到多个变量的比较曲线，如图 3.5.8 所示。

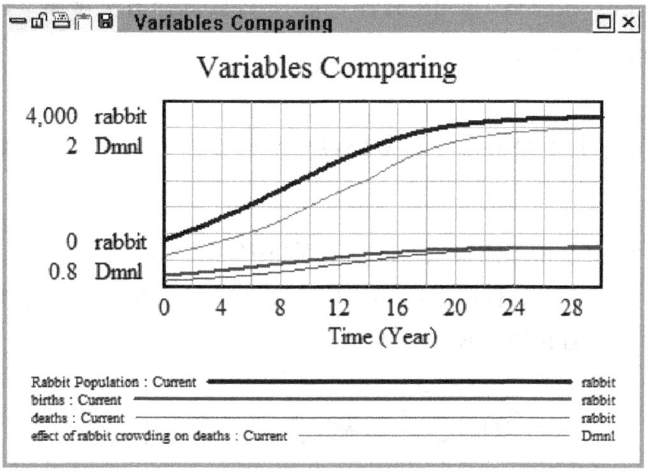


图 3.5.8　用户自定义作图

## 3.6　使用汉字变量建立模型

在 Vensim 中，变量的定义几乎是随意的，完全符合自然语言规范。变量名可以直接定义成相应的单词或词组。在 Windows 环境下，使用汉字系统，模型中可以直接用汉字名作为变量名。这样使模型建立、运行、分析及模型文档的保存等非常方便易懂。下面以一个简化城市模型为例，进一步说明 Vensim 的模型建立、运行和分析过程。

### 3.6.1　模型建立

模型建立步骤如下：

**1. 变量的定义**

先定义状态变量(人口总量、住房总量、企业总量)，然后再定义速率变量，并与相应的状态变量连接，最后定义其他类型的变量。

**2. 建立因果关系**

根据变量之间的实际因果关系，用箭头连接各变量。

**3. 输入常量数据**

先点击“Equations”按钮，再点击“常量”，直接输入常量值，注意定义其单位，单位也可以是汉字。

**4. 输入表函数数据**

点击“Equations”按钮，在 Type 中选择“Lookup”后再点击“As Graph”，由具体数据建立表函数。一般情况下，表函数的值是无单位的。

**5. 建立其他变量的方程式**

在点击“Equations”按钮后，点击“其他变量”，直接选择有关变量、运算符和函数等建立方程，但要注意输入正确的单位。

**6. 注释**

为了醒目，这里把状态量变的字号设置得比其他变量大一点，以示区别。

**7. 检查**

可进行模型语法检查和单位检查，正常显示“…OK”。如果语法有错误，有错误的变量的方程编辑框将会打开；如果有单位错误发生，可打开方程编辑器进行修改。

按上述步骤建立的简化城市模型如图 3.6.1 所示。

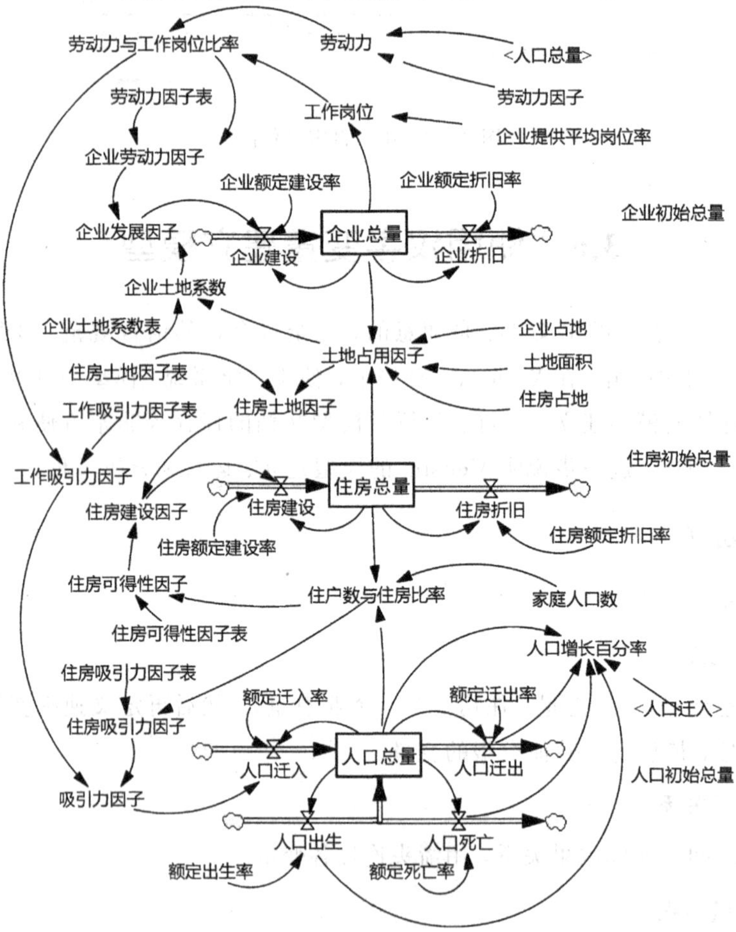


图 3.6.1　简化城市模型

## 3.6.2　静态分析

**1. 住房总量分析**

对于住房总量这一变量的分析，其原因树、结果树如图 3.6.2 所示。

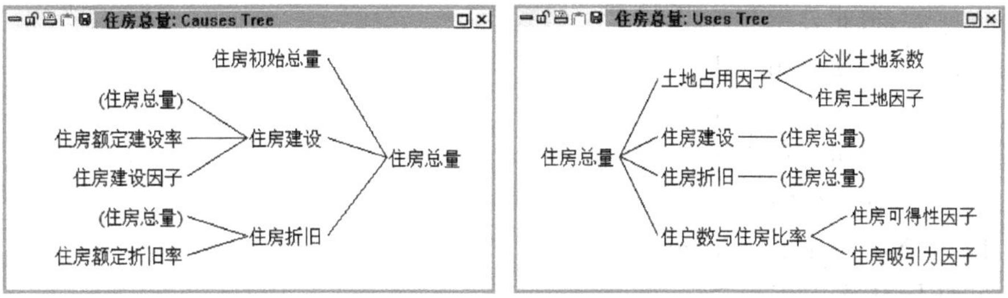


图 3.6.2 原因树、结果树

**2. 列出反馈回路**

共有 6 个反馈回路经过住房总量这一变量，反馈回路如下：

Loop Number 1 of length 1
住房总量
住房建设

Loop Number 2 of length 1
住房总量
住房折旧

Loop Number 3 of length 4
住房总量
住户数与住房比率
住房可得性因子
住房建设因子
住房建设

Loop Number 4 of length 4
住房总量
土地占用因子
住房土地因子
住房建设因子
住房建设

Loop Number 5 of length 15
住房总量
住户数与住房比率
住房吸引力因子
吸引力因子
人口迁入
人口总量
劳动力
劳动力与工作岗位比率
企业劳动力因子
企业发展因子
企业建设

企业总量
土地占用因子
住房土地因子
住房建设因子
住房建设

Loop Number 6 of length 15

住房总量
土地占用因子
企业土地系数
企业发展因子
企业建设
企业总量
工作岗位
劳动力与工作岗位比率
工作吸引力因子
吸引力因子
人口迁入
人口总量
住户数与住房比率
住房可得性因子
住房建设因子
住房建设

**3. 模型文档**

模型文档如下：

(01) 额定出生率 =0.03
Units：1/年

(02) 额定迁出率 = 0.07
Units：1/年

(03) 额定迁入率 =0.1
Units：1/年

(04) 额定死亡率 =0.015
Units：1/年

(05) 工作岗位 = 企业总量 * 企业提供平均岗位率
Units：岗

(06) 工作吸引力因子 = 工作吸引力因子表(劳动力与工作岗位比率)
Units：* * undefined * *

(07) 工作吸引力因子表 ([(0，0)-(2，2)]，(0，2)，(0.2，1.95)，(0.4，1.8)，(0.6，1.6)，(0.8，1.35)，(1，1)，(1.2，0.5)，(1.4，0.3)，(1.6，0.2)，(1.8，0.1)，(2，0.1) )
Units：* * undefined * *

(08) 家庭人口数 = 4
　　Units：人/户
(09) 劳动力 = 人口总量 * 劳动力因子
　　Units：人
(10) 劳动力与工作岗位比率 = 劳动力/工作岗位
　　Units：人/岗
(11) 劳动力因子 = 0.35
　　Units：* * undefined * *
(12) 劳动力因子表　([(0，0)-(2，2)]，(0，0.2)，(0.2，0.25)，(0.4，0.35)，(0.6，0.5)，(0.8，0.7)，(1，1)，(1.2，1.35)，(1.4，1.6)，(1.6，1.8)，(1.8，1.9)，(2，2) )
　　Units：* * undefined * *
(13) 企业初始总量 = 1000
　　Units：个
(14) 企业额定建设率 = 0.07
　　Units：1/年
(15) 企业额定折旧率 = 0.025
　　Units：1/年
(16) 企业发展因子 = 企业劳动力因子 * 企业土地系数
　　Units：* * undefined * *
(17) 企业建设 = 企业总量 * 企业额定建设率 * 企业发展因子
　　Units：个/年
(18) 企业劳动力因子 = 劳动力因子表(劳动力与工作岗位比率)
　　Units：* * undefined * *
(19) 企业土地系数 = 企业土地系数表(土地占用因子)
　　Units：* * undefined * *
(20) 企业土地系数表　([(0，0)-(1，2)]，(0，1)，(0.1，1.15)，(0.2，1.3)，(0.3，1.4)，(0.4，1.45)，(0.5，1.4)，(0.6，1.3)，(0.7，0.9)，(0.8，0.5)，(0.9，0.25)，(1，0) )
　　Units：* * undefined * *
(21) 企业提供平均岗位率 = 18
　　Units：岗/个
(22) 企业占地 = 0.2
　　Units：亩/个
(23) 企业折旧 = 企业额定折旧率 * 企业总量
　　Units：个/年
(24) 企业总量 = INTEG(企业建设-企业折旧，企业初始总量)
　　Units：个
(25) 人口初始总量 = 50000
　　Units：人

(26) 人口出生 = 人口总量 * 额定出生率

Units：人/年

(27) 人口迁出 = 人口总量 * 额定迁出率

Units：人/年

(28) 人口迁入 = 人口总量 * 额定迁入率 * 吸引力因子

Units：人/年

(29) 人口死亡 = 人口总量 * 额定死亡率

Units：人/年

(30) 人口增长百分率 = (人口出生＋人口迁入－人口死亡－人口迁出)/人口总量

Units：1/年

(31) 人口总量 = INTEG(人口出生－人口迁出＋人口迁入－人口死亡，人口初始总量)

Units：人

(32) FINAL TIME = 50

Units：年

The final time for the simulation.

(33) 土地面积 = 10000

Units：亩

(34) 土地占用因子 = (企业占地 * 企业总量＋住房总量 * 住房占地)/土地面积

Units：* * undefined * *

(35) INITIAL TIME = 0

Units：年

The initial time for the simulation.

(36) 吸引力因子 = 工作吸引力因子 * 住房吸引力因子

Units：* * undefined * *

(37) 住房初始总量 = 14000

Units：房

(38) 住房额定建设率 = 0.07

Units：1/年

(39) 住房额定折旧率 =0.015

Units：1/年

(40) 住房建设 = 住房总量 * 住房额定建设率 * 住房建设因子

Units：房/年

(41) 住房建设因子 = 住房土地因子 * 住房可得性因子

Units：* * undefined * *

(42) 住房可得性因子 = 住房可得性因子表(住户数与住房比率)

Units：* * undefined * *

(43) 住房可得性因子表 ([(0，0)－(2，2)]，(0，0.2)，(0.2，0.25)，(0.4，0.35)，
(0.6，0.5)，(0.8，0.7)，(1，1)，(1.2，1.35)，(1.4，1.6)，(1.6，1.8)，
(1.8，1.95)，(2，2) )

Units：* * undefined * *

(44) 住房土地因子 = 住房土地因子表(土地占用因子)

Units: * * undefined * *

(45) 住房土地因子表 ([(0, 0)-(1, 2)], (0, 0.4), (0.1, 0.7), (0.2, 1), (0.3, 1.25), (0.4, 1.45), (0.5, 1.5), (0.6, 1.5), (0.7, 1.4), (0.8, 1), (0.9, 0.5), (1, 0) )

Units: * * undefined * *

(46) 住房吸引力因子 = 住房吸引力因子表(住户数与住房比率)

Units: * * undefined * *

(47) 住房吸引力因子表 ([(0, 0)-(2, 2)], (0, 1.4), (0.2, 1.4), (0.4, 1.35), (0.6, 1.3), (0.8, 1.15), (1, 1), (1.2, 0.8), (1.4, 0.65), (1.6, 0.5), (1.8, 0.45), (2, 0.4) )

Units: * * undefined * *

(48) 住房占地 = 0.1

Units: 亩/房

(49) 住房折旧 = 住房总量 * 住房额定折旧率

Units: 房/年

(50) 住房总量 = INTEG(+住房建设+住房折旧, 住房初始总量)

Units: 房

(51) 住户数与住房比率 = 人口总量/(家庭人口数 * 住房总量)

Units: 户/房

(52) SAVEPER = 1

Units: 年

The frequency with which output is stored.

(53) TIME STEP = 1

Units: 年

The time step for the simulation.

### 3.6.3 模型仿真

先按原模型数据仿真一次，再改变企业土地系数表和住房土地因子表仿真一次，分别得到数据文件 city.vdf 和 city1.vdf。将运行参数进行比较，显示如下：

Comparing CITY1 and CITY

* * * * * * Constant differences between CITY1 and CITY * * * * * *

FINAL TIME — has changed in value

100 CITY1

50 CITY

————————————————————————————————————

* * * * * * Lookup differences between CITY1 and CITY * * * * * *

企业土地系数表 — has changed in value

CITY1

| X | Y |
|---|---|
| 0 | 0.7254 |
| 0.1289 | 0.838 |
| 0.2294 | 0.9437 |
| 0.3093 | 1.049 |
| 0.4175 | 1.19 |
| 0.4948 | 1.282 |
| 0.567 | 1.394 |
| 0.6211 | 1.493 |
| 0.6985 | 1.585 |
| 0.7448 | 1.62 |
| 0.7938 | 1.655 |
| 0.8376 | 1.634 |
| 0.8686 | 1.535 |
| 0.8969 | 1.373 |
| 0.9046 | 1.169 |
| 0.9072 | 1.155 |

CITY

| X | Y |
|---|---|
| 0 | 1 |
| 0.1 | 1.15 |
| 0.2 | 1.3 |
| 0.3 | 1.4 |
| 0.4 | 1.45 |
| 0.5 | 1.4 |
| 0.6 | 1.3 |
| 0.7 | 0.9 |
| 0.8 | 0.5 |
| 0.9 | 0.25 |
| 1 | 0 |

住房土地因子表 — has changed in value

CITY1

| X | Y |
|---|---|
| 0 | 0.4 |
| 0.1 | 0.7 |
| 0.2 | 1 |
| 0.2655 | 1.282 |
| 0.3247 | 1.493 |
| 0.3814 | 1.606 |
| 0.3814 | 1.599 |
| 0.4562 | 1.606 |
| 0.5541 | 1.415 |
| 0.634 | 1 |
| 0.7088 | 0.6549 |
| 0.8299 | 0.3451 |
| 1 | 0 |

CITY

| X | Y |
|---|---|
| 0 | 0.4 |
| 0.1 | 0.7 |
| 0.2 | 1 |
| 0.3 | 1.25 |
| 0.4 | 1.45 |
| 0.5 | 1.5 |
| 0.6 | 1.5 |
| 0.7 | 1.4 |
| 0.8 | 1 |
| 0.9 | 0.5 |
| 1 | 0 |

### 3.6.4 数据集分析

住房总量随时间变化的曲线图如图 3.6.3 所示，住房总量及其直接原因变量随时间变化的因果图如图 3.6.4 所示。

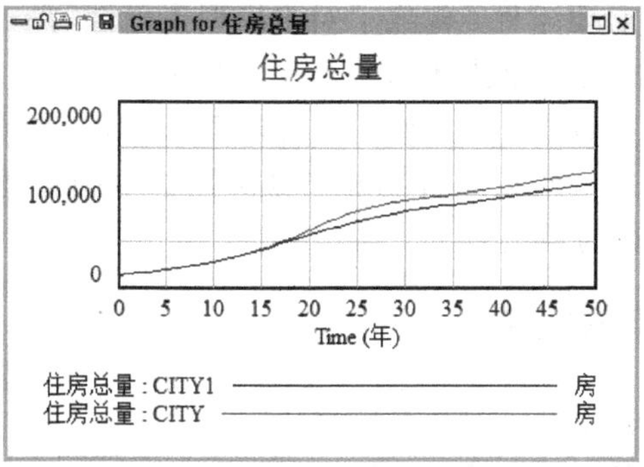


图 3.6.3　住房总量曲线图

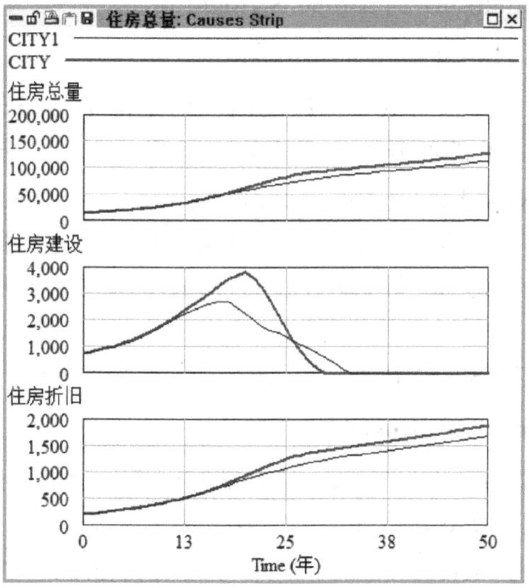


图 3.6.4　住房总量因果图

# 3.7　真实性检验

有好多方法可以证实所建立模型的合理性和有效性。Vensim 所提供的真实性检验(Reality Check)是一门新技术，加强了建模者验证和确认模型的真实性的能力。

## 3.7.1　真实性检验的概念

模型是对于现实存在系统的简化和抽象。可以由建立的模型方便的得到系统的行为模式。但如何确定这些行为模式正确性呢？常用的一种方法是对照现实的情况，仔细分析运行得到的各个变量时间序列数据及其相互关系。在系统复杂、变量多时，确定这些行为模式的正确性是很困难的。一种简单有效的方法是首先确定模型的正确性。如果模型不违反基本的常识和规则，模型本身的合理性得到了检验，则系统的行为模式的真实性就有了保证。真实性检验由这一思想出发，提供了一种简便和有效的方法和工具。

根据要研究的系统的基本情况，一般可以提出模型应该遵守的一些基本假定。这些基本假定是保证模型正确的必要条件，构成了对于模型正确性的一系列约束。真实性检验就是在模型建立后，通过标准的约束描述语言，具体地描述这些约束，并通过运行模型，自动的检验系统的行为模式是否违反这些约束。若违反，说明模型尚不完善，则要调整模型的结构和参数，直到符合这些约束条件为止。真实性检验的描述部分完全独立于模型本身，不会改变模型结构和行为模式。

### 3.7.2 模型真实性检验的定义

**1. 变量的命名**

检验语句是对于假设的描述，是由实际系统出发对于模型的行为模式的判断。它一般包含的变量是“判断句”。有别于一般的变量用名词命名，它一般用表示判断的短语命名。例如：no workers no production，rain means flooding。

**2. 输入测试变量(Test Input)**

输入测试变量用来代替一个等式。它只能用作约束的前提条件，可以使约束变得简单易读。在约束表达式中，其条件部分以一个逻辑变量形式出现。其定义形式如下：

name：TEST INPUT：variable＝expression

其中，name 表示变量名，TEST INPUT 是变量类型标识，而后面等式是定义的对象。等式右边可以是允许的任意表达式。等式左右边的构成变量均来自模型。

例如：

best condition：TEST INPUT：temperature＝3 * initial temperature

**3. 时间演进函数(Time Transition)**

时间演进函数的自变量是时间，而函数值是随时间变化的变量值。其一般表达式如下：

variable＝TIME TRANSITION(X，…，Y，…)

其中，X 是时间，而函数值 variable 按一定的对应规则取相应的 Y。在 Y 的列举中，可以有“－”，表示保持模型的值，而“ * ”表示采用模型的计算值。实际上，Y 是对于模型行为模式随时间变化的一种假定的表示。

主要形式有以下几种：

profit＝TIME TRANSITION(0，30，80，100，20，50，50，15)

上述表达式表示 profit 随时间变化的折线图。时间由 0、30、80 到 100，profit 由 20 斜线上升到 50，保持 50 不变，然后斜线下降到 15。

profit＝TIME TRANSITION(30，80，100，－，50， * )

上述表达式表示 profit 在时间 30 以前采用模型正常值 A；在时间区间 30－80，profit 采用以(30，A)为起点，以(80，50)为终点直线上的值；在时间区间 80－100，将采用模型的计算值。

profit＝TIME TRANSITION(30，80，100， * ，50， * )

上述表达式表示在时间区间 30－80，profit 采用模型的计算值，在时间为 80 时值为 50。其余与上相同。

通过一个变量的时间演进函数与一个表达式的积，可以构建另一个变量的时间演进函数。其一般表达式如下：

variable＝TIME TRANSITION(X，…，Y，…) * expression

例如：

big workforce：TEST INPUT：Workforce＝TIME TRANSITION(35，50，＊，1)＊MAX WORKFORCE

又如：

good profit：TEST INPUT：profit＝TIME TRANSITION(0，30，80，100，1，0.7，0.8，0.9)＊(revenue－cost)

注意："－"和"＊"的使用有以下几点限制条件：

(1) 时间值必须是递增的。

(2) "－"不能在数字和另一个"－"后面出现。它只能在第一个 Y 的位置出现，但"＊"可以在其后面出现。

(3) 若一个数值后面有"＊"，则"＊"后不能再跟随其他的数值，但可以再跟随一个"＊"。

**4. 约束的结构**

约束一般的结构如下：

name(名字)：THE CONDITION：condition(条件)：IMPLIES：consequence(结果)

其中，"：THE CONDITION："和"：IMPLIES："是约束语句的关键词，而 condition 是约束语句的条件表达式部分，consequence 是结果表达式部分，它们都是逻辑表达式。

1) 逻辑表达式

逻辑表达式可以由"＝，＞，＜，：AND：，：OR：，：NOT："等构成。在其 condition 部分，应该尽量采用 TEST INPUT 变量，这样便于理解。若不采用，尽量避免使用复杂的逻辑关系。例如：

no capital no production：THE CONDITION：Capital＝0：IMPLIES：Production＝0

big problem：THE CONDITION：Population＞8E9：AND：(food ratio＜0.75：OR：Pollution＞CRITICAL POLLUTION)：IMPLIES：Food＜＝TIME TRANSITION(50，100，－，1)

但是，在逻辑表达式中，除等式外，一般不允许出现代数运算。比如下式是错误的：

pop lt cc：THE CONDITION：Population＜Carrying Capacity＊1.1：IMPLIES：deaths from crowding ＜1000

可用下式来代替上式：

pop lt cc：THE CONDITION：Population＝Carrying Capacity＊1.1：IMPLIES：deaths from crowding ＜1000

或先定义输入测试变量：

pop at cc plus 10：TEST INPUT：Population＝Carrying Capacity＊1.1

然后再定义约束：

pop lt cc：THE CONDITION：pop at cc plus 10：IMPLIES：deaths from crowding＜1000

2) 无条件约束

有时，约束的条件部分是空的，即无条件约束。例如：

debt bounded：THE CONDITION：：IMPLIES：debt＜4E6

它表示在任何条件下 debt 的最大值是 4E6。在进行该约束时，Vensim 将通过模型仿真检验 debt 的值是否大于 4E6。若大于，则报违反信息。

3）在结果表达式中的时间演进函数

在结果表达式中的时间演进函数如下所示：

no birth no pop:THE CONDITION:births=TIME TRANSITION(50,60,*,0):
IMPLIES:Population
<TIME TRANSITION(150,160,*,0)

它表示在停止出生 100 年后，人口将会为零。

4）在结果表达式中使用通配符

有时为了检验是否所有变量都满足同一条件，可在结果表达式中使用通配符“*”以代替所有变量。例如：

all peaceful:THE CONDITION:FINAL TIME=101:IMPLIES:*<1E9:AND:
*>-1E3

上述表达式用于测试是否所有变量在-1E3 和 1E9 之间。FINAL TIME=101 对于检验进行限制，因为若使用无条件表达式，这一检验是很费时间的。

### 3.7.3 将真实性检验键入模型

Vensim PLE 可以用两种方法将真实性检验加入模型：一种是在流图上直接定义变量建立，输入真实性检验方程式的方法和输入普通模型方程式方法一样；一种是利用其他的文本编辑实现真实性检验的建立，只需要在原模型文本添加真实性检验参数即可。

**1. 流图法**

在模型建立后，可以先利用模型建立工具定义真实性检验的变量，然后用因果关系箭头建立这些变量之间的联系(它们之间联系并不是真实的因果关系)，最后在方程式编辑框中填入与每个变量有关的表达式。其缺点是从外观上改变了模型的结构，容易造成混乱。如果想把定义的真实性检验方程式和普通模型方程式分离出来，可将他们放在单独的组中，包含在单独的视窗中就可以了。图 3.7.1 是图 3.7.2 的初始模型流图添加真实性检验的变量后建立的 inven1 模型流图。

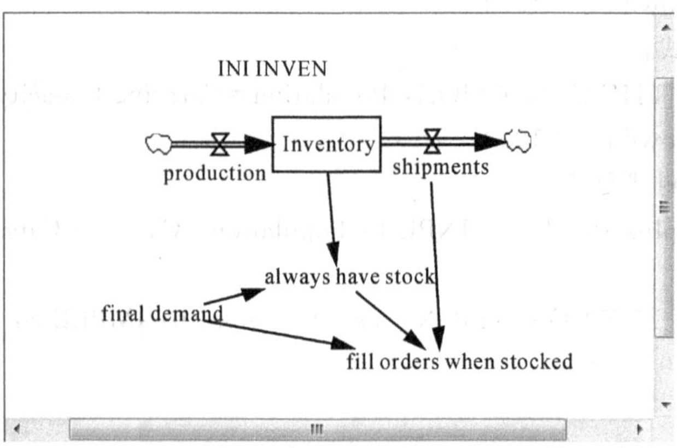


图 3.7.1 inven1 模型流图

**2. 文本编辑法**

一般的文本编辑器，如 DOS 的 Edit，Windows 的 Note book、note pad 均可以用来编辑真实性检验。

首先，画好模型流图，并输入模型部分的变量等式，然后将模型文件保存为以.mdl 形式的文本文件。inventory 模型(初始)流图如图 3.7.2 所示。

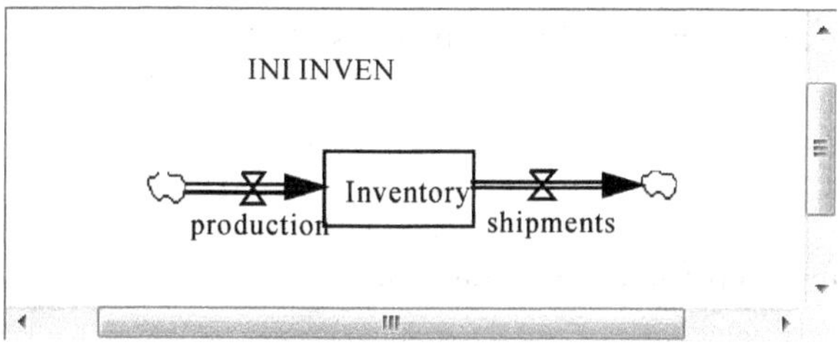


图 3.7.2　inventory 模型流图

然后，用文本编辑器打开该文件，输入约束语句。对于 inventory.mdl，修改后文本文件内容包括四部分：第一部分是模型本身；第二部分是模型运行时的控制参数；第三部分是增加的真实性检验参数(黑体部分)；第四部分是模型流图表示的参数，它用于在 Windows 下显示流图。修改后的 inventory.mdl 文本内容如下：

```
————————————————————————————
INI INVEN = 100
        ~ g
        ~       |
Inventory = INTEG(production－shipments, INI INVEN)
        ~ g
        ~       |
production = 30
        ~ g/Month
        ~       |
shipmcnts = 20
        ~ g/Month
        ~       |
* * * * * * * * * * * * * * * * * * * * * * * * * *
        .Control
* * * * * * * * * * * * * * * * * * * * * * * * * ~
Simulation Control Paramaters
        |
FINAL TIME  = 100
        ~ Month
        ~ The final time for the simulation.
        |
INITIAL TIME  = 0
```

```
        ~ Month
        ~ The initial time for the simulation.
        |
SAVEPER  =
          TIME STEP
        ~ Month
        ~ The frequency with which output is stored.
        |
TIME STEP  = 1
        ~ Month
        ~ The time step for the simulation.
        |
* * * * * * * * * * * * * * * * * * * * * * * * * *
        .Constraints
* * * * * * * * * * * * * * * * * * * * * * * * * *~
            |
always have stock: TEST INPUT: Inventory = 3 * final demand
        ~
        ~       |
fill orders when stocked: THE CONDITION: always have stock
: IMPLIES: shipments>=final demand
        ~
        ~       |
final demand = 20
        ~ g
        ~       |
\\\---/// Sketch information - do not modify anything except names
V160  Do not put anything below this section - it will be ignored
*View 1
$Times New Roman|12||0-0-0|0-0-0|0-0-0
|0, Inventory, 265, 175, 40, 20, 3, 0, 0, 0, 0, 0, -1--1--1, -1--1--1
|1, INI INVEN, 222, 90, 40, 11, 0, 0, 0, 0, -1, 0, -1--1--1, -1--1--1
|2, 48, 138, 175, 8, 8, 0, 132, 0, 0, -1, 0, -1--1--1, -1--1--1
|3, 2, 185, 175, 6, 8, 39, 131, 0, 0, -1, 0, 1-1--1--1, -1--1--1
|4, production, 185, 194, 35, 11, 32, 0, 0, 0, 0, 0, -1--1--1, -1--1--1
|5, 48, 408, 173, 8, 8, 0, 132, 0, 0, -1, 0, -1--1--1, -1--1--1
|6, 2, 344, 173, 6, 8, 39, 131, 0, 0, -1, 0, 1-1--1--1, -1--1--1
|7, shipments, 344, 192, 32, 11, 32, 0, 0, 0, 0, 0, -1--1--1, -1--1--1
>3, 0, 4, 0, 0, 22, 0, -1--1--1, 1|(208, 175)|
>3, 2, 100, 0, 0, 22, 0, -1--1--1, 1|(162, 175)|
```

>6，0，36，0，0，22，0，－1－－1－－1，1|(321，173)|

>6，5，68，0，0，22，0，－1－－1－－1，1|(375，173)|

>1，0，2，0，0，0，0，－1－－1－－1，1|(262，120)|

－－－－－－－－－－－－－－－－－－－－－－－－－－－－－－－－－－－

这样建立的模型真实性检验比较清晰易懂，并且不会在流图中出现。

### 3.7.4 真实性检验的运行

真实性检验的运行是通过选择 Vensim 菜单栏 Model 下的 Reality Check 或点击工具栏的"Run Reality Checks"按钮实现的。例如，运行上面加入真实性检验后的模型 inventory.mdl(或 invenl.mdl)，会出现如图 3.7.3 所示的对话框。

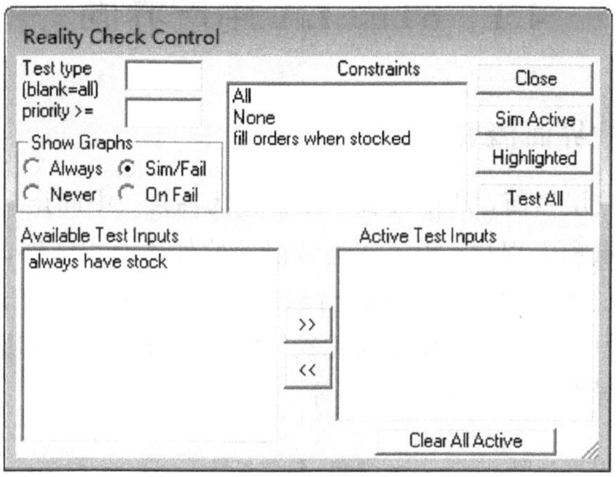


图 3.7.3 真实性检验对话框

通过选择约束进行检验。在检验运行时，会将约束的条件部分嵌入模型，强制给模型中的相关变量赋输入测试值，通过 Vensim 的运行得到模型输出值，再与约束中的结果部分比较，得到违反或遵守的结论。该模型在点击"Test All"按钮后，得到如下结果(共有 1 个约束，有 0 个违反)：

－－－－－－－－－－－－－－－－－－－－－－－－－－－－－－－－－－－

Starting testing of Constraint－ fill orders when stocked

Test inputs：

always have stock

. . . testing － fill orders when stocked

－－－－－

* * * * * * * * *

1 successes and 0 failures testing 1 Reality Check equations

The Reality Check Index as run is 0.0555556

Closeness score is 100.0% on 1 measurements

注：Vensim PLE 5.0 安装目录下\models\guide\CHAP14 子目录中的 YEAST1～YEAST4 提供了要进一步理解真实性检验的例子(发酵增长)。

# 第 4 章　STELLA

本章从 STELLA 软件的用户界面入手，介绍软件的构建块、工具、对象等基本功能和软件在模型建立中的具体应用，以及数组、子模型、动态数据交换等高阶功能，并采用二维码形式给出了全部内置函数的使用方法和例子。

## 4.1　STELLA 用户界面

### 4.1.1　STELLA 用户界面概要

STELLA 软件有三层界面，从位置看可以描述为高层、中间层和底层，从功能上可以称为界面层、图/模型层和方程层。为了与通常说的软件界面相区别，把该软件的三层界面描述为高层、图/模型层和方程层。软件运行后，直接进入图/模型层，界面如图 4.1.1 所示。该界面包括标题栏(软件标题、模型名称)、主菜单、工具栏(构建块、对象、工具)和其他控件(运行控制器、导航箭头、视图缩放)等。

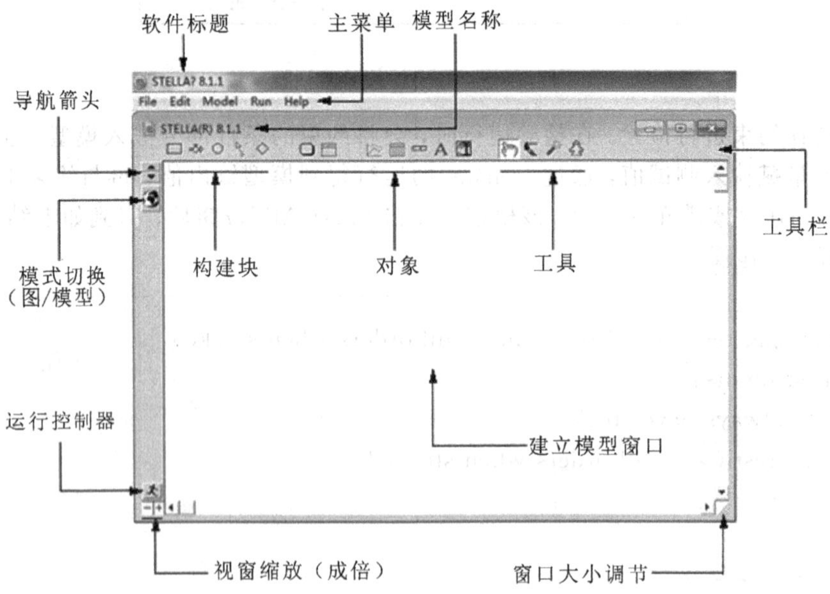


图 4.1.1　STELLA 图/模型层界面

点击导航箭头的向上箭头和向下箭头，分别进入高层和方程层界面，如图 4.1.2 所示。高层用于创建重要因素的结构图与模型的交互，方程层用于显示模型的方程细节。这种多层设计使视觉和概念上的复杂性变得清晰、简单。

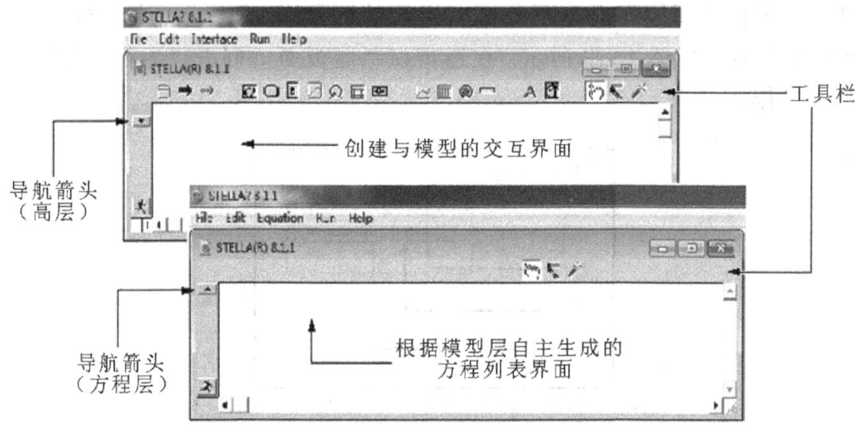


图 4.1.2　高层和方程层界面

### 4.1.2　STELLA 主菜单

STELLA 软件的主菜单包含多项子菜单。子菜单中有的按钮在三个不同层可能是灰色的(不可选)，这里介绍的是按钮可选时具有的功能。

• File(文件管理)：包括 New(建立新模型)、Open…(打开模型)、Close Model(关闭模型)、Close Window(关闭窗口)、Save(保存)、Save As…(另存为)、Export for Model Viewer(导入模型阅读器)、Export for NetSim(导出网络交互的.TXM 文件)、Export Text Boxex(导出文本框)、Save As PICT…(另存为图片/文本)、Revert(恢复)、Print Setup…(打印设定)、Print Model…(打印模型、界面等)、Security…(安全设置)、Default Settings…(默认设置)、Exit(退出程序)等。

• Edit(编辑)：包括 Undo(撤销)、Cut(剪切)、Copy(复制)、Paste(粘贴)、Clear(清除)、Select All(全选)等。

• Interface(高层)/Model(模型)/Equation(方程)：包括 Find(查找)、Find Next(查找下一个)、Find Controller(查找控制器)、Align To Grid(对齐网格)、Open Selection…(打开选择/定义图表/定义循环/定义表格)、Show Pads(显示板)、Open Decision Diamonds(打开决策菱形图标)、Clear Second Position(清除第二位置)、Hide(隐藏)、Show(显示)、Restore(复位)、Edit Links(编辑链接)、Model Prefs(模型预置)、Array Editor(数组编辑器)、Unit Editor(单位编辑器)等。

• Run(运行菜单)：包括 Run(运行)、Pause(暂停)、Stop(停止)、Sector Specs…(扇区设置)、Sensi Specs…(灵敏度设置)、Run Specs…(运行设置)、Rnage Specs…(区间设置)、Check Units(检查单位)等。

• Help(帮助菜单)：包括 Help(软件帮助文档)、Isee Systems Website(软件网址)、About STELLA(R)…(软件版本信息)等。

### 4.1.3　STELLA 运行控制器

STELLA 软件界面中的小控件使用方便。这里只介绍运行控制器，它复制了运行菜单的大部分功能。像导航箭头、视图缩放等会在后面的工具栏基本操作中介绍。

在软件三层界面的每层界面左下角都有运行控制器图标。点击运行控制器图标会显示运行控制器板面，如图 4.1.3 所示。在运行控制器板面上可进行运行、暂停、结束和仿真设置的基本操作。

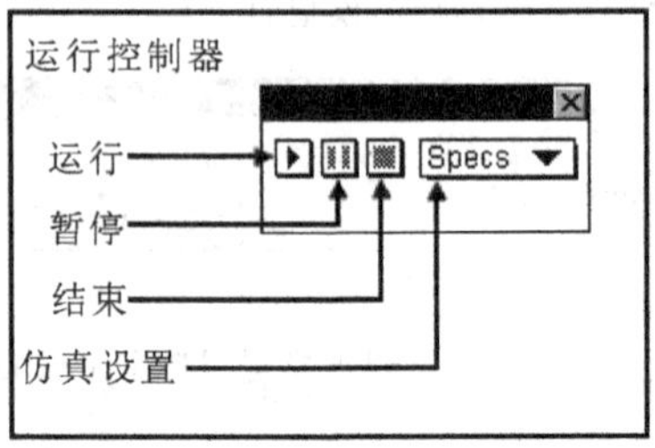


图 4.1.3　运行控制器板面基本操作

点击仿真设置条中的三角符号▼，弹出下面四个选择按钮：

• Sector Specs…(扇区设置)：用于指定将在仿真中运行的模型扇区，按下“Alt”键可以在运行选定扇区和运行整个模型之间进行切换。扇区的相关内容见 4.4 节。

• Sensi Specs…(灵敏度设置)：用于灵敏度分析设置，可以指定要进行的灵敏度运行的次数。如果已经创建了灵敏度分析设置，在选择运行菜单时，按“Alt”键将更改 Sensi Specs…的显示，项目可以禁用 Sensi Run 或启用 Sensi Run。灵敏度分析的具体设置见 4.5 节模型建立中的相关内容。

• Run Specs…(运行设置)：用于指定仿真长度、计算之间的时间步长(DT)、仿真暂停之间的间隔、积分方法、模型的时间单位以及模型的运行模式(正常时间或循环时间)，运行设置对话框如图 4.1.4 所示。

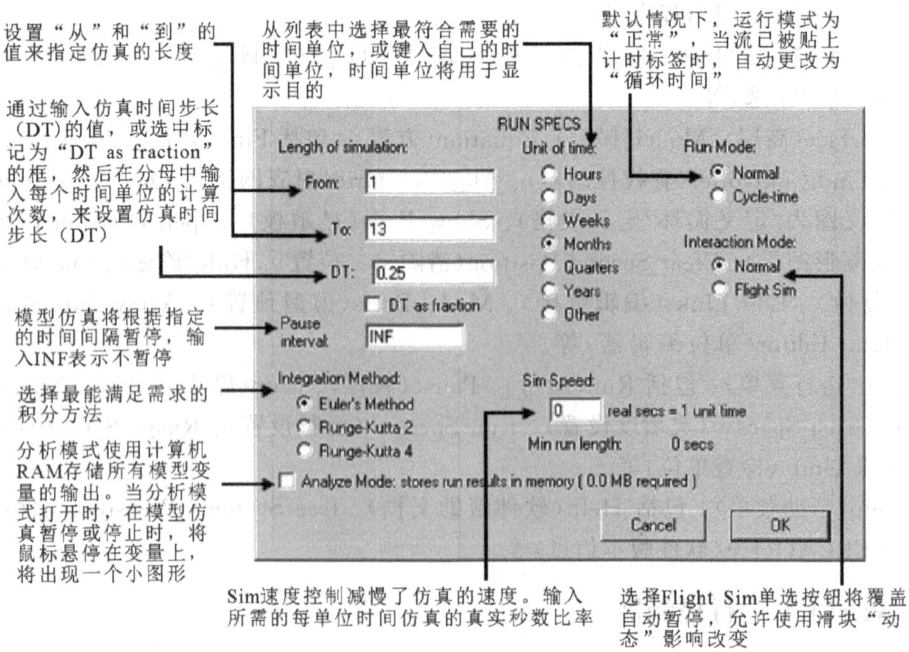


图 4.1.4　运行设置对话框

· Rnage Specs…(区间设置)：用于提供所有模型变量及其区间的最小、最大值的列表，可以设置模型变量的区间。此外，变量区间也可以从 Define Graph 对话框中进行设置。

## 4.2　STELLA 构建块

STELLA 软件的构建块在三个层面中是不一样的，方程层除了三个工具外，没有构建块，高层和图/模型层的构建块如图 4.2.1 所示。

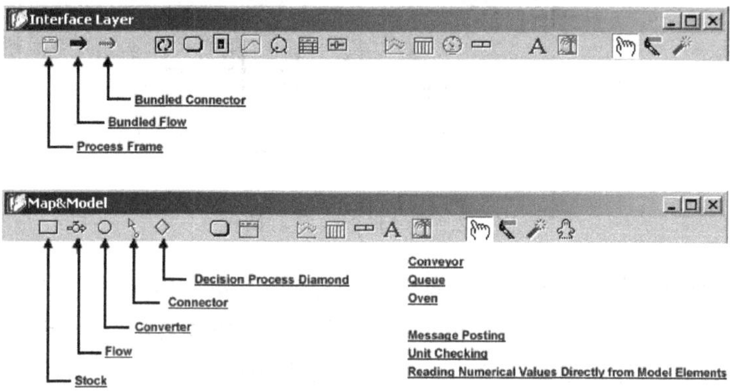


图 4.2.1　构建块

### 4.2.1　高层构建块

**1. Process Frame(过程框)**

过程框如图 4.2.2 所示，左侧框是未选择的过程框，右侧框是选择的过程框。过程框促进了“由上而下”方式的模型构建，也提供了导航到扇区框及其在图/模型层上栈/流结构的功能。

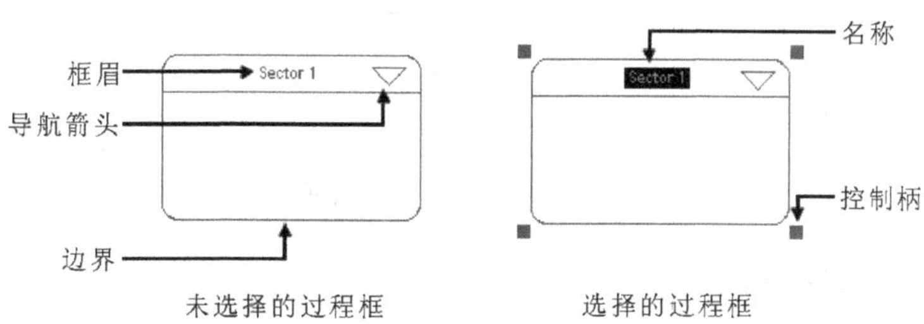


图 4.2.2　过程框

点击构建块中的过程框图标，将鼠标移动到高层上所需位置，再单击一次可放置过程框；在框中单击鼠标左键将出现图 4.2.2 右侧的选择过程框，点击四角控制柄的任一方块并按住不放，可调整过程框的大小；光标放框眉处，可添加名称；双击框内任一位置，出现图 4.2.3 所示的对话框，相关区域或按钮的含义见图上标注。

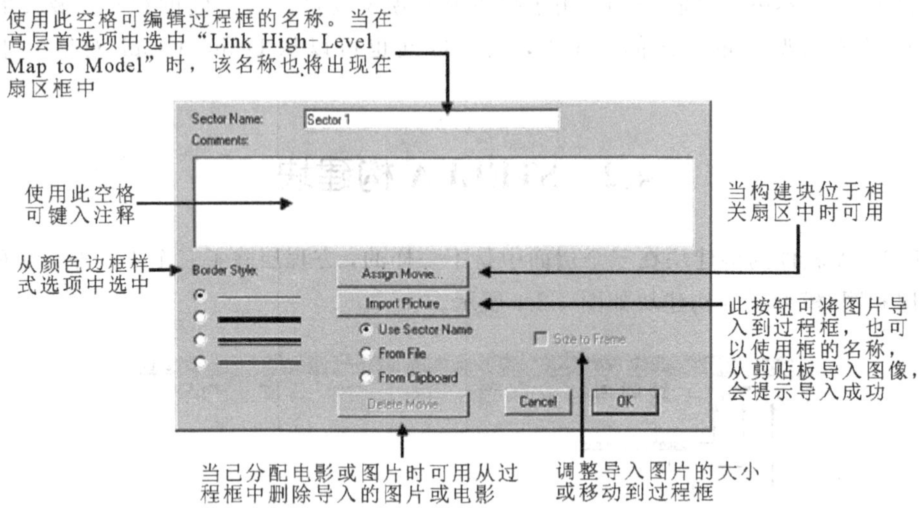


图 4.2.3　过程框设置对话框

注意："Use Sector Name"(使用扇区名称)选项在显示高级映射时非常有用。当选择了"Use Sector Name"选项后，单击"Import Picture"(导入图片)按钮，将出现如图 4.2.4 所示的对话框。此对话框允许设置扇区名称的字体、大小和对齐。

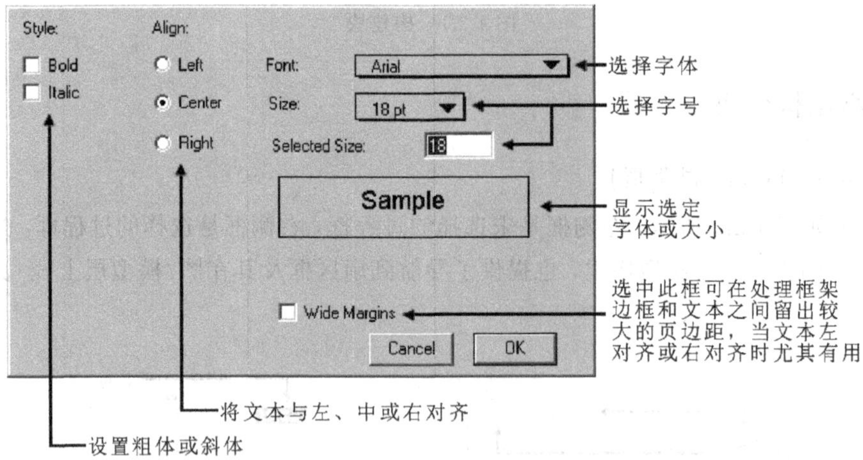


图 4.2.4　扇区设置对话框

### 2. Bundled Flow(一束流)

一束流(带箭头的粗实线)在高层上表示模型中流程之间的关系。与过程框一样，一束流有助于"自上而下"的模型构建方法。它还提供导航功能，当在高层首选项中选中"链接高级映射到模型"时，可以在图/模型层上查找扇区到扇区流。

一束流的创建有两种方法：一种方法是单击构建块中的一束流图标，将鼠标移到过程框中单击并按住，将一束流拖到另一个过程框中(过程框的边框在接触时将变为灰色)，松开鼠标；另一种方法是在高层参数对话栏选取"将高层图链接到模型"，在图/模型层结构图上的两个扇区框之间拖动流，将在高层自动创建一束流。

注意：

(1) 要弯曲流管，在绘制流时按“Shift”键，每次按下“Shift”键，都会有 90 度的弯曲；

(2) 高层两个过程框之间同方向最多可以有一个一束流，扇区到扇区的流和过程到过程的一束流之间一一对应。

**3. Bundled Connector(一束连接器)**

一束连接器(带箭头的细虚线)在高层上表示模型中存在的扇区到扇区的连接。与其他映射构建块一样，一束连接器有助于“自上向下”的模型构建方法，并提供导航功能，其创建方法和注意事项与一束流类似。

## 4.2.2　图/模型层构建块

**1. Stocks(栈)**

“栈”表示事物(包括物质的和非物质的)的积累，也可译为“存量”。与前面软件中的方块变量、流位变量、水平变量、状态变量含义相同。可以被当作栈的例子有：人口、河流或蓄水池中的水及其质量等，这些是有形的、可计量的物质；还可以用栈表示非物质的累积量，如技能、知识、恐惧等。非物质的累积量虽然不易被测量，但可以被量化，在许多模型中起着重要的作用。栈的形状如图 4.2.5 所示。

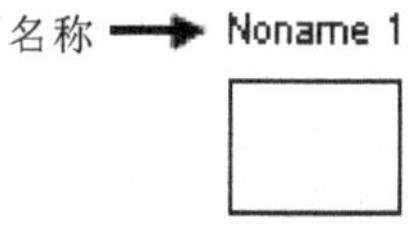


图 4.2.5　栈的形状

栈的选择和添加方法：单击构建块中栈的图标，将鼠标移动到屏幕所需的位置，单击保存栈；单击栈的名称位置，键入变量名称；双击栈的框内，会出现栈的类型和相关参数设置对话框，如图 4.2.6 所示。

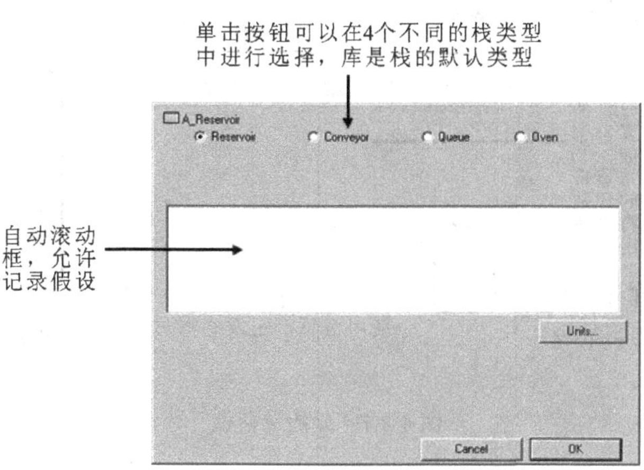


图 4.2.6　栈的设置对话框

栈有四种类型，分别为 Reservior、Conveyor、Queue 和 Oven。

· Reservior(库)。库的物理比喻是一个水库，当新的水(物质)流入时，将和原有的水(物质)混合在一起，难以区分。如果不需要区分栈里面物质的"批次"，就可以用库来表示栈。需要强调的是库的非负性。库取负值时没有意义，为了防止库取负值，在生成库的时候要添加一个非负约束。如果流会使库得到负值，那么就要约束输出量以防止库取负值。

· Conveyor(输送带)。物质进入输送带，在输送带上停留一段时间后流出。输送带和库的两个区别是：第一，输送带有相关参数控制物质的进/出时间，它表示给定一批物料在输送带上的停留时间；第二，不同时刻进入输送带的物料保持相互独立，在给定时间流入输送带的物质不会和原有的物质混合在一起，先进入的物料先出来。

· Queue(排队)。类似于输送带，物料按照批次依序进入排队，各个批次的物料相互独立，后进的物料和先进的物料不会混合在一起，先进入的物料先出来。输送带中各个批次的物料等待时间是相同的，都等于传送时间；而排队中的物料等待时间是不固定的，只有当下一个批次的物料发出准备处理的信息后，上一个批次的物料才离开队伍。

· Oven(烤炉)。烤炉代表"进入—处理—送出"类型的活动，烤炉按规定的"填充时间"或规定的"填充容量"接纳物料，当达到规定的"填充时间"或"填充容量"时，烤炉就不再接纳物料开始进入"烤"的程序——处理事件；物料在烤炉内停留规定的"处理时间"后，被一次性全部送出；"送出"象征着新的"进入—处理—送出"循环的开始。烤炉的特点用一句话概括就是分批进入，一次性处理、送出。

在建模模式下，库的对话框将显示其他变量，如图 4.2.7 所示。

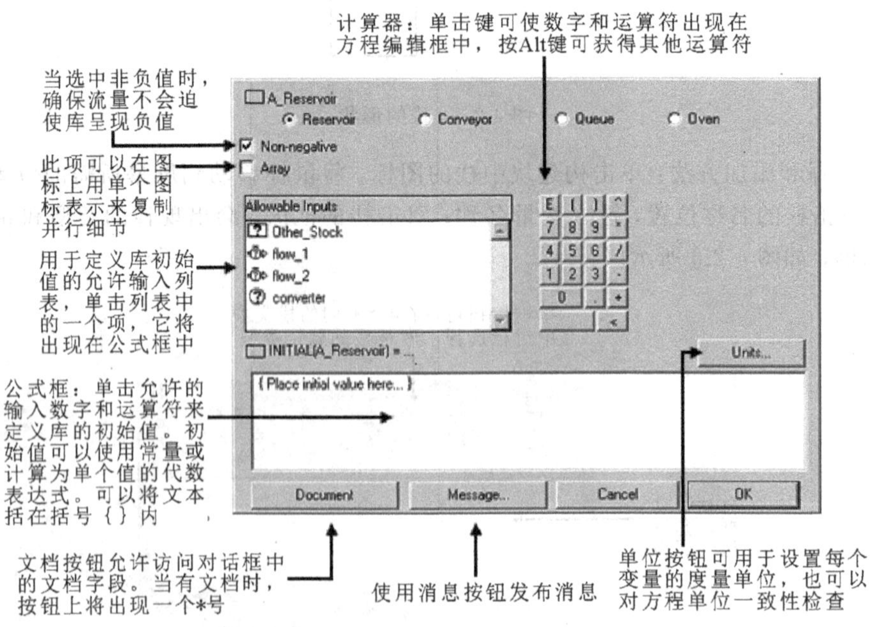


图 4.2.7 库的对话框

**2. Flow(流)**

"流"用来描述系统中的活动，或译为流量。与前面软件中的速率变量含义相同，流表示单位时间内栈的改变量。可以被当作流的例子有：出生、水的流动、移民等。可以把流想象为管道，连接到栈上的流会引起栈中存量的增加或减少。

流的方向有单向和双向。单向流只能取非负值，双向流可以取任何值。流一般都是单向的，但在某些情况下，如果用同一个流来表示某一个栈的输入和输出，就要使用双向流。流的圆圈上面的“T”代表流量调节器，调节器通过一个代数表达式决定流过管道的流量。流的形状如图 4.2.8 所示。

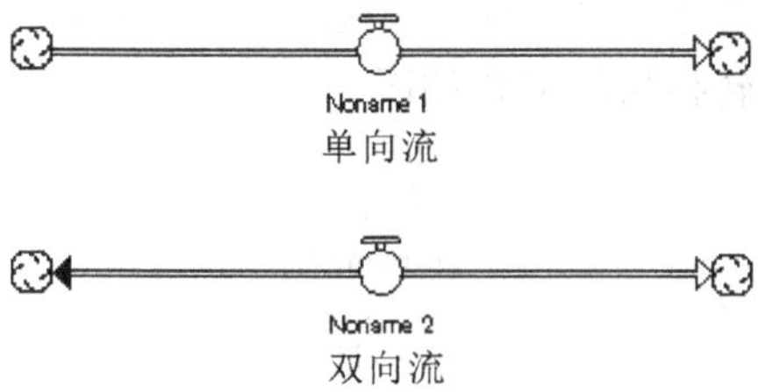


图 4.2.8　流的形状

流的选择和添加的方法是：单击构建块中流的图标，将鼠标移动到所需的位置。如果流是要进入栈，放栈外单击并按住“流”图标，拖到栈上直到栈变色松开鼠标；如果流是出栈，放栈内单击并按住“流”图标，拖到栈外某位置后松开鼠标。出栈的流连接结果如图 4.2.9 所示。

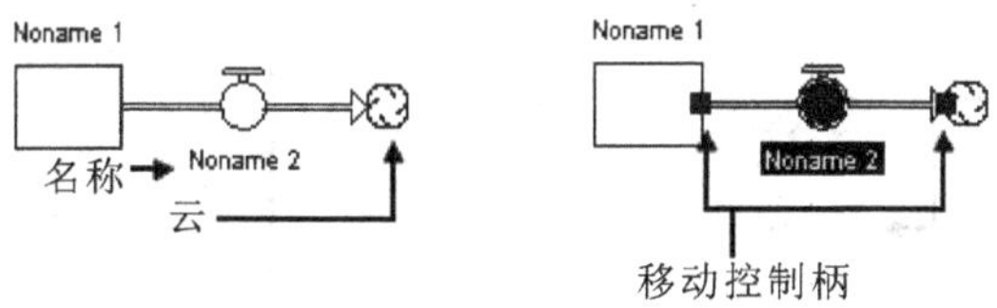


图 4.2.9　流的连接

流连接成功后，若要弯曲流管，则在拖动流时按“Shift”键并更改鼠标移动的方向，每次按下“Shift”键，流管会出现 90 度弯曲；单击云，可以将云拖动到所需位置(也可以手动用栈替代云)；单击流的名称位置，可键入变量名称(遇到多行变量则用回车键回车换行)；双击流的圆形部分，会出现流的“定义”对话框，如图 4.2.10 所示。

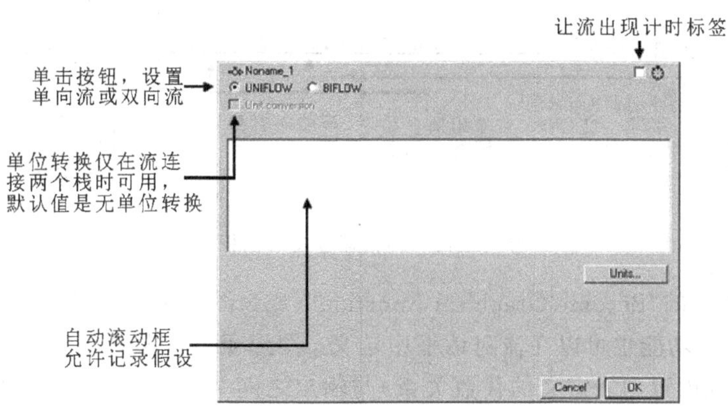


图 4.2.10　流的“定义”对话框

在建模模式下，流的对话框操作和栈的对话框操作比较类似。需强调的是，点击栈/流的表达式中的变量，就会出现对话框中的 Required Inputs(必须输入)列表，列表中包含已使用连接器连接到栈/流的所有输入，列表中的任何内容都必须在栈/流的表达式定义中使用。

**3. Converter(转换器)**

转换器经常用来接收信息并把它传输到其他模块中为其他变量所用，即把输入转换为输出，与前面软件中的辅助变量含义相同。和栈不同的是转换器不能积累，在每次调用时，转换器都要重新计算其值。转换器的形状如图 4.2.11 所示。

图 4.2.11　转换器的形状

转换器的选择和添加方法：单击构建块中转换器的图标，将鼠标移动到所需的位置；单击转换器的名称位置，键入变量名称；双击转换器，会出现对话框来输入参数或连接关系，选择“Summer”按钮，能够添加一组模型变量，而无须向转换器输入图形。

在建模模式下，转换器的对话框如图 4.2.12 所示。

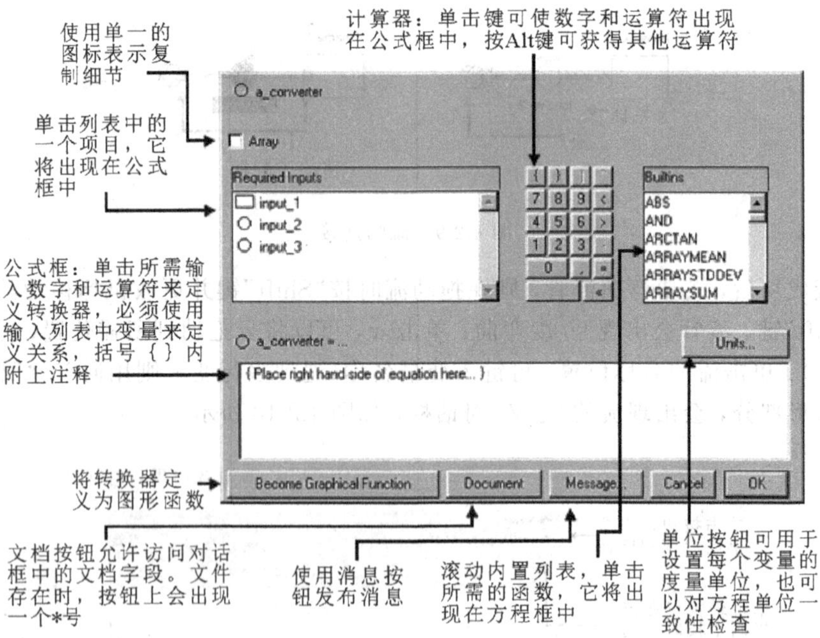


图 4.2.12　转换器建模对话框

对话框左下角的“Become Graphical Function”(成为图形函数)按钮允许将转换器定义为图形函数。图形功能也可以在流对话框中定义。图形函数是某些输入(它本身可以是所需输入列表和/或内置列表定义的代数关系)与输出之间关系的草图。点击“To Equation”按钮，可见“表达式”框，在“表达式”框中定义输入后，单击“成为图形函数”将显示“图形函数定义”对话框，如图 4.2.13 所示。

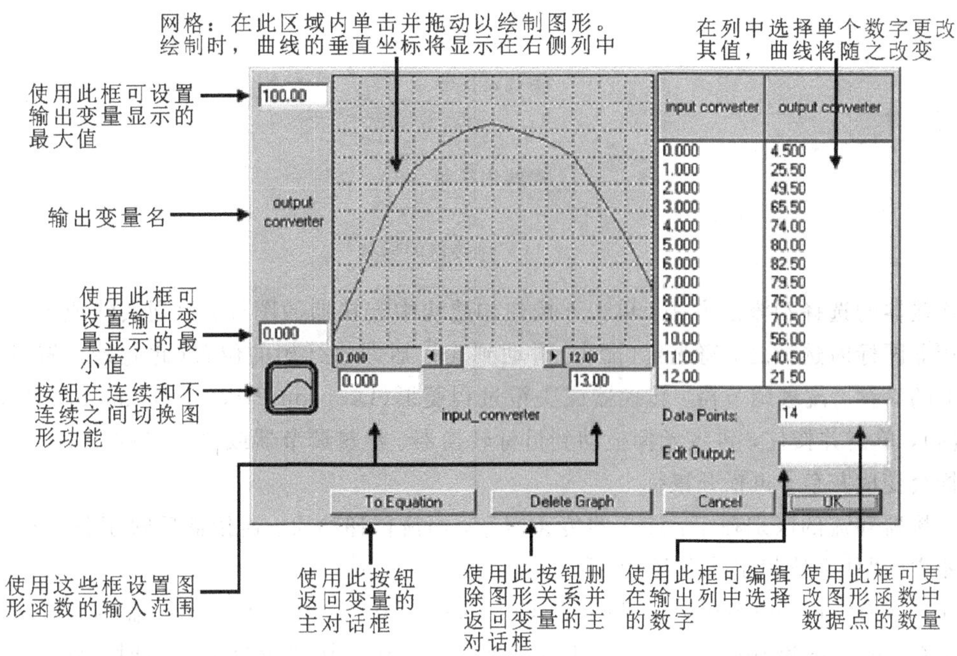


图 4.2.13 “图形函数定义”对话框

在“图形函数定义”对话框中，可进行如下操作：

(1) 设置 X 轴的最小值和最大值：在图形函数网格下方的两个字段中键入数字。左侧字段中的数字(最小值)必须小于右侧字段中的数字(最大值)。按“Tab”键可从一个字段移动到另一个字段。为 X 轴选择的最小值和最大值将反映在轴右侧的不可编辑的左侧列(输入)。

(2) 设置 Y 轴的最小值和最大值：在图形函数网格左侧的两个字段中键入数字。底部字段中的数字(最小值)必须小于顶部字段中的数字(最大值)。按“Tab”键可从一个字段移动到另一个字段。

(3) 设置数据点的数量：在“Data points”(数据点)字段中键入一个数字，该字段位于两列数字下面。图形函数中必须至少有两个数据点，最多可以有 1500 个数据点。当一个图形函数包含超过 13 个数据点时，网格将变得可以滚动。如果要查看整个功能，按“Alt”键即可。

转换器的作用：一是连接栈，但不改变栈中的积累量；二是连接流，既可以用来表示若干个流的共同作用结果，也可以把一个流分成几部分，以避免流图的混乱；三是连接栈和流，可以存储常数，也可以接受信息并把它传给模型中的其他变量。

注意：转换器不能表示积累，不允许建立一个封闭的全部由转换器组成的回路，回路中必须至少含有一个表示积累的栈。

**4. Connector(连接器)**

连接器的作用是连接模型元素，用来传送信息和调节流量的输入。连接器可用一条带有箭头的实线或虚线表示，如图 4.2.14 所示。

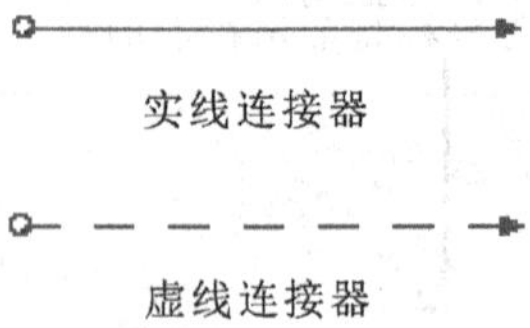


图 4.2.14　连接器的形状

连接器的选择和添加方法：单击并按住构建块中连接器的图标，出现实线或虚心箭头的连接器图标时选择之，将光标(箭头)滑动到连接器即将开始的位置(此起始位置必须在屏幕上的库存、流量调节器、转换器或决策过程菱形(Decision Process Diamond，PDP)的边界内)，单击并按住，再将光标拖动到目标转换器、流量调节器或决策过程菱形。当接触时目标会变成灰色，再松开鼠标。

连接器和流的区别在于：连接器传递信息，而流传递物质。连接器反映了各个栈、流、转换器之间“什么依赖于什么”的关系。

连接器有 Action Connector 和 Info Connector。在连接栈、流、转换器时，可以使用 Action Connector 和 Info Connector 中的任何一个。在连接决策过程菱形时，只能用 Info Connector。注意：栈可以与流、连接器(只允许出栈，不允许进栈)、转换器连接，但只有输入流和输出流才能直接改变栈中的存量。

**5. DPD(决策过程菱形)**

DPD 用来管理模型中相关联的复杂图表。用户可以清楚地看到与决策过程相关联的输入和输出。当需要时，可以“深入”到决策过程本身的细节。模型可以保持双焦点透视，根据需要显示宏观和微观结构。DPD 的形状如图 4.2.15 所示。

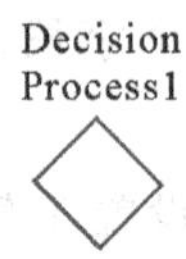


图 4.2.15　DPD 的形状

DPD 的选择和添加方法：选择构建块中的 PDP 图标，当光标移到图上时，它将变为菱形的 DPD 图标，单击一次可以将图标放置在所需位置；单击 PDP 的名称位置，可键入 PDP 名称；双击图标的边框，即可打开 DPD 并显示 DPD 空间，如图 4.2.16 所示。

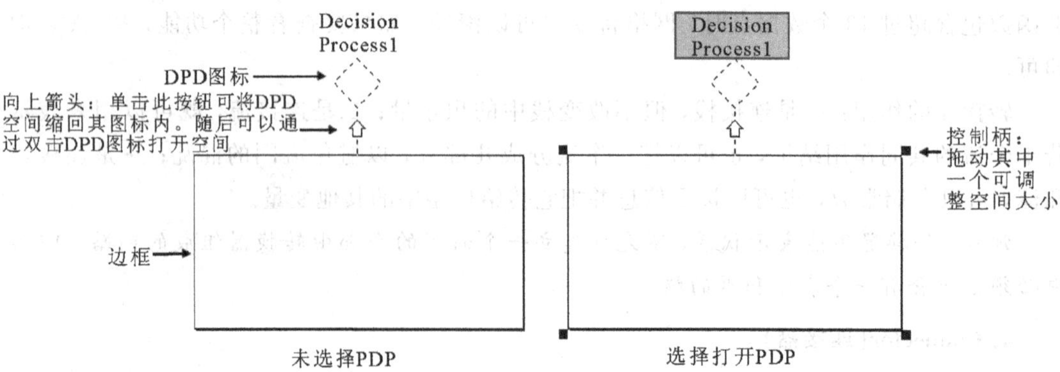


图 4.2.16　DPD 的空间

点击边框(在正确的位置，光标会变成箭头)并按住，拖动到所需位置(DPD 空间将受到 PDP 图标位置的限制)。如果要将图标和空间一起移动，则按住“Ctrl”键并单击 DPD 图标，然后拖动到所需位置。

注意：空间必须在图标下方；空间可以与其他空间重叠；打开一个或多个 DPD 空间时，主层上的图元和光标将变为灰色，光标在 DPD 空间之外时将变为⊘。

软件允许子模型空间彼此重叠，但一次只能打开其中一个重叠的子模型空间。打开一个重叠子模型空间时，其他所有的重叠子模型空间都将关闭。当在图上移动 DPD 空间时，如果即将发生冲突，软件将显示其他空间的轮廓。

可以导入图片并在 DPD 的图标中输入注释。当打开 DPD 空间时，在 DPD 图标上的控件上双击进入图标对话框，可设置进入和退出决策过程的链接。只有虚线连接器才被允许进入 DPD(毕竟决策的输入总是信息)。虚线和实线连接器都可以来自 DPD。

一旦创建了主级别图，显示了 DPD 的关键信息输入和输出，就可以深入到 DPD 并开始构建微观级别的决策逻辑。如图 4.2.17 所示，在 DPD 空间中，将可以访问反映在主级别上所建立的连接的“nub”。要将 nub 连接到相关的决策，只需将它们拖放到适当的 DPD 空间模型实体上。

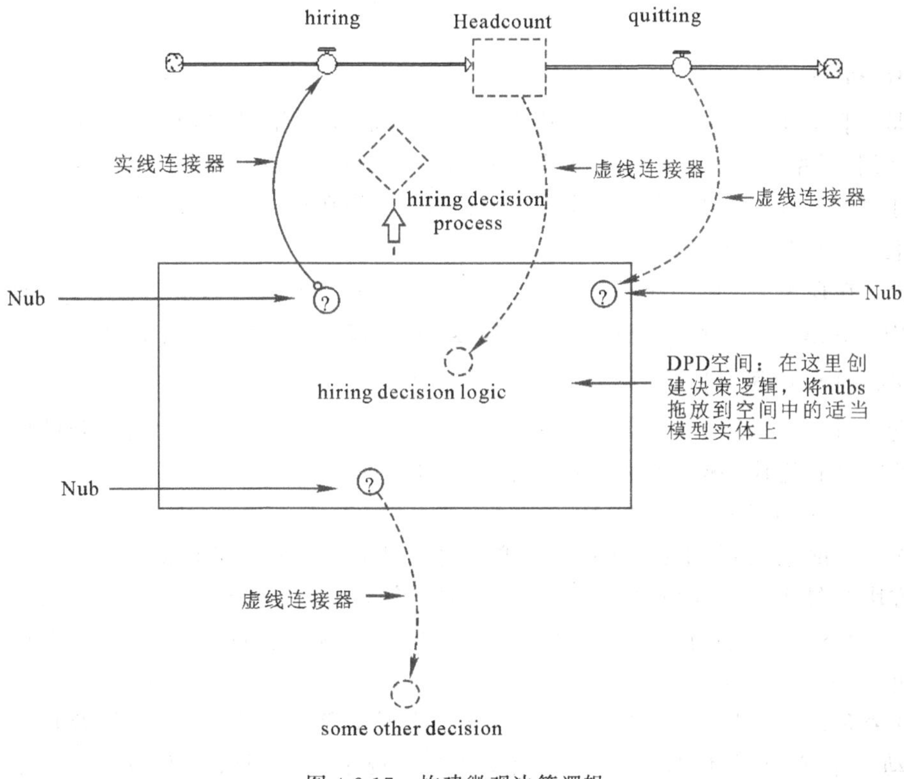


图 4.2.17　构建微观决策逻辑

当打开 DPD 时，图/模型层的所有构建块以及图形、表格、数值显示和文本模块等对象都可使用。如果要在 DPD 中创建映射，只需像在主级别上那样连接栈、流、转换器和连接器即可。

## 4.3 STELLA 工具

STELLA 有四种工具：Hand(手)、Paintbrush(画笔)、Dynamite(炸药)和 Ghost(影子)(仅限图/模型层)，如图 4.3.1 所示。这些工具能够对模型实体进行选择、移动、着色、删除和定义等基本操作。

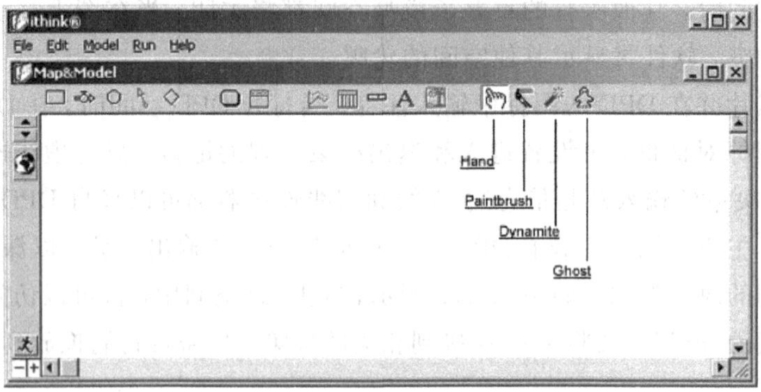


图 4.3.1 STELLA 的四种工具

**1. Hand(手)**

手是一种通用的编辑工具，可以用来选择、移动、打开和编辑构建块和对象，也可以使用它在图/模型层上操纵子模型和压缩空间，并在方程层选择项目。

由于其通用性，手是控制板元素中的默认选择。当在使用任何构建块、工具或对象时单击图表后，软件将恢复为使用手。

注意：在使用特定的构建块、工具或对象后，按住“Alt”键可以重新使用它，而无须从控制板中重新选择它；要选择多个项目，拖动选择或按住“Shift”键并单击项目即可。

**2. Paintbrush(画笔)**

画笔的作用是为模型元素添加颜色，使用它可以为构建块、对象、背景和模型的输出着色。给模型着色时，第一步是决定要用哪种颜色，然后进行着色。

用画笔给模型着色的步骤如下：

(1) 选择颜色。选择上色的颜色时，单击并按住画笔，画笔底下显示包含 2、4、16 或 256 色方块的调色板(数字取决于计算机允许的颜色数，以及在 Windows 下使用的视频驱动程序)。向下拖动鼠标并选择一种颜色，当松开点击，调色板将收回，画笔尖上将显示选择的颜色。

(2) 着色。一旦选择了一种颜色，下一个任务是上色。在想要着色的模型元素上点击或者拖动选择有相同颜色的复合图表元素，直到在构建块、工具、对象或界面上点击画笔才能保留已选择的颜色。不要在诸如图表的界面上点击，除非希望该表面变为当前画笔设置所指示的颜色。当要改变图表界面的颜色时，要快速点击。

注意：

(1) 如果要撕下调色板(以便在以后的颜色选择中保持可见)，则单击并按住画笔，然后向下拖动直到光标离开调色板底部。调色板的透明图像将跟随光标，欲将此图像放置在希望调色板所在的位置，松开单击即可。要将调色板拿走放回，在其关闭点上单击。

(2) 如果要用新颜色替换调色板中的颜色，则按住"Alt"键，然后单击并按住画笔向下拖动到要更改其颜色的正方形，然后松开点击，将出现一个对话框，其中包含从调色板中选择的颜色，然后可以通过调整色调、饱和度和亮度，或红、绿、蓝密度来创建任何新颜色。

**3. Dynamite(炸药)**

炸药可用于从高层和图/模型层清除构建块和对象，也可以从方程层中清除方程(及其相关的构建块)。炸药是一种强大的工具，使用它时应该小心。建议在使用炸药时将炸药的引信(此工具的活动区域)放置在要引爆的实体上，一旦看见正确的实体变色，点击一下，目标实体会被炸掉。

图 4.3.2～图 4.3.4 分别是对打开的环、图形和表格板面，使用炸药进行删除的说明。

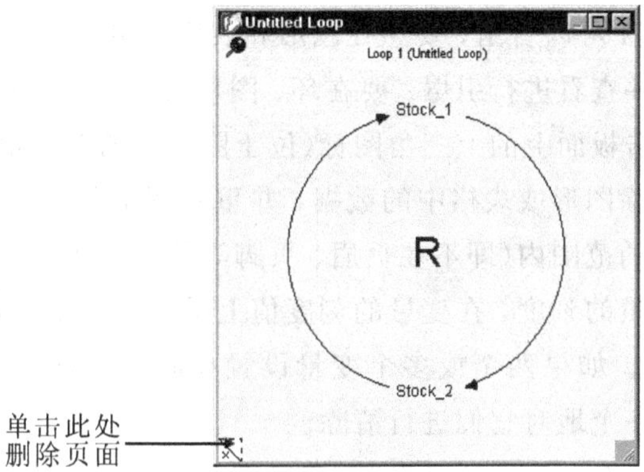


图 4.3.2 对环板的删除

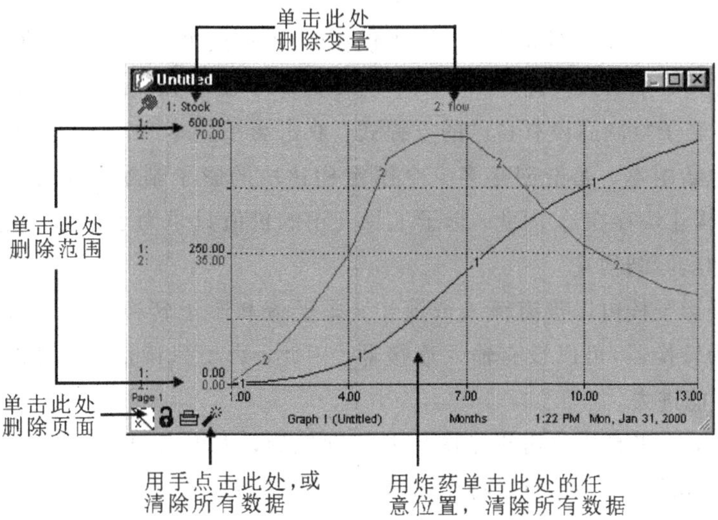


图 4.3.3 对图形的相关删除

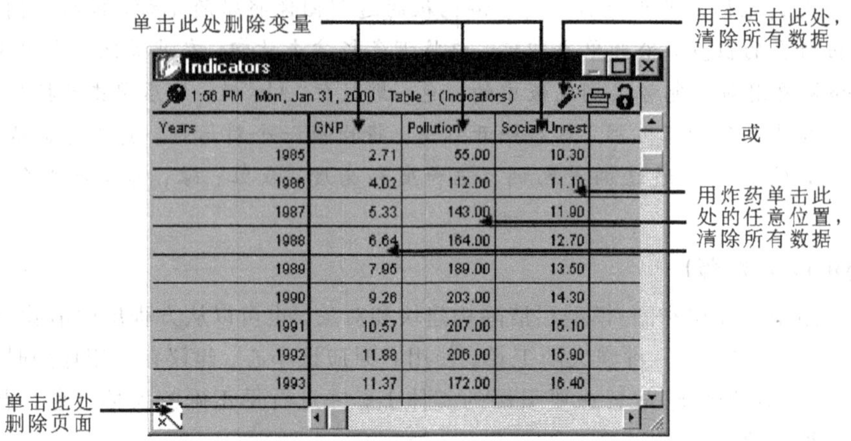


| Years | GNP | Pollution | Social Unrest |
|---|---|---|---|
| 1985 | 2.71 | 55.00 | 10.30 |
| 1986 | 4.02 | 112.00 | 11.10 |
| 1987 | 5.33 | 143.00 | 11.90 |
| 1988 | 6.64 | 164.00 | 12.70 |
| 1989 | 7.95 | 189.00 | 13.50 |
| 1990 | 9.26 | 203.00 | 14.30 |
| 1991 | 10.57 | 207.00 | 15.10 |
| 1992 | 11.88 | 206.00 | 15.90 |
| 1993 | 11.37 | 172.00 | 16.40 |

图 4.3.4 对表格的相关删除

由图 4.3.3 和图 4.3.4 可以看出，要想在图形和表格上引爆变量，将炸药的引信放在它们的名称上，然后单击并查看进行引爆；要在环、图形或表格上变换页面，单击翻页按钮；要炸毁整个显示板，单击板面上的上三角图标(位于图表上的左下角)。

炸药还可以用于清除图形或表格中的数据，并重置图形的刻度。清除时，将炸药放在图形或表格“数据空间”的范围内(即不在页眉、页脚等处)，然后单击鼠标。

若要移除图形上变量的刻度，在变量的刻度值上限或下限上单击炸药，这时变量携带“最后一次仿真”的刻度。如果两个或多个变量设置在同一刻度上，并且在列表中彼此相邻，则单击炸药将一次一个地对它们进行清除。

注意：如果删除了一个具有关联控制器(即滑动输入块、开关、旋钮等)的变量，则关联的控制器也将被删除。

**4. Ghost(影子)**

工具栏上的最后一个工具是影子。影子仅在图/模型层可用。它的目的是为单个栈、流和转换器制作副本、别名或快捷方式。一个实体的影子没有独立的身份，它只是一个构建它的构件图像。影子复制品没有自己的方程式。双击影子副本时，打开的对话框实际上属于制作副本的原始副本。无论创建多少个给定构建块的影子副本，都只存在一个对话框(因为只有一个构建块存在)。因此，影子工具真正的价值只是为了达到美化的目的，影子不会向模型添加实际结构。

要强调的是影子栈可以没有流入或流出；影子流和影子转换器(当“影子”一个流时，其影子将显示为转换器)可以没有输入连接器。因此，影子只读信息，可以从中绘制连接线，但什么也不能进去。

构建影子时，在工具栏单击影子图标并移动鼠标，去单击要影子的栈、流或转换器，光标将变为该构建块的图像。然后将光标移动到所需位置，单击一次可放置影子。

在建模过程中，影子发挥着保持图表整洁的重要作用。当连接器在图形上的连接线太长时，影子可以帮助图形连接整洁。图 4.3.5 说明了影子的这种作用。

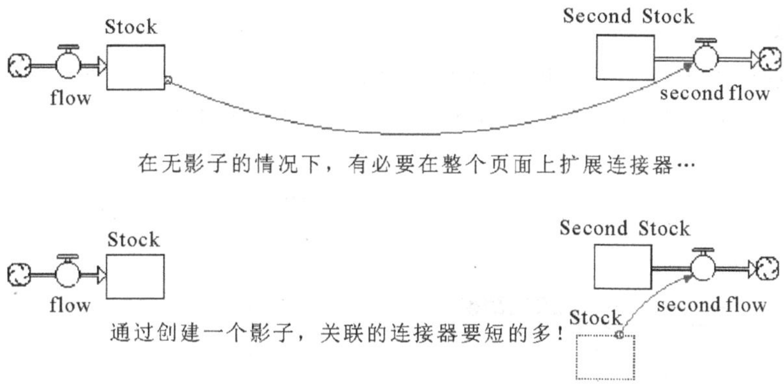


图 4.3.5 影子的作用

# 4.4 STELLA 对象

软件中可用的对象图标在高层和图/模型层不完全一样。其中七个对象环板(Loop Pad)、开关(Switch)、图形输入框(Graphical Input Device)、旋钮(Knod)、列表输入框(List Input Device)、滑动输入块(Slider Input Device)和状态指示器(Status Indicator)仅在高层可用。扇区框(Sector Frame)仅在图/模型层可用。其余六个对象(按钮(Button)、图形板(Graph Pad)、表格板(Table Pad)、数值显示框(Numeric Display)、文本模块(Text Block)和绘图框(Graphics Frame))在高层和图/模型层上都可以使用。高层和图/模型层对象图标如图 4.4.1 所示。

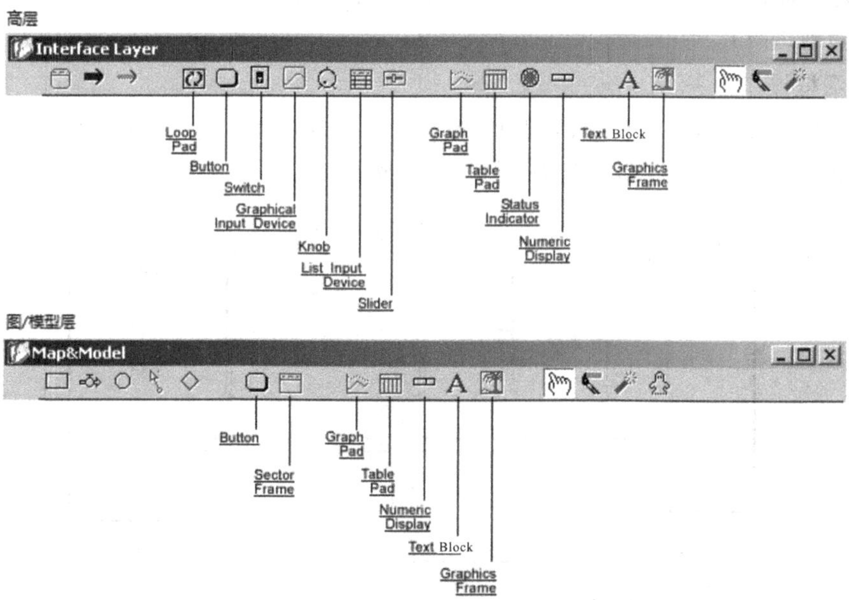


图 4.4.1 高层和图/模型层对象图标

## 4.4.1 环板

环板是一个简单的图形，用来识别产生动态行为模式的因果过程。环板能够根据下层模型结构创建这些图形。环板操作分为板面操作和对话框操作。

**1. 板面操作**

创建环板时，要从工具栏中选择“环板”图标，单击一次将图标放置在所需的位置，将得到如图 4.4.2 所示的板面。图 4.4.2 中标注了一些常用的基本操作按钮。

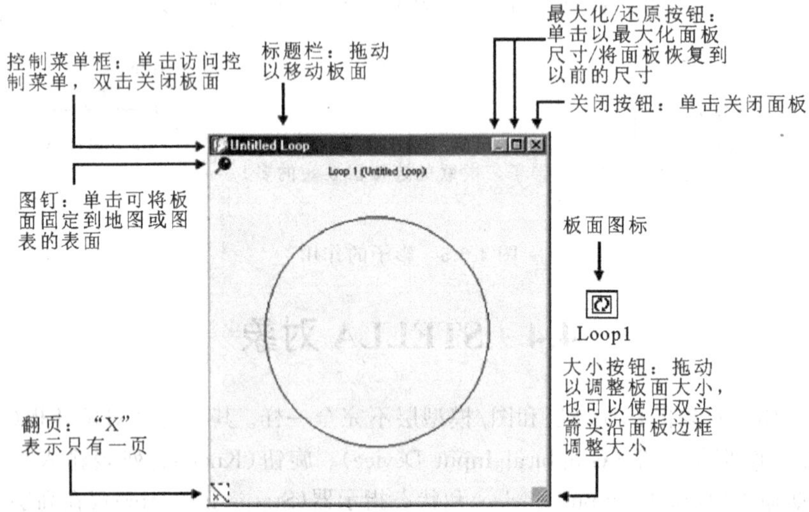


图 4.4.2　环板板面操作

注意：环板上的图钉图标用于将整个环板固定到高层的表面；当一个环板包含多个页面时，其左下角的翻页将激活，点击上面的三角形将移动到页面的下一页，单击下面的三角形将移动到上一页。

**2. 对话框操作**

双击环板范围内的任何位置(标题栏除外)，将显示如图 4.4.3 所示的环板对话框。图上标注了加载变量、删除变量、交换变量等基本操作。

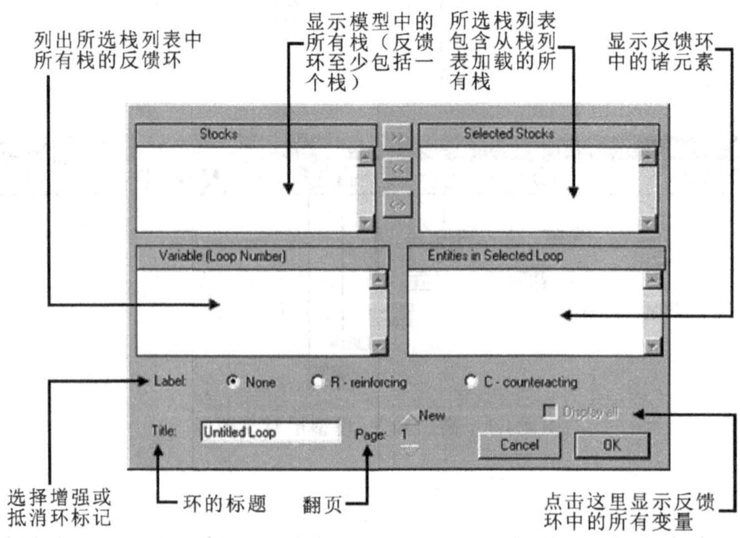


图 4.4.3　环板对话框

环板对话框顶部的两个列表以及列表之间的按钮用于加载、删除和交换要在环板页面中显示的变量。

(1) 加载变量：要将变量加载到选定列表，双击“允许”列表中的变量名称，或者选择变量并单击“＞＞”按钮。加载多个变量时，只需按住“Shift”键单击列表中的相邻变量或按住“Ctrl”键选择非相邻变量，然后加载即可。

(2) 删除变量：要从选定列表中删除变量，双击选定列表中的变量名称，或者选择变量并单击两个列表之间的“＜＜”按钮。删除多个变量时，只需按住“Shift”键单击列表中的相邻变量或按住“Ctrl”键选择非相邻变量，然后删除即可。

(3) 交换变量：要将允许列表中的一个或多个变量与选定列表中的一个或多个变量交换，先在每个列表中选择所需的变量，然后单击“＜－＞”按钮，变量将被交换。

(4) 选择反馈环：“Variable[Loop Number]”(变量[环编号])列表显示当前在选定列表中变量的反馈环(回路)数。当在“变量[环编号]”列表中选择一个反馈环时，该环中包含的变量将显示在列表的右侧(缺省只显示栈，若要显示环中的流、转换器，则需选择 Display all)。

(5) 标记选项：环板对话框提供了三个单选按钮显示标记选项。默认情况下，将选择“None”(无)。另外两个选项允许通过在反馈环中心显示字母“R”或“C”来将反馈环标记为增强环(＋)或抵消环(－)。

(6) 设置页面标题：要为反馈环的特定页面设置标题，在环板对话框的“Title”(标题)字段中选择文本，然后键入所需的标题，标题将出现在未固定板面的标题栏中，以及固定板面的顶部。

### 4.4.2　按钮

按钮是通过降低所需的软件技能和语言程度来促进用户与模型的交互。当按下按钮图标时，可以执行导航到新位置、执行菜单命令或提供弹出信息等多项操作。

**1. 按钮面上操作**

要创建按钮，先从高层或图/模型层的工具栏中选择按钮图标，然后单击一次，将图标放置在视窗所需的位置，将看到按钮及其调整大小的控制柄，如图 4.4.4 所示。单击并按住边框内的任何地方，移动按钮位置；双击边框，打开按钮对话框。

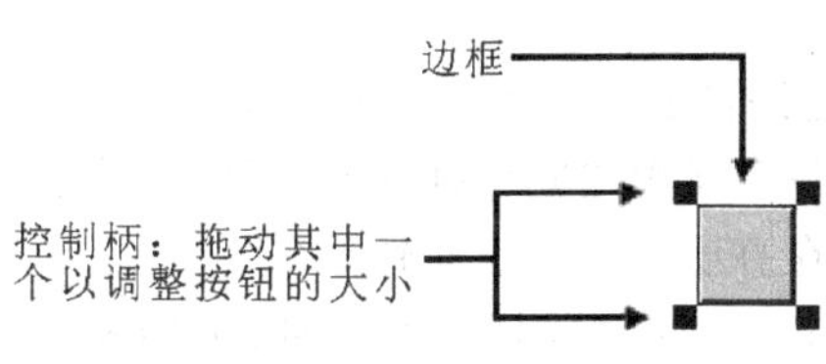


图 4.4.4　按钮面上操作

当按钮面上操作已经完成，需要重新操作时，只有鼠标在正确的位置，才能将“手”光标变为箭头，再点击边框，会出现带“控制柄”的按钮。

**2. 按钮对话框操作**

双击按钮的边框，打开其定义对话框，如图 4.4.5 所示。从图 4.4.5 中可以看出按钮的用途及其设置的基本操作。

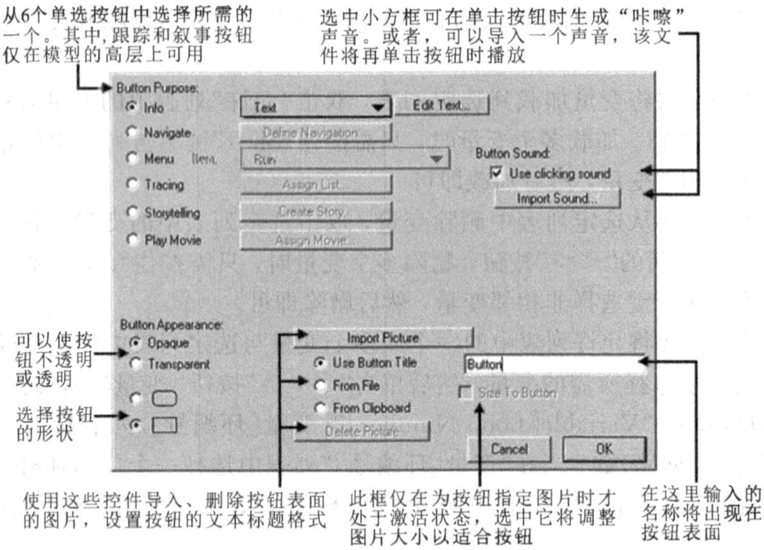


图 4.4.5　按钮对话框

可以配置一个按钮来完成六个主要目的(信息、导航、菜单项、跟踪、叙事或播放电影)中的任何一个。每个按钮的用途都是唯一的，不能用单一的按钮来完成多个操作。按钮还可以配置在单击时播放声音。

(1) 信息(Info)：新建一个按钮后，进入对话框选择“Info”(它是默认的)，然后，从“Info”右边弹出的菜单里选择所需的信息类型(文本、图表、电影)；根据选择，输入/编辑文本或从磁盘中导入图或电影。

(2) 导航(Navigate)：导航按钮不用从一个屏幕滚动到下一个屏幕，操作快捷方便。选择“Navigate”后，单击旁边的“Define Navigation”(定义导航)按钮，将出现“定义导航”对话框—(设置导航本身)，配置与导航一起使用的视觉效果，以及在其他选项中进行选择。

(3) 菜单项(Menu)：单击并按住菜单框，从滚动列表中选择所需的菜单项；当做出选择后放开单击，选择项将出现在“菜单栏”中。

(4) 跟踪(Tracing)：用来持续地展开某个特别的模型逻辑，通过呈现模型内在结构的方式，更加容易理解这些模型是怎样组合在一起的。跟踪按钮只能从高层访问，不能在图/模型层创建。

(5) 叙事(Storytelling)：允许自定义图中元素的显示顺序。可以选择显示哪些元素，以及显示的顺序，并允许在展开的每个元素之间穿插文本、图形、声音或电影；也可以在叙事中间模拟图表上显示的结构。只有在高层才有叙事按钮，在图/模型层不能建立叙事按钮。

(6) 播放电影(Play Movie)：通过选择“Play Movie”(播放电影)，然后单击“Assign Movie”(分配电影)按钮，可以将电影分配给按钮。注意，必须在系统中安装 Quick Time 才能在软件中播放电影。

对话框中按钮的其他用途(如按钮声音、是否透明、外观、图片导入和调整图片大小等)见图 4.4.5 中的文字说明。

### 4.4.3　开关

开关用于在模型中打开或关闭对象。可以将开关指定给模型中的一个或多个转换器、模型中的扇区或“灵敏度分析设置”对话框。

### 1. 开关基本操作

单击高层工具栏中的开关图标，移动到屏幕上选择的位置，再单击一次将其放置。开关的基本操作如图 4.4.6 所示。

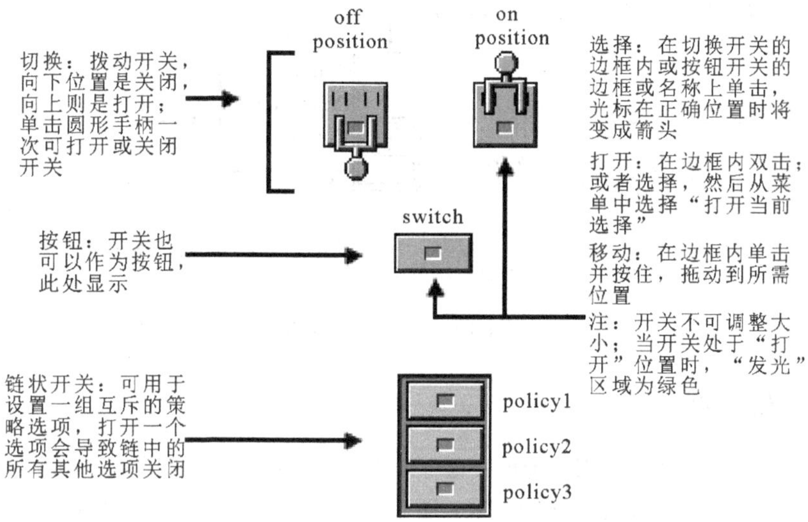


图 4.4.6　开关基本操作

### 2. 开关对话框操作

当打开开关时，可以访问开关定义对话框，如图 4.4.7 所示。其中链状开关的说明如图 4.4.8 所示。

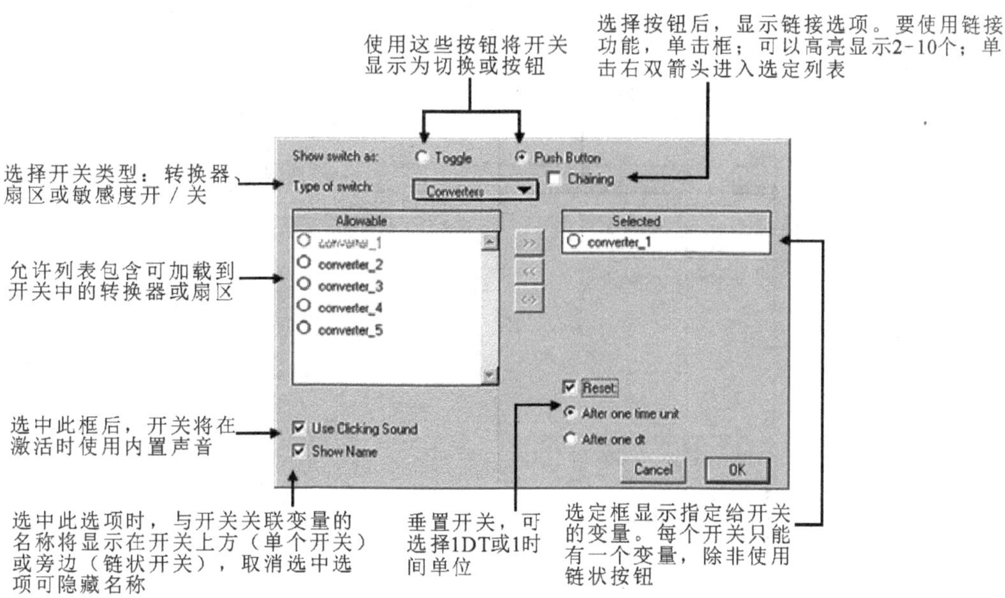


图 4.4.7　开关对话框

要将变量从允许列表移动到选定列表，双击变量名称或选择它并单击“>>”按钮即可。如果选定列表中有变量，会自动替换先前选择的变量。

注意：每当转换器加载到所选列表时，它在允许列表中变灰，表示它不能指定给任何其他输入设备。

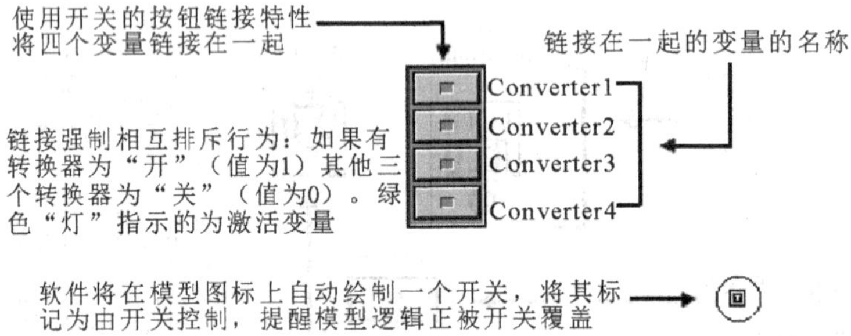


图 4.4.8　链状开关说明

## 4.4.4　图形输入框

图形输入框(GID)使模型用户能够一目了然地看到图形函数的形状，可以从高层编辑图形函数，并将图形函数还原为定义的关系，还可以在仿真过程中对图形功能进行动画处理。

注意：每个图形功能只允许使用一个图形输入框。一旦将图形功能指定给图形输入框，就不能将其指定给第二个图形输入框。

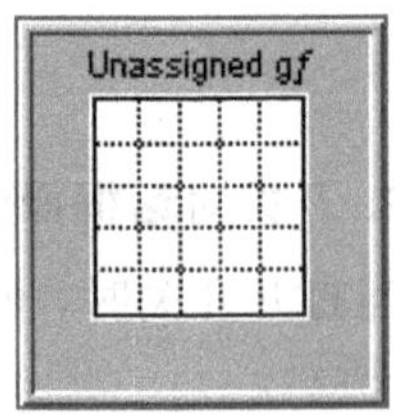


图 4.4.9　未指定变量 GID

### 1. GID 基本操作

在高层的工具栏中选择“GID”图标，单击并拖动到需要的位置，再次单击生成 GID。未指定变量的 GID 如图 4.4.9 所示。双击“GID”，进入其定义对话框，如图 4.4.10 所示。

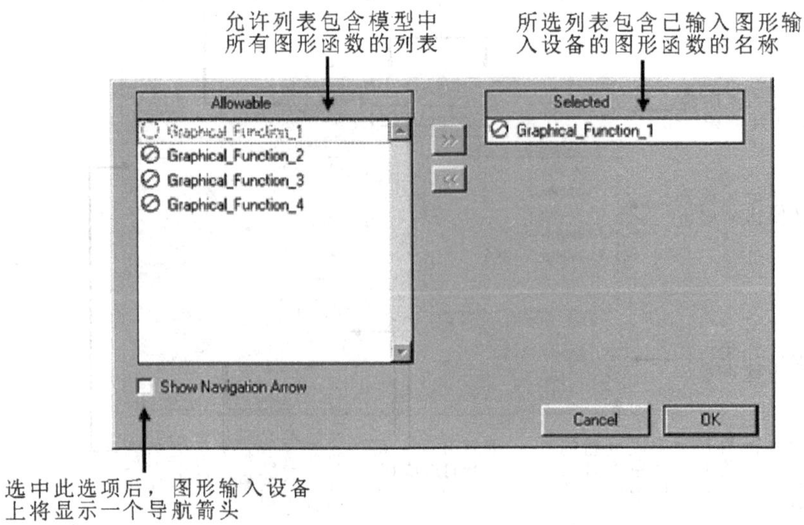


图 4.4.10　GID 定义对话框

对话框将包含模型中所有图形函数的可滚动列表。双击允许列表中的任何图形函数，将其移动到选定框中。或者，选择并单击“＞＞”按钮，将“允许”转换为“选定”。单击“＜＜”按钮，将把变量移出所选框。

当一个图形功能与图形输入框相关联，单击“确定”，将显示图 4.4.11 所示的内容。

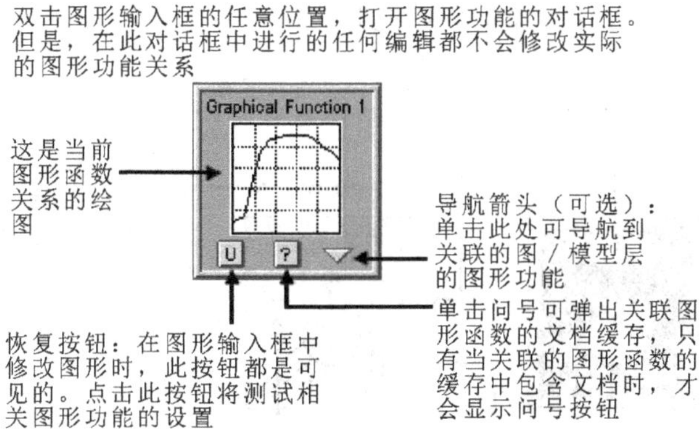


图 4.4.11　已指定变量 GID

注意：GID 的编辑和恢复只能在模型仿真停止时进行。当模型正在运行或暂停时，图形输入框无法打开，其“还原”按钮将处于非活动状态。

**2. 设置 GID 的动画**

一旦将图形函数与图形输入框关联起来，当运行模型时，将看到图形函数“Y”值的位置(因为它在仿真过程中发生变化)由箭头指针指示，如图 4.4.12 所示。

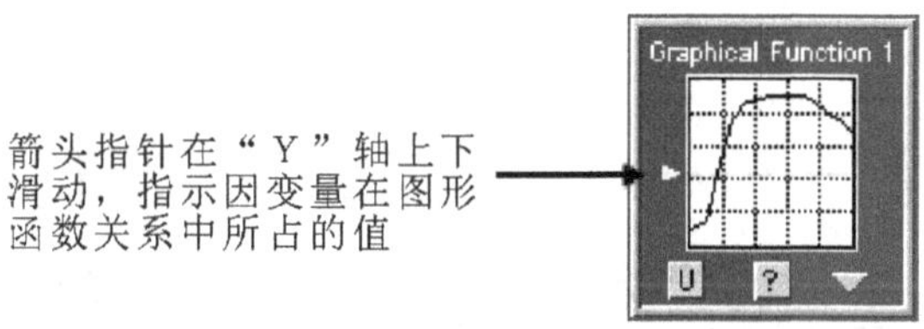


图 4.4.12　GID 中的图形函数

动画不仅对试图了解仿真过程中发生的事情的最终用户有用，而且对模型进行调试时也很有帮助。用户能够一目了然地看到模型中哪些图形函数关系在“范围内”运行，哪些“立即”进入或超出边界。

**3. 重新指定 GID**

双击要重新指定的“GID”，将出现关联的图形函数对话框，单击“删除图形”按钮。这样做不会影响变量相关联的原始图形函数，只是将 GID 与它所绑定的特定图形功能分离。然后可以自由地将 GID 重新指定给尚未指定的其他变量。

## 4.4.5　旋钮

旋钮主要用于提供栈的初始值，也可以用来调整常数的值。与滑动输入块不同，旋钮在仿真过程中无法调整。它在仿真开始之前设置，并在整个仿真过程中保持不变。包含方程式或图形函数的变量不能指定给旋钮，每个旋钮只能指定一个变量。

**1. 旋钮面上操作**

在高层界面上，单击一次旋钮图标，并拖动到屏幕上所需的位置，然后单击一次将其放置。图 4.4.13 所示为未指定变量的旋钮说明。

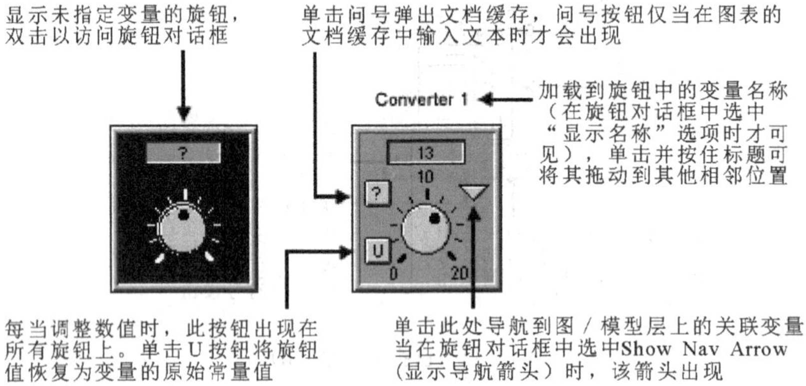


图 4.4.13　未指定变量的旋钮

**2. 旋钮对话框操作**

要访问图 4.4.14 所示的旋钮对话框，双击旋钮图标。可指定给旋钮的变量出现在允许列表中(显示为“灰显”的项目已指定给另一个输入框或具有非常量值)。双击要指定给旋钮的允许列中的变量名，或选择该项，然后单击“>>”按钮，将其移动到选定列表中。

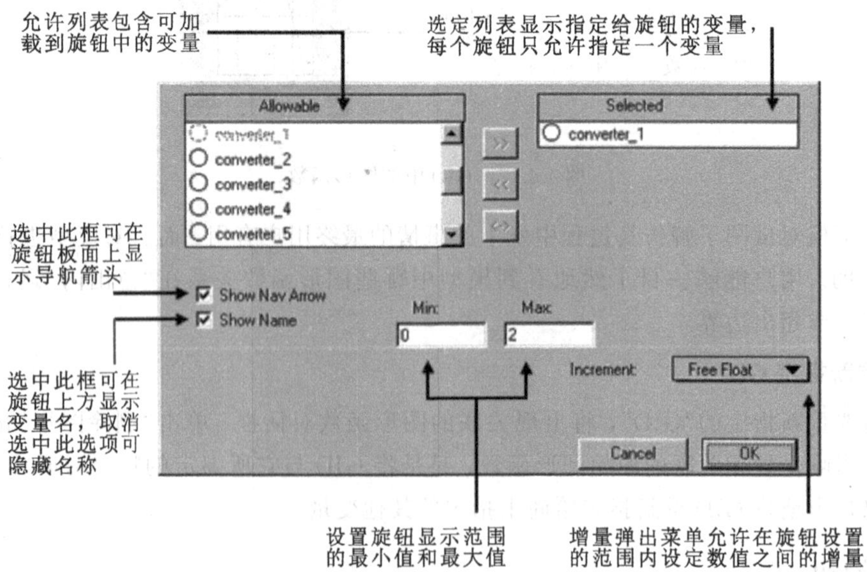


图 4.4.14　旋钮对话框

一旦选择了一个变量，最小和最大字段将出现。可以通过在这些字段中输入数值来设置旋钮的显示范围。增量弹出菜单允许设置可在旋钮上选择的值之间的增量。单击并按住向下箭头可查看增量选项。

旋钮的其他显示选项包括显示导航箭头和显示名称。显示导航箭头将在旋钮上放置一个小箭头，当单击该箭头时，将引导用户到图/模型层中的相关变量。如果选中“显示名称”，按钮上将显示变量名称。

当用户通过移动旋钮刻度来改变与旋钮相关联的变量值时，左下角会出现一个小的“U”按钮。如果要将旋钮恢复到初始值，单击“U”按钮(可撤销)即可。

注意：当一个变量被指定给一个旋钮时，一个旋钮图标会出现在模型层的变量上，提示变量的值是在高层设置的。

### 4.4.6　列表输入框

列表输入框是一个类似电子表格的简单输入框。模型的用户可以使用 LID 设置模型中转换器和流的值。此外，用户可以使用 LID 来设置模型中栈的初始值。多个模型变量可以分配给一个 LID，一个 LID 可以包含多个页面。

**1. LID 框面操作**

要创建一个 LID，单击工具栏上的“LID”图标一次，然后单击一次将其放置在高层的屏幕上。一个未指定变量的 LID 如图 4.4.15 所示。

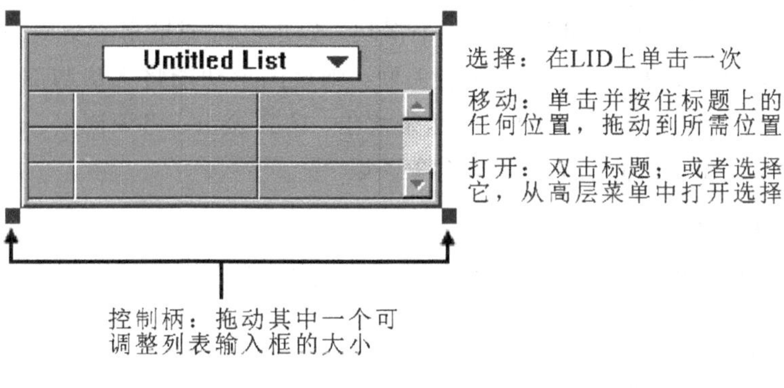


图 4.4.15　未指定变量的 LID

由图 4.4.15 可以看出，选择 LID 并拖动其中一个调整大小的控制柄，可以调整 LID 的大小。LID 的滚动功能意味着可以将多个变量加载到一个小的 LID 中，用户可以在框中滚动查看和修改加载到 LID 上的任何变量。

**2. LID 对话框操作**

要进入 LID 的定义对话框，用“手”双击 LID 范围内的任何地方，或者选择 LID 并从高层“界面”菜单“打开选择”。LID 对话框操作如图 4.4.16 所示。所有模型变量(库存、流量、转换器)将出现在允许列表中，已加载到 LID 的变量将出现在“选定”列表中，当一个变量被加载到所选列表时，它将在允许列表中显示为灰色。要为 LID 的特定页面添加标题，在标题对话框键入所需的标题即可。

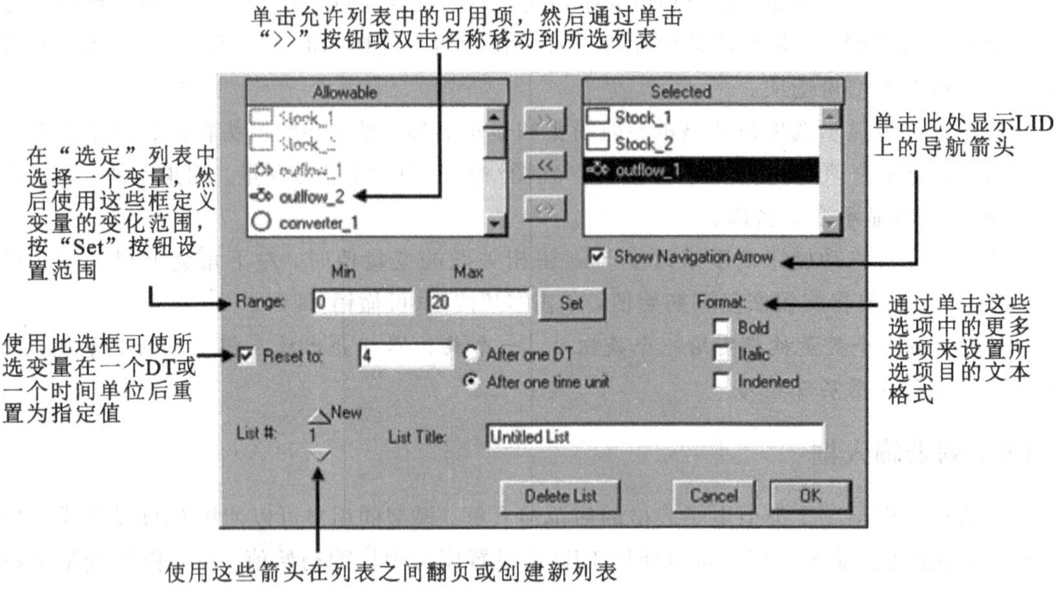


图 4.4.16　LID 对话框操作

## 4.4.7　滑动输入块

滑动输入块(简称滑块)允许模型用户调整常量值，并用数值输入覆盖方程逻辑和图形函数关系。需要注意：每个变量只能有一个滑块，如果已将变量指定给滑块，则无法将其指定给另一个滑块；如果滑块与图形功能关联，则该图形功能将无法与图形输入框关联；滑块不能与库、输送带、队列、烤炉、输送带流出、队列流出、烤炉流出、子模型图标、子模型上卷流和子模型中的向下滚动流等对象关联。

**1. 滑块基本操作**

从高层工具栏中单击滑块，拖动并单击一次将其放置在高层的屏幕上。未分配变量的滑块如图 4.4.17 所示。

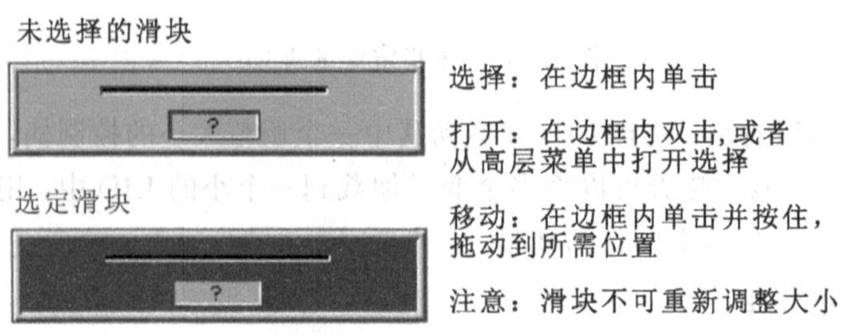


图 4.4.17　未分配变量的滑块

双击滑块边框，或从高层菜单选择打开，可以看到滑块的“定义”对话框，如图 4.4.18 所示。要将变量从允许列表移动到选定框中，双击该变量，或选择它并单击“＞＞”按钮。这将自动替换先前选择的变量。

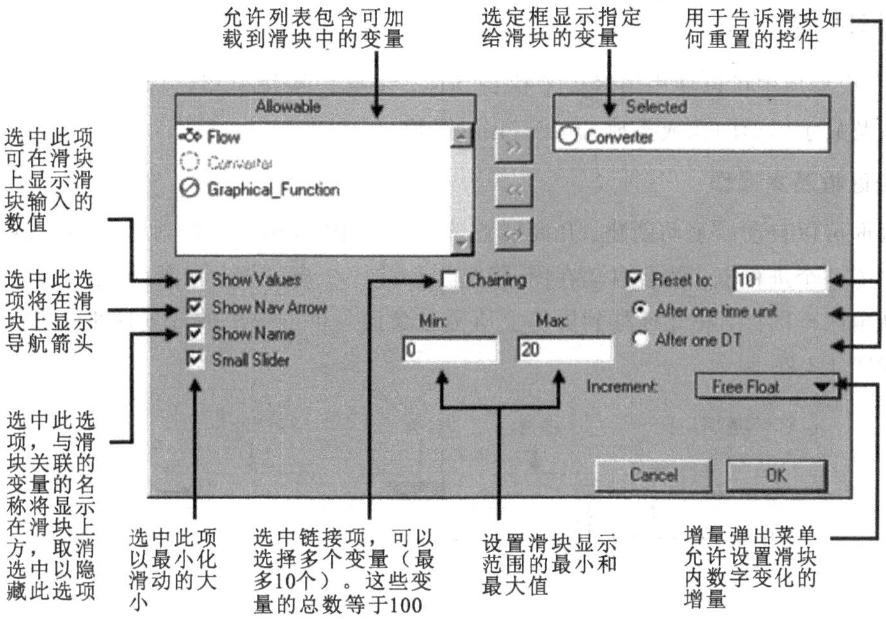


图 4.4.18　滑块的"定义"对话框

**2. 链状滑块**

在高层放置一个未指定变量的滑块后，双击该图标访问滑块对话框。将变量加载到选定列表后，选中显示框、链接框，单击"确定"，显示了一个指定的链状滑块，如图 4.4.19 所示。

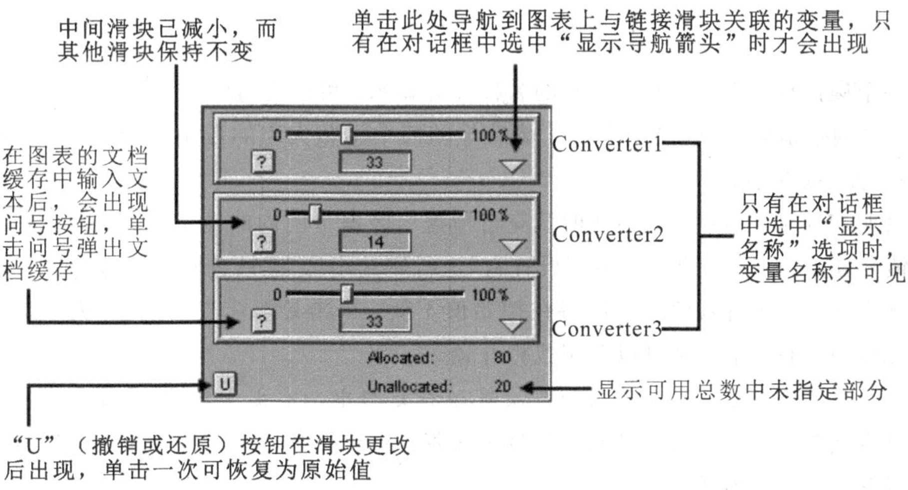


图 4.4.19　指定变量的链状滑块

在链接滑块的右下角有两个标记为"已指定"和"未指定"的值，这两个值的总和始终为 100。向左拖动滑块按钮时，减少其关联变量，链的其他元素将保持不变；向右侧拖动滑块按钮时，增加其关联变量，滑块将确保指定的总大小不超过 100%。

### 4.4.8 扇区框

在图/模型层中可以使用扇区框来执行功能，主要包括将模型结构的功能相关块组合在一起以及显示图形图像或播放 QuickTime 影片。

**1. 扇区框基本操作**

扇区框可以自动或手动创建：在高层首选项中选中“链接高级映射到模型”选项，再在高层上放置一个进程框，就会自动在图/模型层创建一个扇区框；在图/模型层手动从工具栏中选择扇区框图标，将光标移到屏幕上所需位置时，单击一次放置扇区框。扇区框的基本操作如图 4.4.20 所示。

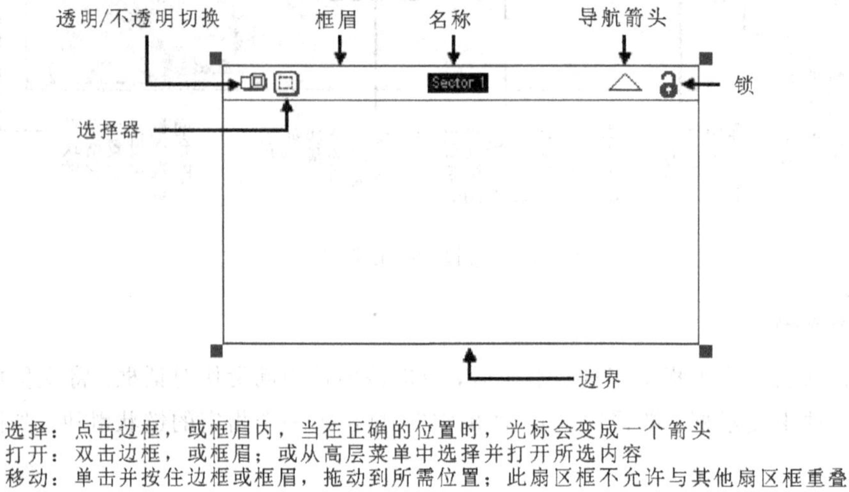


图 4.4.20 扇区框的基本操作

当一个扇区框被单独选中时，它的名称高亮显示，可以通过键入一个新名称代替增亮的名称。要调整扇区大小，先选择它，然后拖动四个调整大小的控制柄中的一个，根据需要使扇区变大或变小。

从透明切换到不透明时，不透明填充将覆盖扇区框范围内的任何部分，而且选择器将消失，锁会自动锁定并变灰；将模型设置为“运行所选扇区”，只有属于所选扇区一部分的模型块才会运行，所有其他值将保持在初始值不变；单击导航箭头可从图/模型层带到高层上的相应过程框；单击锁可以关闭或打开锁。

注意：扇区框不能放置在子模型或决策过程菱形中，并且当图/模型层上的一个或多个决策过程菱形空间打开时，将无法使用扇区框。要获得扇区框光标，首先必须从高层菜单中选择关闭决策过程菱形。

**2. 扇区框的对话框选项**

沿边框或框眉双击鼠标，或者选择扇区框，从“模型”菜单中选择“打开当前选择”，将显示图 4.4.21 所示的对话框。该对话框提供了扇区名称字段、注释框、边框样式选项、指定电影和导入图片的控件。

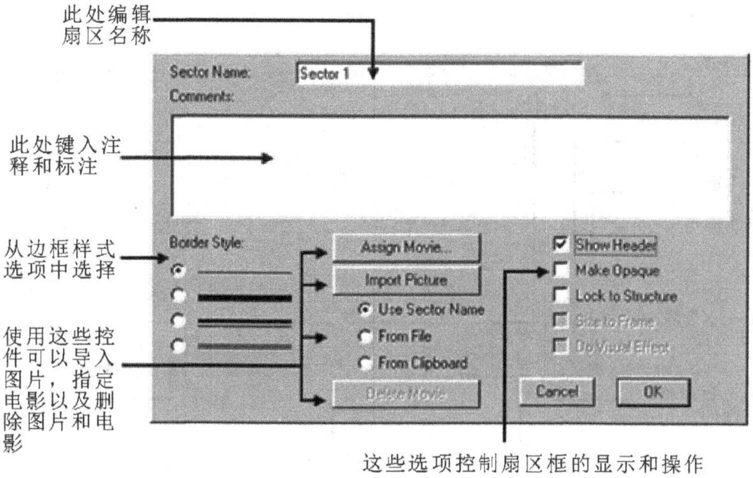


图 4.4.21　扇区框的对话框

**3. 扇区框图片和影片导入**

软件提供了三种导入图片的方法，分别由“从文件”“从剪贴板”和“使用扇区名称”的单选按钮指定。单击“导入图片”按钮时，“打开”按钮确定图片的来源。当“导入图片”按钮出现一个“ * ”时，说明已成功导入图片。

要将电影指定给扇区框，单击扇区对话框中的“指定影片”按钮，将显示一个标准的查找文件对话框，选择 QuickTime 影片，可以将电影包含在多个扇区框中，但不能在同一时刻启动多个电影的播放。

## 4.4.9　图形板

在高层和图/模型层的图形板，用于绘制模型仿真运行生成的数据。软件支持三种基本类型的图形：时间序列图、散点图和条形图。每个图形类型可以显示为标准模式（单个仿真运行的输出）或比较模式（多个仿真运行的结果相互叠加）。

**1. 图形板面操作**

从工具栏中选择图形板图标，单击一次鼠标，将图标放置在高层或图/模型层所需的位置。当创建一个图形板时，将得到一个空白板面，如图 4.4.22 所示。

当关闭图形板，或已经激活了这个层面的图形板，可以看到图形板图标，图标的形状和操作如图 4.4.23 所示。

在高层上，通过单击图形表面上的变量名称来选择变量，然后单击页面底部显示的“T”按钮可以进行模型逻辑跟踪；在图/模型层上，将光标滚动到每个模型变量上时，会看到一个小图形，其中显示了它的输出及其当前值。

**2. 图形板对话框**

用“手”在图形板面上标题栏除外的范围内双击，进入图形板的“定义”对话框，或者从“界面”或“模型”菜单中选择“定义图形”（未固定的活动图形板）。图形板“定义”对话框如图 4.4.24 所示。

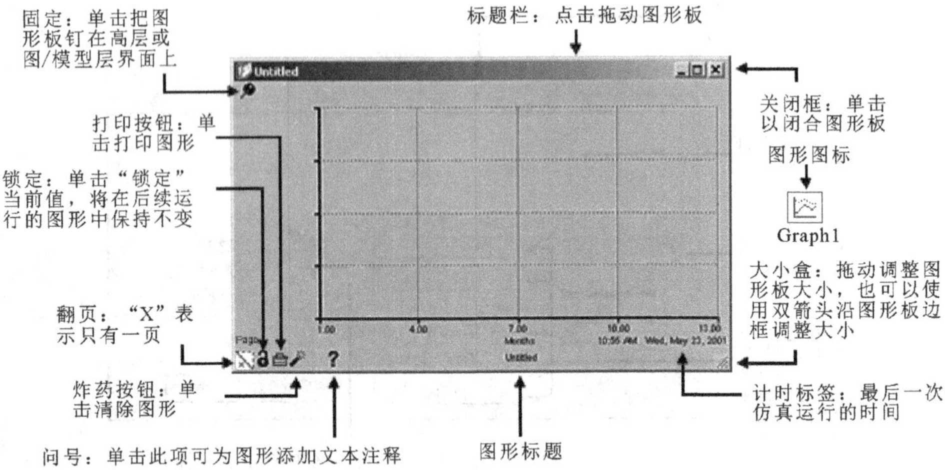


图 4.4.22　图形板面操作

注意：固定图形板时，其标题栏和调整大小的控件将消失；要移动或调整大小，必须先取消固定。

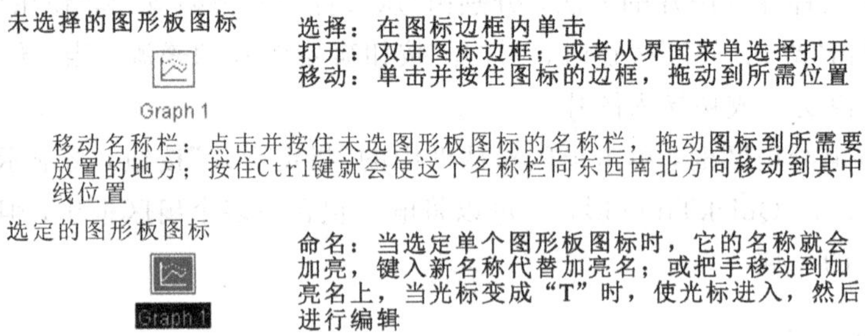


图 4.4.23　图形板图标

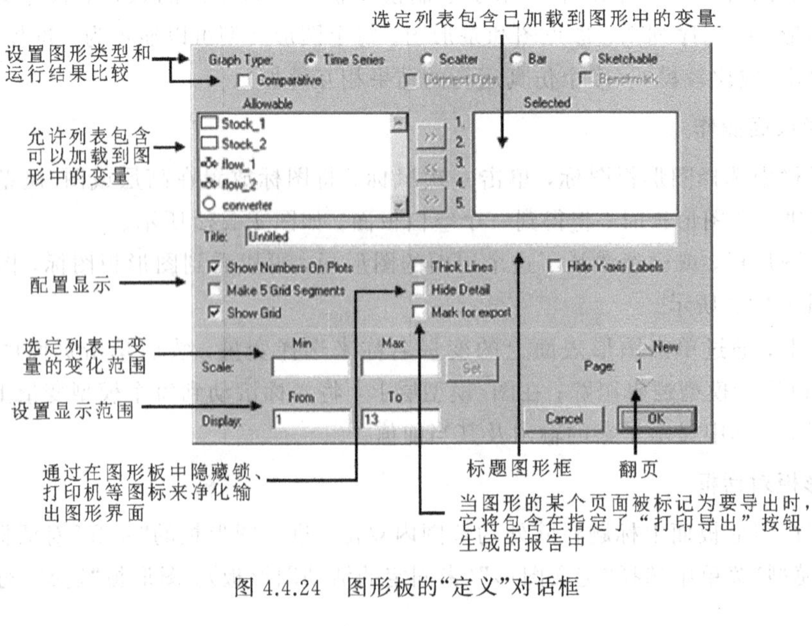


图 4.4.24　图形板的“定义”对话框

注意：在所选列表中选择的一个变量，会加载到选定列表中的任何已选变量的下方；选定列表中的任何变量如果不手动设置区间，软件会自动设置；一个时间序列图或条形图中最多有 5 个变量、散点图上有 2 个变量、比较图中有 1 个变量的限制；可以在时间序列图的输出曲线上点击并按住变量关联的曲线直接读取数值。

## 4.4.10 表格板

在高层和图/模型层可以找到表格板，它用来显示仿真的数值输出，并通过动态数据交换(DDE)链接其他应用程序。

**1. 表格板面操作**

从工具栏中选择表格板图标，单击一次鼠标，将图标放置在高层或图/模型层所需的位置。当创建一个表格板时，将得到一个空白板面，如图 4.4.25 所示。

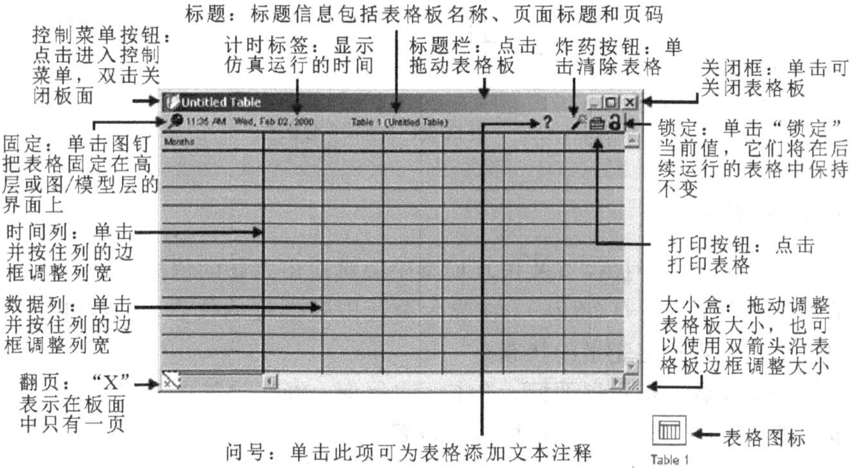


图 4.4.25 表格板面操作

注意：使用打开的表运行仿真将减慢仿真的执行速度。如果要提高生成仿真结果的速度，只需在选择“运行”之前关闭所有表格板，待仿真完成后，再根据需要重新打开。固定表格板时，其标题栏和调整大小的控件将消失；要移动或调整大小，必须先取消固定。

当关闭表格板或已经激活了这个层面的表格板，可以看到表格板图标，图标的形状和操作如图 4.4.26 所示。

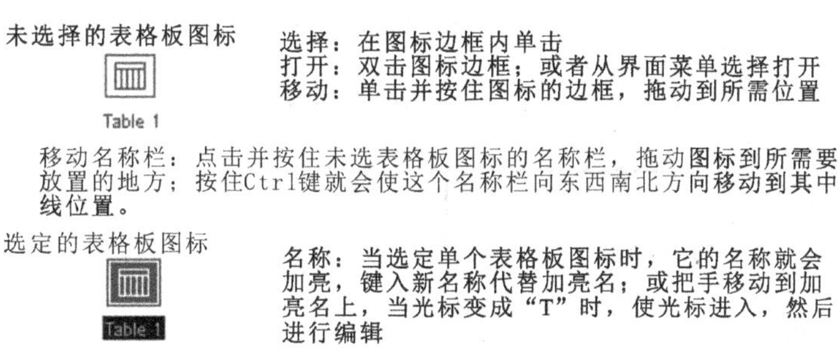


图 4.4.26 表格板图标

**2. 表格板对话框**

用“手”在表格板面上变量名或标题栏除外的范围内双击鼠标，进入表格板的“定义”对话框。或者，从“界面”或“模型”菜单中选择“定义表格”(未固定的活动表格板)。表格板的“定义”对话框如图 4.4.27 所示。

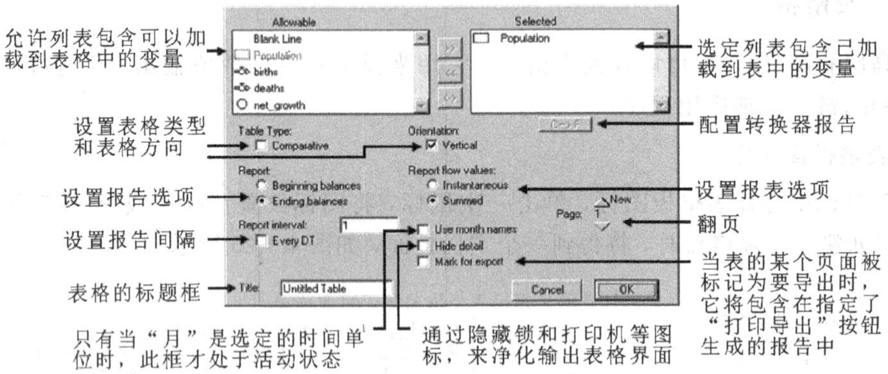


图 4.4.27　表格板的“定义”对话框

## 4.4.11　状态指示器

高层的状态指示器用于提供有关仿真模型中关键输出状态的信息。可以将状态指示器配置为显示一个简单的指示灯(默认)，或显示为速度表类型的仪表。指示灯使用绿色、黄色或闪烁的红色来报告指定变量的状态。

从工具栏中选择状态指示器图标，单击一次鼠标，将其放置在高层上所需的位置。双击状态指示器即进入状态指示器对话框进行设置，如图 4.4.28 所示。

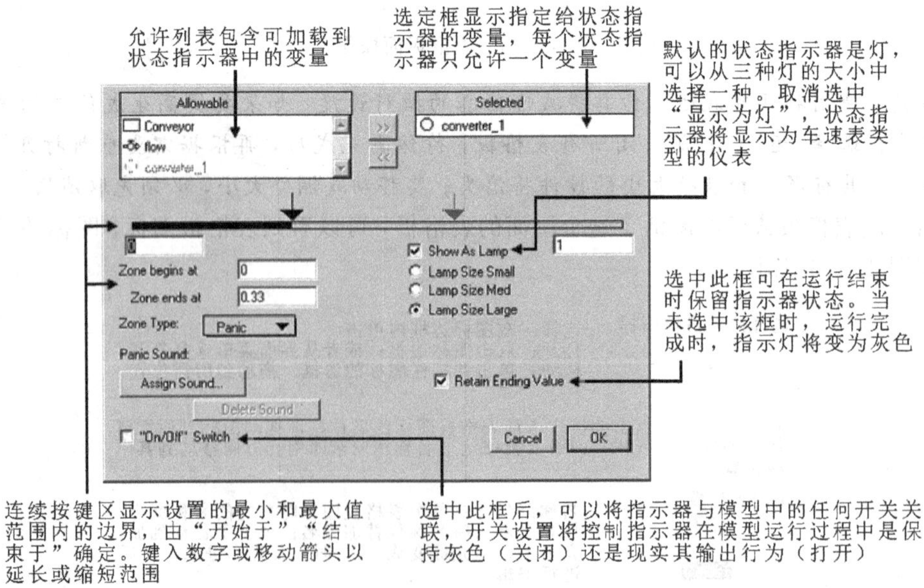


图 4.4.28　状态指示器对话框

## 4.4.12　数值显示框

在高层和图/模型层，可以使用数值显示框来显示与指定的模型变量相关联的当前输出数值。单击工具栏中数值显示框图标，将其拖动到所需位置，单击存放，如图 4.4.29 所示。数值显示框不可调整大小，可以通过单击并按住，然后将其拖动到新位置来重新定位它们。

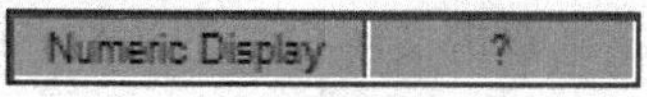


图 4.4.29　数值显示框

双击数值显示框，打开其“定义”对话框，将某个变量从“允许”列表移动到“选定”列表后，数值显示框的定义对话框如图 4.4.30 所示。

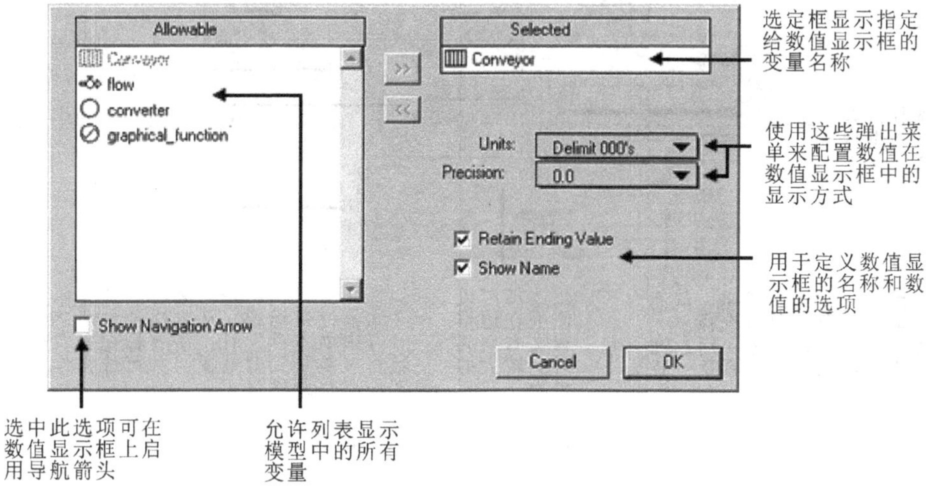


图 4.4.30　数值显示框的定义对话框

## 4.4.13　文本模块

文本模块的目的是保存文本，与其相关联的基本活动是创建、移动、调整大小和键入文本。在软件的高层或图/模型层上，选择文本模块图标，将光标移到所需位置时，单击一次鼠标可将文本模块放置。文本模块操作如图 4.4.31 所示。

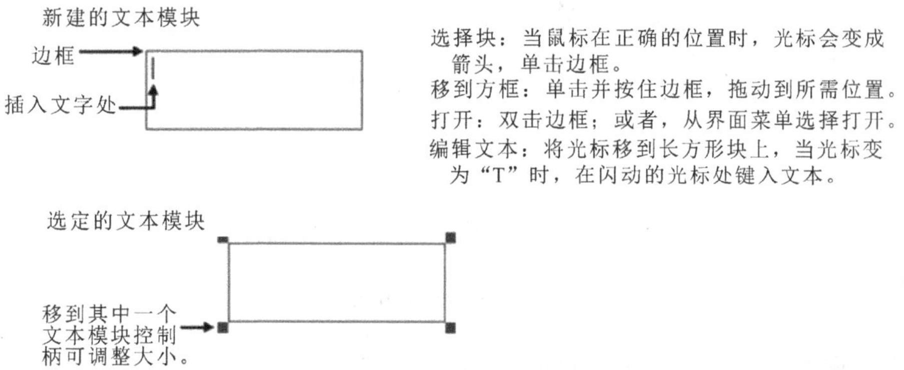


图 4.4.31　文本模块的操作

注意：如果子模型空间或决策过程菱形空间在图/模型层上是打开的，那么在选择文本模块后，将遇到光标。在主层上放置文本模块，按"Ctrl"键；在子模型空间中放置文本模块，将光标移到空间的左边缘内，当文本模块光标出现时，单击放置。

双击文本模块的边框，或者选择文本模块并从高层或图/模型层的菜单中选择"打开选定内容"，将访问"文本模块"对话框。"文本模块"对话框操作如图 4.4.32 所示。

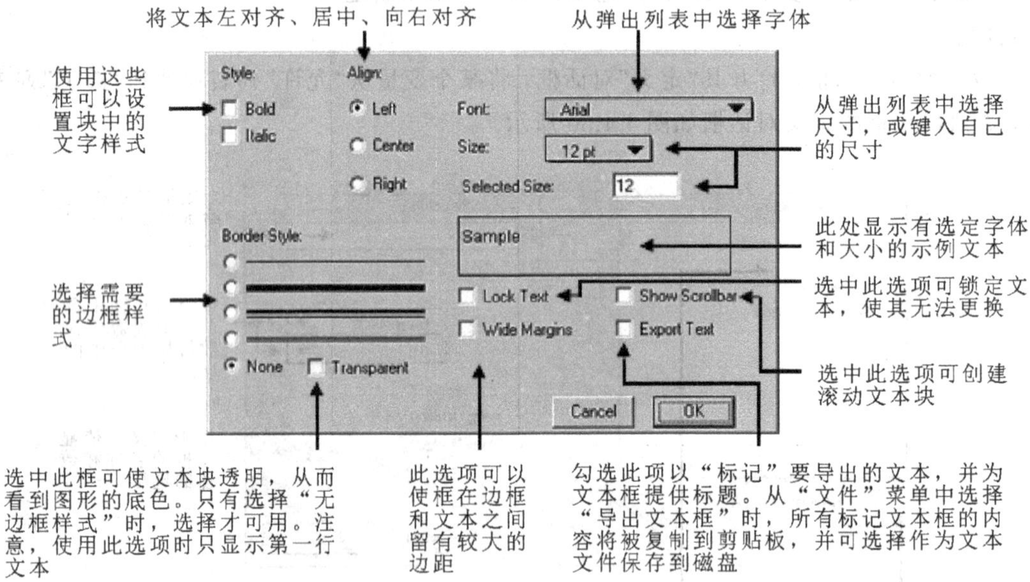


图 4.4.32　"文本模块"对话框操作

## 4.4.14　绘图框

绘图框以多种方式增加了使用界面的途径，可以构建目标文件(如按钮)，导入图表、照片和电影。单击工具栏中的绘图框图标，在高层或图/模型层屏幕上选择一个位置，然后单击一次放置绘图框。选定的绘图框的基本操作如图 4.4.33 所示。

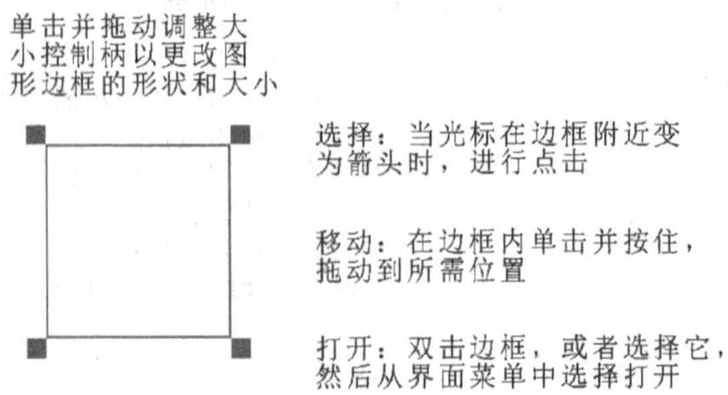


图 4.4.33　绘图框的基本操作

选择绘图框，双击边框或从菜单选择"打开选择"，会出现绘图框的定义对话框，如图 4.4.34 所示。

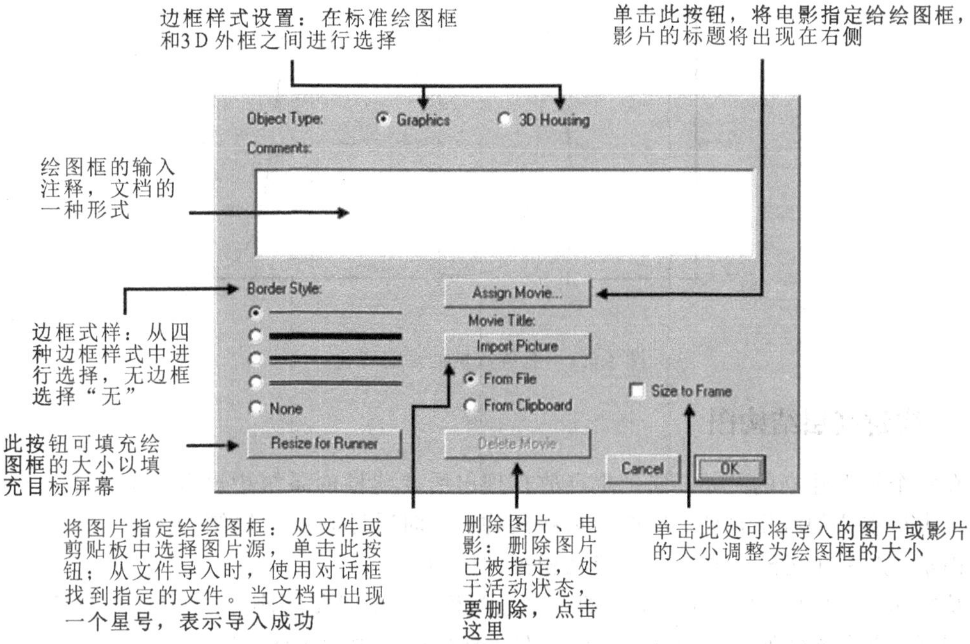


图 4.4.34 绘图框定义对话框

注意：安装 QuickTime 后，可以导入按钮、绘图框、过程框和扇区框中的文件格式包括 Amiga IFF、BMP、GIF、JPEG、PCX、Photoshop、PICT (Raster only)、Sun Raster、TARGA、TIFF、WMF (Raster only)。

# 4.5 模型的建立

模型的建立过程是一个表述问题、分析和解释结果的过程。在熟悉目标系统的基础上，明确系统动力学问题，分析因果关系、构建系统流图、估计参数值、运行模型，进行仿真结果分析。本节以 STELLA 软件"TUTORIAL"子目录中的"POPDYNAM.STM"模型为例，结合前几节介绍的软件的基本操作来说明用 STELLA 软件建立模型的过程。

## 4.5.1 问题表述

POPDYNAM.STM 模型探讨了在森林生态系统中鹿的数量的动态变化问题。鹿的数量是由食肉动物的数量和食物的供给量调节决定的。在 1900 年，由于美国当地的牧场主和农场主为保护牲口，悬赏 50 美元捕捉威胁鹿的食肉动物。在其后的四十年里，鹿的数量呈现一种急速递增然后又锐减的变化趋势，如图 4.5.1 所示。

在有充足食物的情况下，鹿的数量将会增长，当鹿的数量增长到超过食物供应量后就会导致饥荒。这种模式在自然界中很常见，现在的任务就是调节这个生态系统，使其中的三个成员达到平衡。因此，首先应当弄明白是什么因素导致了这样的暴增暴减，然后决定怎样的调节点才是建立平衡最好的杠杆点。

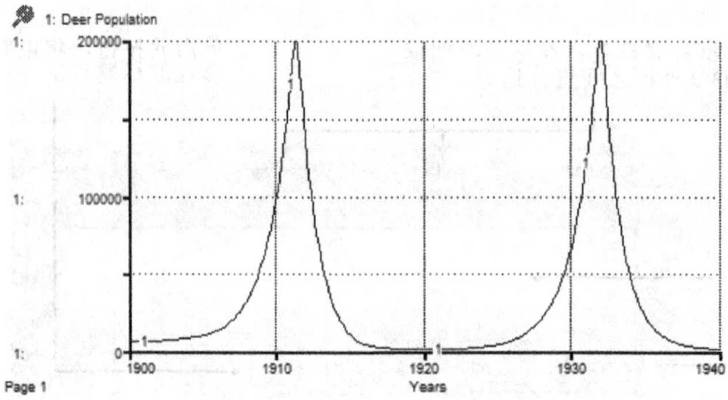


图 4.5.1 鹿群数量的动态变化

## 4.5.2 构建高层结构图

在每个模型建立的开始，要把重点放在理出所要建模的系统中最重要的因素。上述生态系统中最重要的因素是鹿、捕鹿动物和植物。下面通过高层逻辑结构图，一一展示这些重要因素。然后在建模层面去建立与之相关的模型。

从“File”菜单中选择“New”，开始一个新的模型。如果是刚刚开始，双击“STELLA”的程序图标。进入软件的建模层之后，单击左边顶部的三角形小图标“△”进入高层。

利用构建块工具栏最左边的过程框图标开始建立过程框。首先，建立鹿的 Process Frame，用“Deer”替换缺省名。然后按下“Alt”键，连续放下另外两个过程框(不用每次都返回工具栏去调用相同的图标)，建立如图 4.5.2 所示的鹿生态系统的高层图。

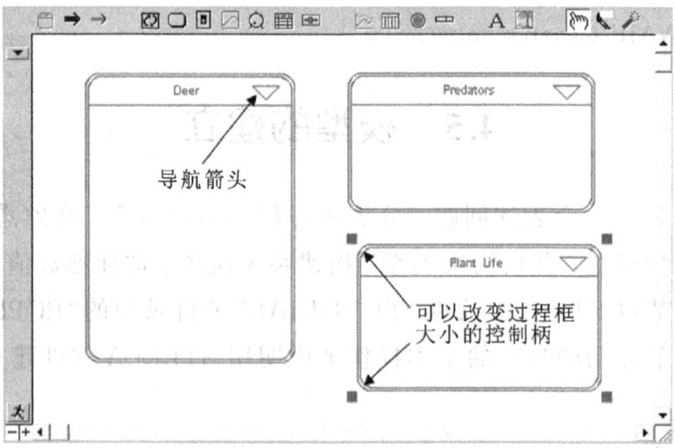


图 4.5.2 鹿生态系统的高层图

注意：如果按住“Alt”键，最后一个被使用的 Building Block(构建块)、Loop Tools(环工具)或者 Input Objects(输入对象)就会被保留住。

选择工具中炸药图标，单击想删除的过程框将其删除。单击过程框的边框产生控制柄，点击并拖住控制柄可改变过程框的大小。

单击 Deer Process Frame 上的向下箭头进入图/模型层，这时将看到与高层中 Deer Process Frame 相对应的 Deer Sector Frame(鹿的扇区框)，所有跟鹿种群数量相关的模型结构将放在这个扇区框中。

### 4.5.3 构建模型

在图/模型层的左侧边框上面的地球图标是模式构建的转换键。当地球可见时，代表处于图示模式，用来开始把栈、流和转换器等放在一起形成一个模型结构图(MAP)。当模型结构图完成后，点击这个地球转换到建模模式。在建模模式下会出现问号“?”，点击问号打开对话框，使模型方程变为可编辑状态。

**1. 鹿群子系统**

1) 只考虑鹿群的出生

利用软件图/模型层工具栏构建块中的几个构件，可以建立鹿群的出生系统流图，如图 4.5.3 所示。

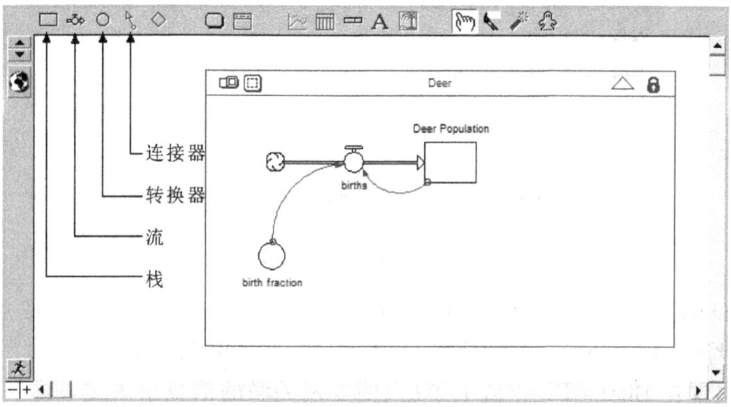


图 4.5.3 鹿群的出生流图

为了让模型(可以利用自己建的这个模型或者打开 Tutorial 文件夹中的 Popmap 模型)动起来，先要设定几个数字和关系。单击结构图左边框上的小地球图标上方朝下的箭头进入方程层，可以看到 STELLA 软件已自动生成如图 4.5.4 所示的公式框架。

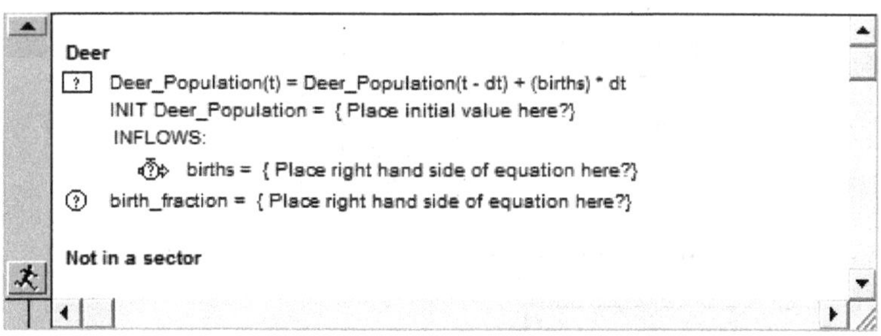


图 4.5.4 鹿群出生流图对应数学方程

公式的意思是：现在所有的量＝一段时间(Δt)前的所有量＋这一段时间流进的量－这一段时间流出的量。软件根据与 Stock 相连的流的箭头的方向自动分配“＋”号和“－”号。

流图中的变量关系及其参数确定以后，在方程层会自动生成完整的“方程”，不必在这一层花费太多时间(尤其是通过 DOS 软件的学习，对 DYNAMO 语言有了一定的了解后)，用户可以把更多的精力用于因果关系和系统结构的分析上。

单击公式窗口左边框的向上箭头"Δ"，回到图/模型层，然后单击地球图标，这样将进入建模模式。双击 Births 流的调节器(附在管道上的圆圈)，出现图 4.5.5 所示的对话框。在 Required Inputs 列表中单击各个变量，就可以设定方程式了。births 定义如下：

Births = Deer Population * birth fraction

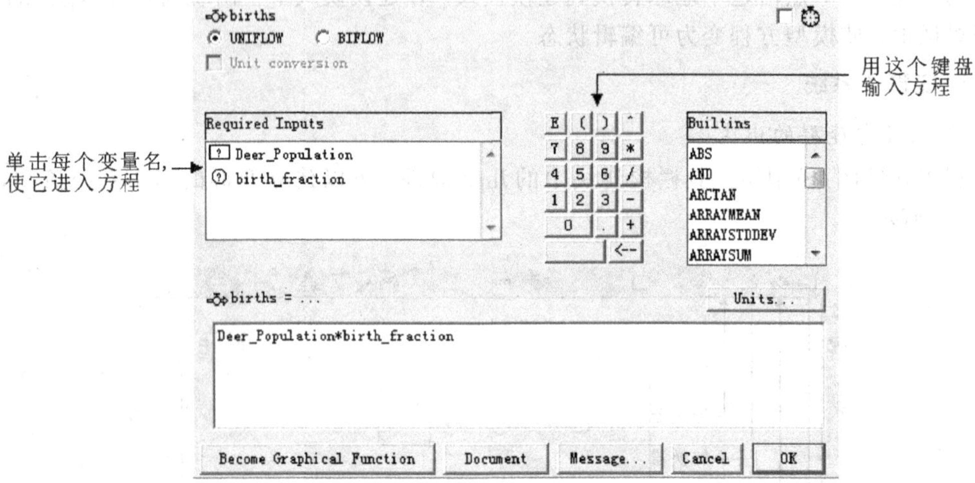


图 4.5.5　流调节器的对话框

单击"Required Inputs"列表中的"Deer Population"，从计算器键板(或从键盘)上单击"*"，再单击"birth fraction"，方程式就建好了，点击"OK"键退出对话框。这时，会看到"?"已经不再出现在 Births Flow 流上了(只要变量关联的信息录入完，就不会出现)。

双击"Deer Population"，将出现图 4.5.6 所示的对话框，设定 Deer Population 的初始值为"100"，再单击"OK"。

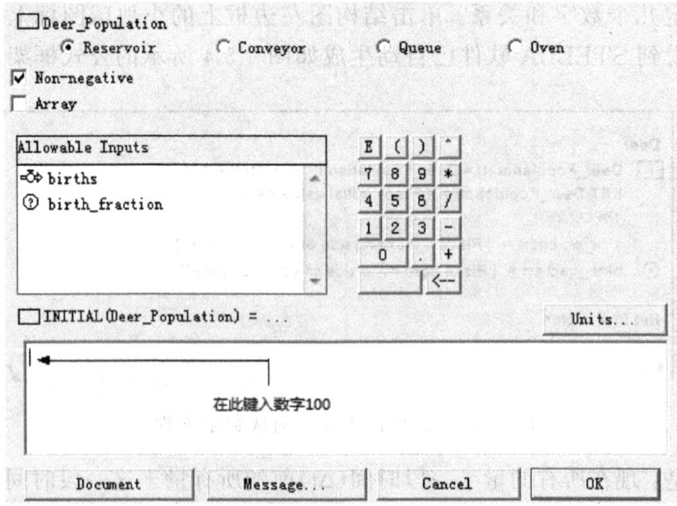


图 4.5.6　栈对话框

假设每年每 10 头鹿中生 2 头小鹿，即生长率为 0.2(2/10)，双击 birth fraction 的转换器并键入"0.2"，再单击"OK"。

这个简单的模型建立后就可以运行(可以运行自己所建的模型，或打开 Tutorial 文件夹中的 PopDyn1 模型)，进行仿真分析。从工具栏中选择图形板图标“”，单击存放图形板，显示一个空的图形板页。双击页面将显示如图 4.5.7 所示的对话框。

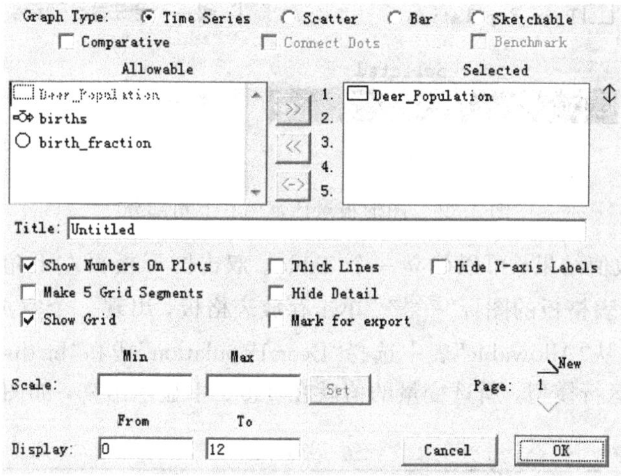


图 4.5.7　图形板对话框

Deer Population 是想要追踪的变量，把它从 Allowable 表移到 Selected 表中，只要单击“Deer Population”增亮显示它，再单击“>>”按钮(或双击“Deer Population”)。最后单击“OK”按钮退出。

在运行控制器上单击“Run”按钮(或者从“Run”菜单中选择“Run”)，Deer Population 仿真图形就会出现，如图 4.5.8 所示。

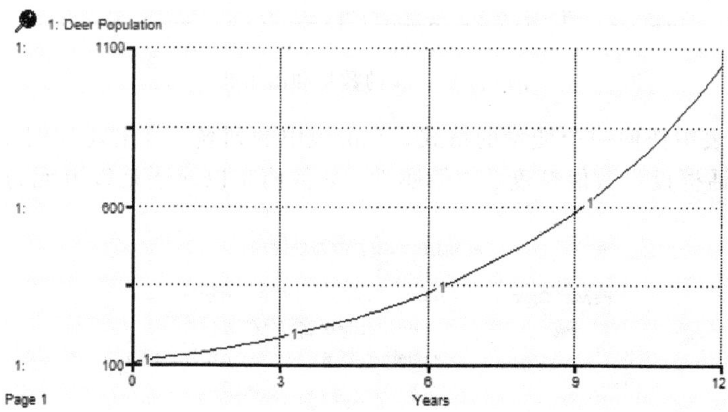


图 4.5.8　鹿的数量的仿真图

观察 Deer Population 随时间的变化，范围从 100 到 1100。如果认为这不是显示结果的最佳范围，可以自己设置图形最好的上下界，而不是让软件自动选择。

双击图 4.5.8，在图 4.5.9 中的“Selected”表中单击“Deer Population”。当 Deer Population 被选中后(增亮显示)，单击 Deer Population 右面双箭头图标“”，水平线将出现在上和下箭头处，表明已为变量设定一个“区域地板”和“区域天花板”。“区域”表示的上下界仅对这个图形适用。注意下部的范围框变为可编辑，在 Min 框中键入“0”，Max 框中键入“1500”，单击“Set”按钮，再单击“OK”按钮关闭对话框，这时图形会有一个新的上下限。

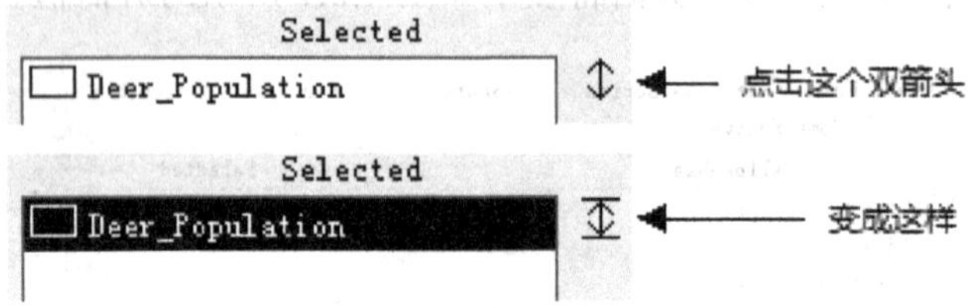


图 4.5.9　图形板对话框的右上角部分

要查看仿真的数值结果，可以建立一个 Table。双击图形板页左上角的关闭框退出图形板。从工具栏上选择表格板的图标“”。单击存放表格板，出现一个空页表格板。双击空表出现表格板对话框，从“Allowable”表中选择“Deer Population”栈和“births”流放进 Selected 表中，点击“OK”按钮运行模型，所选变量的值就在 Table 中显示出来，如图 4.5.10 所示。

Table 1 (Untitled Table)

| Years | Deer Population | births | | | |
|---|---|---|---|---|---|
| 0 | 121.55 | 21.55 | | | |
| 1 | 147.75 | 26.19 | | | |
| 2 | 179.59 | 31.84 | | | |
| 3 | 218.29 | 38.70 | | | |
| 4 | 265.33 | 47.04 | | | |
| 5 | 322.51 | 57.18 | | | |
| 6 | 392.01 | 69.50 | | | |
| 7 | 476.49 | 84.48 | | | |
| 8 | 579.18 | 102.69 | | | |
| 9 | 704.00 | 124.82 | | | |
| 10 | 855.72 | 151.72 | | | |
| 11 | 1,040.13 | 184.41 | | | |

图 4.5.10　鹿的数量和出生数

如果想改变表中任何一个变量的格式，双击表中的列名，将出现如图 4.5.11 所示的对话框，用这个对话框设定数值精度、数值属性，如数值是以元还是以万元为单位。

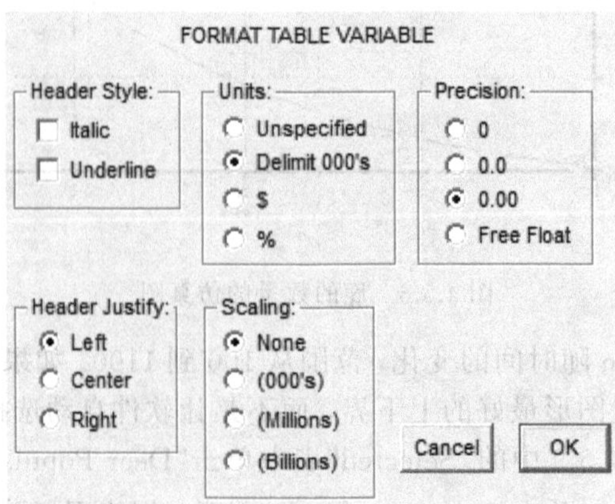


图 4.5.11　设定数值精度对话框

2）系统增加鹿群的死亡

从图 4.5.8 可以看出，鹿的数量呈指数增长趋势，而真实系统一定有相关因素在遏制它的增长。实际上，因为栈中没有输出流，没有办法让鹿的数量减少。为了修正这个问题，在原模型中加进一个 death 流和 death fraction 转换器，如图 4.5.12 所示。

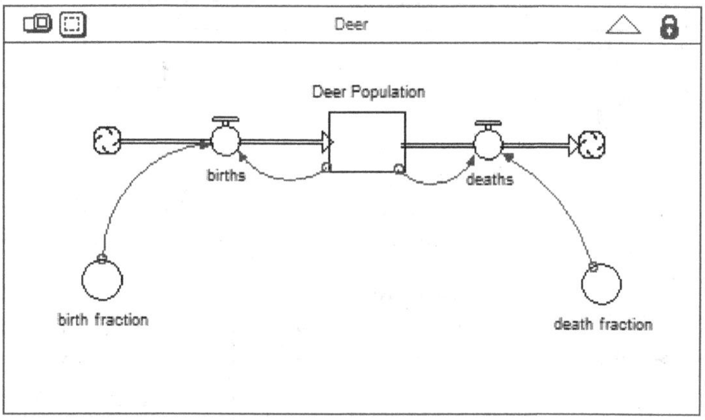


图 4.5.12 鹿的生态系统的出生与死亡结构

打开 deaths 流，点击 Required Inputs 表中的“Deer Population”。点击“OK”按钮，会有一个提示，告诉还没有在 Required Inputs 中使用另外一个自变量 death fraction。在 STELLA 软件中，“所见即所得”。软件要求 deaths 这个变量的方程式中要反映出结构图中所含的这层关系。

现在完成“Peer Population ＊ death fraction”，如果键入“＋pollution”，再点击“OK”，就会看到“pollution”不是 Diagram 目标的提示信息。STELLA 软件也是“看不见的一定也得不到”。如果还没有显示结构图中的关系，在方程中就不能用它。于是，软件要求在绘出的结构图和基本方程关系之间一一对应。

删去“＋”和“pollution”。deaths 流应等于 Deer population ＊ death fraction，点击“OK”，再设置 death fraction 为“0.02”。

增加了 death 输出流之后，Deer Population 的模式将发生变化。运行模型(可以继续用自己所建的模型，或打开模型“PopDyn2”)，观察图形板上新的图形的变化。看到的结果仍然是 Deer Population 按指数规律增长，虽然减弱了增长势头，但是还没有制止它。也许是因为选择 death fraction 的值太小。如果想要测试不同的 death fraction 的值对 Deer Population 模式的影响，可以使用 STELLA 软件的一个特别功能—“灵敏度分析”(Sensitivity Analysis)就能进行这样的测试。利用灵敏度分析可以检测模型对模型参数值的灵敏程度。

从“Run”菜单上选择“Sensi Specs…”，出现如图 4.5.13 所示的对话框。

把“death fraction”选进对话框中的 Selected 表，在标有“# of Runs”的文本框中用“4”代替了原来的缺省值“3”。然后单击“Selected”表中的“death fraction”。注意到“Incremental”的可变选项变成缺省选中。“Incremental”选项表示 death fraction 将在所键入 Start 与 End 这个框中的值之间递增变动。在 Start 框中键入“0.02”，End 框中键入“0.1”。当键入完成后点击“Set”

按钮，软件将决定4个值，在0.02与0.1之间的各间隔相等，点击“Graph”按钮将出现一个图形板定义对话框，可以建立一个可比较性(Comparative)图形(注意对话框中的Graph Type选中“Comparative”选项)，在Selected列表中选进“Deer Population”，点击“OK”键，在“Run”菜单中点击“S－Run”按钮，会出现鹿的数量比较图，如图4.5.14所示。

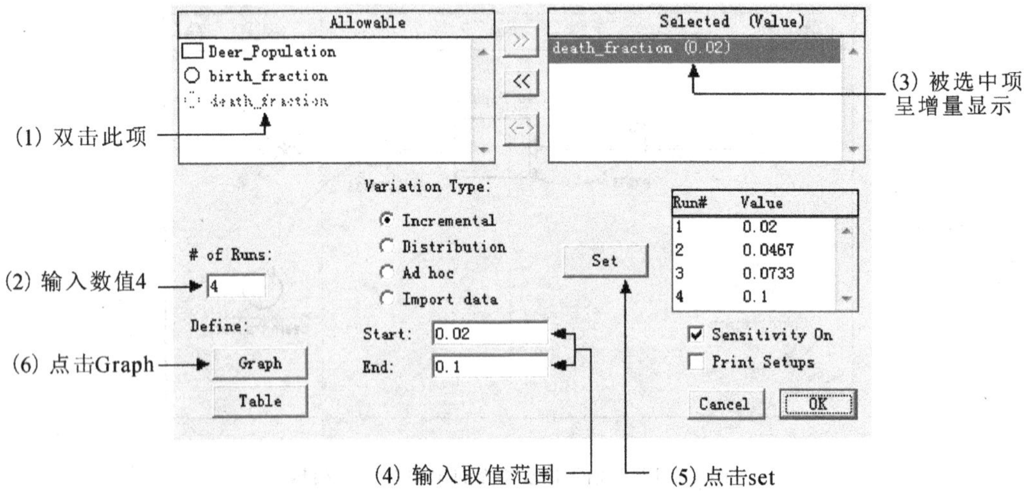


图4.5.13　Run菜单下的Sensi Specs…对话框

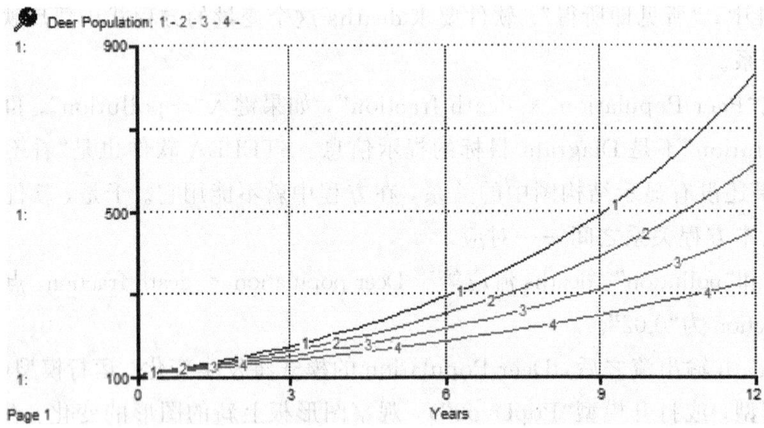


图4.5.14　鹿的数量比较图

比较图4.5.14上的四条仿真曲线(若想看到每条曲线所对应的death fraction值，点击图形板页左下角的“？”即可)，可以看出都是增长趋势，还是没有出现衰败的现象，其中的问题不在death fraction上。要想让Deer Population呈现出下降的趋势，要在模型中加进新的关系，而不是只改变数字。从概念上讲，Deer Population要出现下降趋势，鹿的死亡数量应该大于鹿的出生数量。因此需要引入一个能导致这种现象出现的关系。

3）引入Deer Population影响death fraction

灵敏度试验表明，death fraction的值越接近0.1，Deer Population的增长速度就越慢。

若模型允许 death fraction 随 Deer Population 的增加而增加，那结果会怎么样？用 STELLA 软件提供的图形函数表示 Deer Population 与 death fraction 的关系，并加到模型中。先用连接器把 Deer Population 连接到 death fraction，得到新的模型如图 4.5.15 所示。

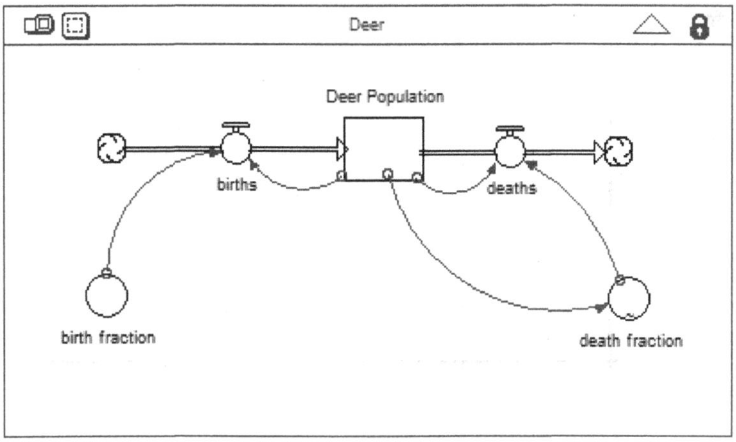


图 4.5.15 鹿的生态系统出生与死亡结构的改进

双击“death fraction”，如果文档存储(Documentation Cache)区是打开的，点击“Hide Document”按钮隐藏文档。在“Required Inputs”列表中单击“Deer Population”，然后单击“Become Graph”按钮，出现一个空白的坐标图。改变坐标上 X 轴和 Y 轴的缺省变动范围，让它反映如图 4.5.16 所示的结果。

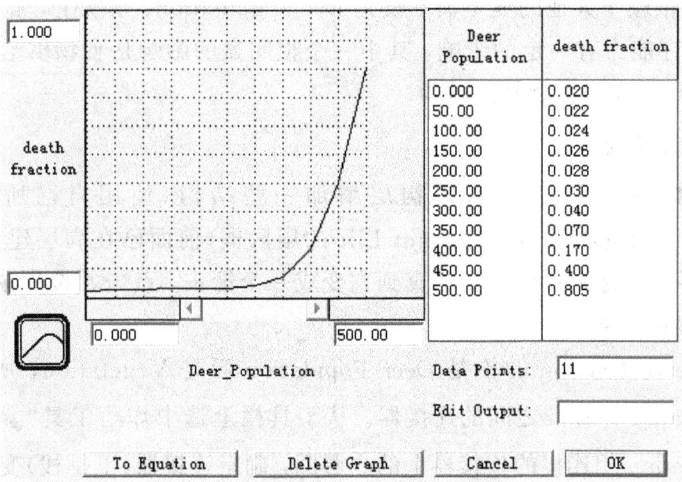


图 4.5.16 鹿数量对死亡速率的影响曲线图

把鼠标放在坐标平面中，按住鼠标并拖动它在坐标平面中移动，鼠标移动的轨迹就是一条曲线，可以试着画出图 4.5.16 所示的曲线，或者在 death fraction 栏中选中一个数字，在 Edit Output 框中键入需要的数字(使用 Tab 键在两栏之间向下切换)。

如果已经设置好 death fraction 曲线(这种关系是一种输入，而不是一种输出图形)，点击“OK”按钮，再双击“Graph1”图形板，进入图形板对话框，选定“Deer Population”，点击“OK”按钮，然后运行模型(可以继续用自己所建的模型，或打开模型“PopDyn3”)，鹿的数量变化如图 4.5.17 所示。

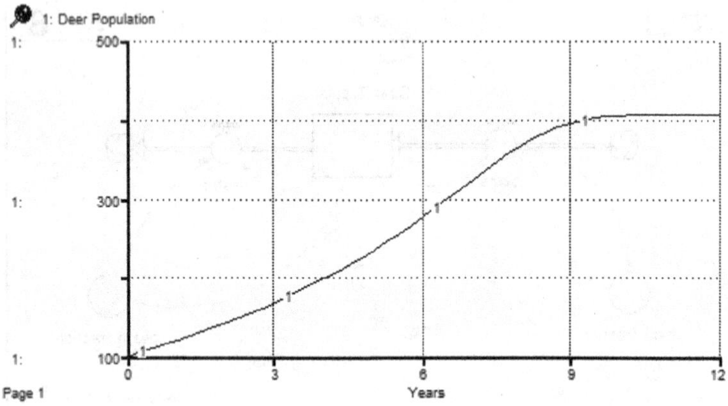


图 4.5.17　鹿的数量变化

由图 4.5.17 可知，Deer Population 虽然不再像以前那样无休止地增长了，可是还没有得到衰败图形，而是得到一种 S 形增长。产生这种模式的原因是 death fraction 随 Deer Population 的增长而增长。

要让 Deer Population 出现下降趋势，deaths 必须超过 births，因为这两个变量都是定义为 Deer Population 乘以一个比例。为了让 death fraction 超过 Birth fraction 的增长，death fraction 要依赖于其他的变量而不仅是 Deer Population。事实上，鹿的死亡是因为鹿的数量对鹿的生存能力有一定的影响，其中一个很明显的影响是食物供给。随着鹿的数量增长，可以供给每头鹿的食物越来越少。

**2. 增加植物子系统**

要把植物纳入模型，需要对结构层增加一些结构(使用自己所建模型或打开“PopDyn3”模型)。首先找到名字为 Plant Life 的扇区框(前面已在高层建立了相应的扇区框)，然后移动手形图标到扇区的框眉直到它变成一个箭头，点击并按住鼠标把 Plant Life 扇区拖到 Deer 扇区下面。

由于影响 death fraction 的不是 Deer Population 而是 Vegetation，所以要删除 Deer Population 与 death fraction 之间的连接器。从工具栏上选中炸药工具“”，并用鼠标按住跟 Deer Population 相连接的连接器上的小圆圈，确定连接器(不是栈)变成虚线，则放开鼠标，即删除了选中的连接器。

最后，需重新定位 Plant Life 的扇区，并建立如图 4.5.18 所示的结构图。从图 4.5.18 可以看出，在 Deer Population 与 Vegetation 之间有两条因果链：① Deer Population→consuming→Vegetation；② Vegetation→death fraction→deaths→Deer Population。在这种情况下，随着 Vegetation 的减少，鹿的死亡速率增高；随着 Vegetation 的增多，鹿的死亡速率降低。

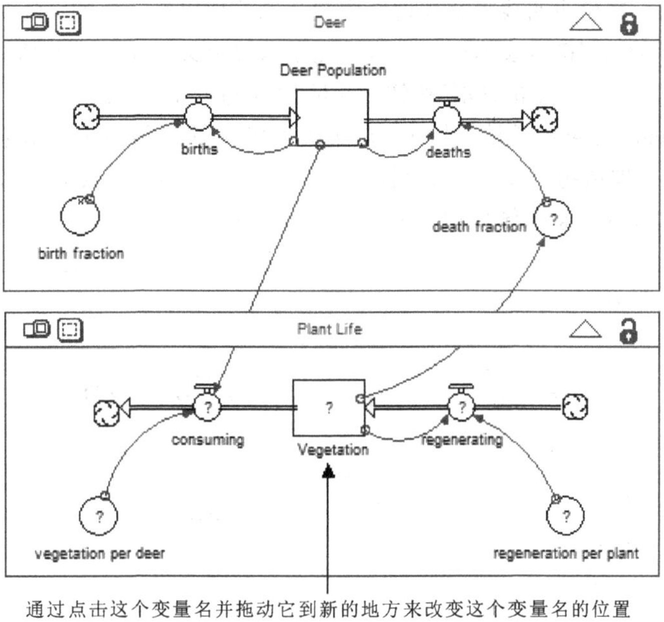


图 4.5.18　鹿和植物构成的生态系统结构

在第一条链上，如果计算了鹿的数量以及每头鹿所消耗的食物，就可以计算出总的耗费食物量，定义 consuming 流为“Deer Population * vegetation per deer”，点击“OK”按钮。然后定义 vegetation per deer 的值为“15”，点击“OK”按钮。

在第二条链上，只需要添加 Vegetation 与 death fraction 之间的数量关系(其他变量关系前面已确定)。双击“death fraction”，并从“Required Inputs”列表中选择“Vegetation”，单击“To Graph”按钮，设置坐标轴和曲线如图 4.5.19 所示。

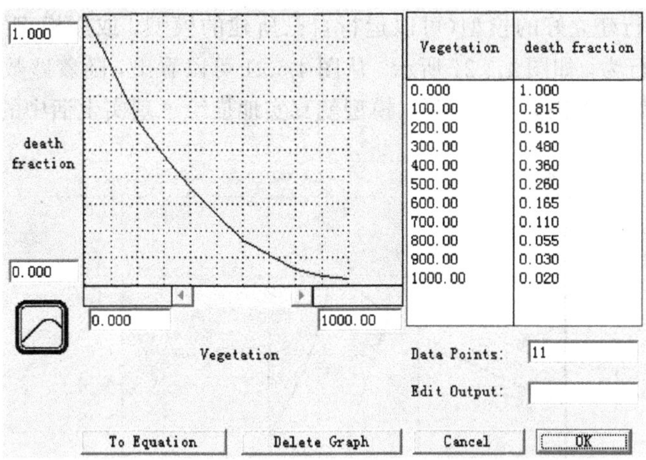


图 4.5.19　植物数量对鹿死亡速率的影响曲线

在点击“OK”按钮之前，先判断一下这种关系是否合理(即判断正确性检查，Sanity Check)。图 4.5.19 表明随着 Vegetation 的增加，death fraction 降低，随着 Vegetation 的减少，

Death fraction 增大。这说明曲线形状和现实中观察到的现象是一致的，可以点击"OK"按钮。

结构图中显示的"？"符号表示模型中这些变量未被定义，首先双击"Vegetation"栈，再初始化它的值为"3500"单位，点击"OK"按钮。再双击"Regeneration"流并定义它为 Vegetation * regeneration per plant(能再生长植物越多，产生的后代越多)。最后定义 regeneration per plant 等于"0.5"(即假定一棵植物需要两年时间才出生一棵新植物)，再点击"OK"按钮。这样就建立好了鹿和植物构成的生态系统模型，如图 4.5.20 所示。

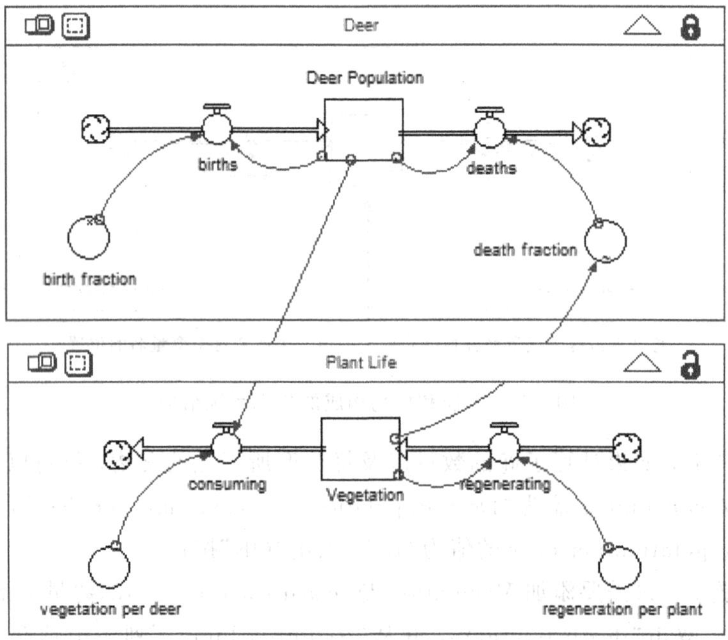


图 4.5.20　鹿和植物构成的生态系统的模型

打开图形板运行建立好的模型(可以运行自己所建的模型，或用模型"PopDyn4")，检查 Deer Population 的行为，如图 4.5.21 所示。从图 4.5.21 可以看出，随着鹿数量的暴增，它们会把食物完全耗光，鹿种很快灭绝。这样，模型就真实地描绘了现实生活中的情况。

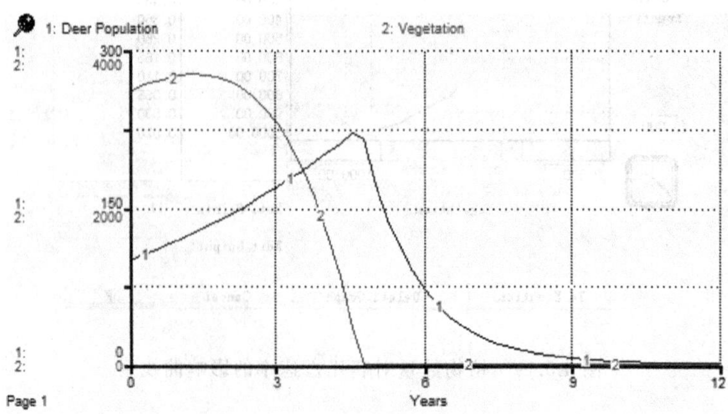


图 4.5.21　鹿和植物的数量

**3. 再增加食肉动物子系统**

用类似的方法给鹿和植物子系统再增加食肉动物子系统，就建立完成 Tutorial 文件夹中的 PopDynam 模型，如图 4.5.22 所示。运行该模型，可以得到由鹿、植物和食肉动物构成的生态系统的动态行为，如图 4.5.23 所示。

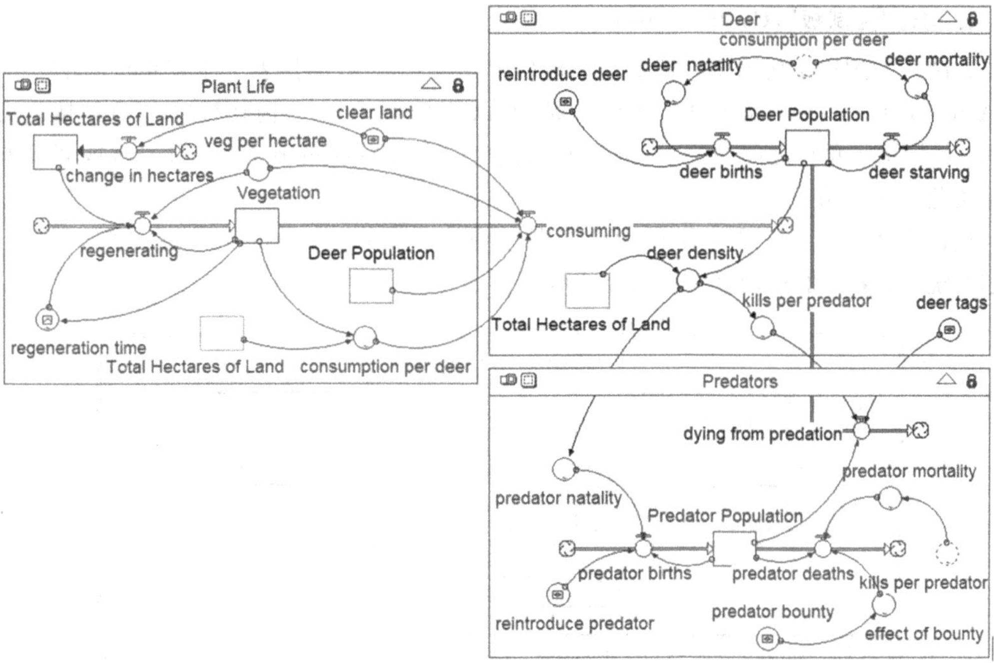


图 4.5.22 鹿、植物和食肉动物构成的生态系统的模型

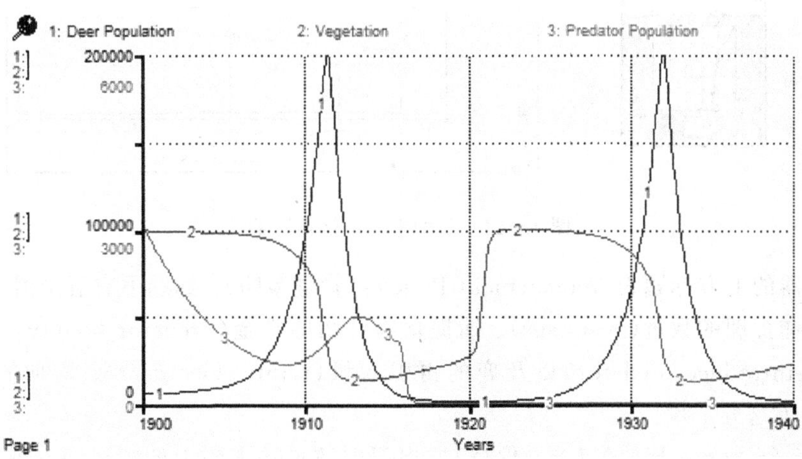


图 4.5.23 生态系统的动态行为

由图 4.5.23 可以看出，从 1900 年开始食肉动物的减少导致了鹿的数量呈指数型增加，即使有相当数量的鹿可作为食物，食肉动物还是在悬赏之下不能生存。从植物的变化来

看，一旦放牧过度，植物量陡然下降，而开始恢复却很缓慢。模型也揭示出过度放牧对植物恢复时间的影响。当植物被吃得过多使根部受损时，其恢复非常缓慢，而一旦其根部组织恢复，其生长又恢复正常情况。

## 4.5.4 政策分析

### 1. 构建“控制板”(Control Panel)

在高层的逻辑结构图中，每个过程框(Process Frame)都代表了生态系统中的一个关键 Actor(角色)：Deer(鹿)、Plant Life(植物)以及 Predators(食肉动物)。注意连接箭头的方向，其指示了角色之间的关系。这意味着没有一个角色能单独生存，都直接或间接地与其他角色发生关系。

通过滚动屏幕可以看到图 4.5.24。这是“控制板”(Control Panel)，用它能“驾驭”(Fly)生态系统，试着采取行动以保持系统平衡。

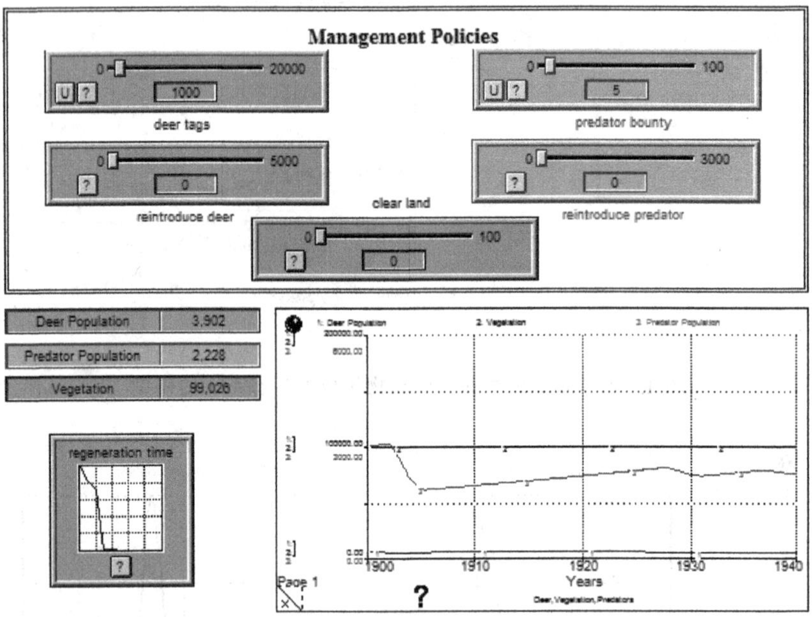


图 4.5.24　鹿的生态系统仿真器

在仿真器的上方标题为 Management Policies(管理策略)，标题下有五个滑块。这些滑块可以改动捕捉鹿的数量(deer tags)、捕捉食肉动物的赏金(predator bounty)、食肉动物再引入量(reintroduce predator)以及鹿的再引入量(reintroduce deer)、增加的土地面积(clear land)等这五个量。

如图 4.5.25 所示，拖拽(点击并保持)捕捉鹿的数量输入栏上的滑块向左或向右拖动，可以改变其数量。在拖动时看到该数量也随之改变，这样就可以控制每年人为减少的鹿的数量，当然也可以直接向滑块下方的文本框中输入数量来改变滑块的数字。如果点击旁边的“？”按钮，就会展示“捕捉鹿数量”栏的描述。当完成了滑块的测试工作后，点击“U”会使捕捉鹿数量恢复到 0。

图 4.5.25　鹿的数量滑动块

图 4.5.26 是鹿的数量的数值显示框，在图 4.5.24 的左面有这样三个数值显示框，分别显示了模型中变量的当前值；“鹿的数量”，“食肉动物数量”和“植物数量”，这些框在整个仿真过程中始终显示变量的当前值。

图 4.5.26　鹿的数量数值显示框

屏幕下方的右边大半部分是一块图形板(Graph Pad)，在仿真中会显示模型的三个角色的数量随时间的变化模式。

最后位于屏幕左下方是一个“图形输入框”(Graphical Input Device)，这个框可以显示并允许修改假设，该假设是植物的再生时间，如图 4.5.27 所示。

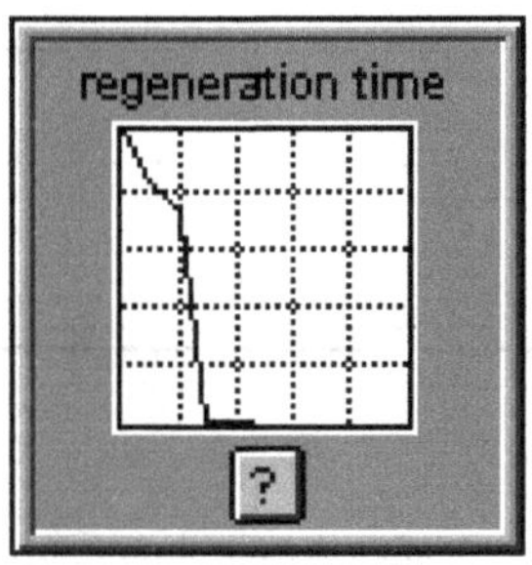


图 4.5.27　植物再生时间的图形输入框

**2. 策略干预**

可以试着调试该系统以改善其性能，有以下五种方案可选择。

(1)“人工捕捉鹿的数量”。可以通过控制签发(增加或减少)捕猎执照数进行控制，从而控制种群的大小。

(2)“鹿的再引入量”。可以引入更多数量的鹿，这个数量应当比希望值少。

(3)“赏金”。可以增加或减少赏金。赏金越高，就有越多的猎人去猎杀食肉动物。

(4)“食肉动物的再引入量”。可以引入更多数量的食肉动物，这个数量也应低于希望值。

(5)“每年增加的土地面积”。通过对每年增加的土地面积的调整可以显示出土地的占用对生态系统的影响。土地按公顷计算，仿真开始时有 1000 公顷的土地。

如果对每个滑动输入栏还有不清楚之处，可以点击键找到解释。点击后将会打开一个有附加说明的文本。在控制板(Control Panel)上许多元件都带有“?”的按钮，需要时可以使用。

注意：目标是在生态系统的各物种之间建立并保持一个平衡的态势。为了做到这一点，必须首先弄懂是什么样的关系造成这些问题，为了达到一个满意的平衡，要找出最好的杠杆点在何处。

在着手之前，先打开“Run”菜单，选择“Run Specs…”，选择暂停间隔(Pause Interval)值，将每次暂停的间隔由“INF”变成“4”，这将使模型每4年自动暂停下来，在暂停时可以调整各量使系统达到平衡。

设定好五个策略变量的初值后，点击“Run”开始运行模型。当模型暂停时，可以改变各滑块的值，改变完成后再单击“Run”按钮，也可以从“Run”菜单下选择“Resume”(恢复)。试验各种策略不同的组合看能否保持平衡？什么策略是最有效的？什么策略只是延缓问题甚至使问题恶化？其中，图4.5.28是一个成功策略(捕捉鹿的数量为1000头/年，捕捉食肉动物的赏金为10美元/只)的例子。

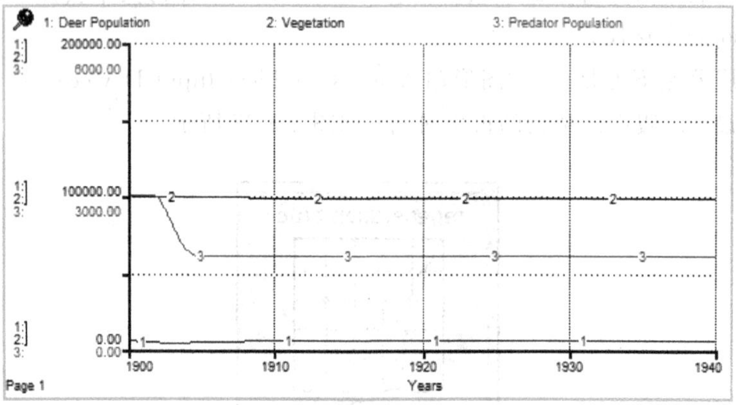


图4.5.28　一个成功策略下生态系统的动态行为

# 4.6　高阶功能

本节探讨STELLA的一些高阶功能，如使用数组变量和子模型来控制模型的复杂程度；在高层逻辑结构图的过程框中插入图片或动画，使高层逻辑结构图更加生动活泼；建立模型与其他应用软件如Excel电子表格之间的链接，实现动态数据交换(DDE)，从而扩大模型的应用范围。

## 4.6.1　数组变量

经验丰富的建模者都知道归并是建模中重要的一步，例如把鹿视作经过归并后的栈，实际可能有好几种鹿。在过去用复制模型结构的方法来分解模型，视觉上比较复杂，并使最终的模型结构图变得冗长而难以调试。STELLA软件中的数组功能用一个结构代表多个鹿种类，从而使这个过程变得更容易。

以图例说明，打开一个新的模型，点击地球图标进入建模模式。利用构建块图标建立如图4.6.1所示的基本鹿群模型。

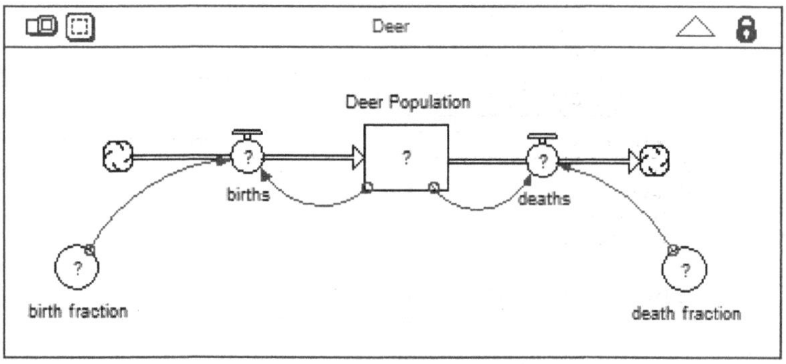


图 4.6.1　基本鹿群模型

在图 4.6.1 所示的这个模型中，用一个栈代表 Deer Population。实际上鹿的其他特征也很重要，比如种类、性别等，探索这些特征可以准确地抓住细节，数组可以实现这一功能。

要生成一个数组，首先要确定它的维数，从软件菜单 Model 选择中选择“Array Editor”，将看到如图 4.6.2 所示的对话框。

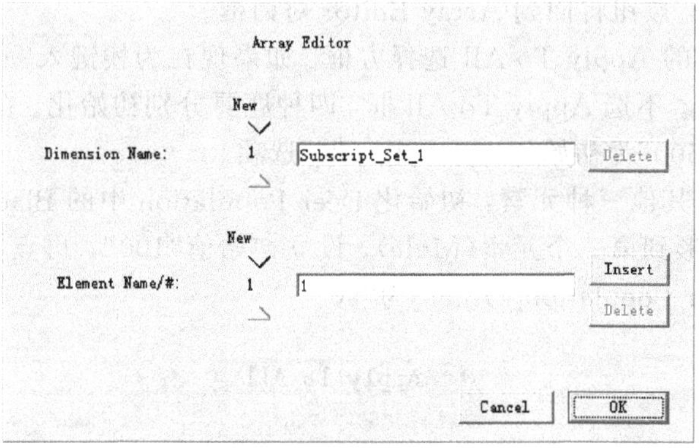


图 4.6.2　数组设置对话框

在 Dimension Name 输入数组的名称，并可同时定义多个数组的名称。在本例中，按种类划分 Deer Population 依次为：White tail（白尾鹿）、Black tail（黑尾鹿）、Mule（杂交鹿）等。所以可将 Dimension Name 1 中的 Subscript_Set_1 用 Species 替换，这样命名使数组更加形象化。

“Species”这一标题下，假定要跟踪以下四种类型的鹿：White tail、Black tail、Mule 和 Other，每一种都是 Species 的元素。首先增亮显示标题为“1”的文本框（在 Element Name/#右边），键入“White tail”。要输入下一元素，先点击“New”下面的小三角形，出现一个被增亮的显示“2”，键入元素名“Black tail”，重复多个步骤输入元素“3”（Mule）与元素“4”（Other），完成之后点击“OK”按钮。这样，就定义了一维数组变量（STELLA Research 最大支持二维数组）。

要在数组模型中定义变量，双击“Deer Population”栈，注意在栈的对话框上方有一个名为“Array”的选择按钮，选中这个按钮，如果还在建模模式，就可以看到如图 4.6.3 所示的对话框。

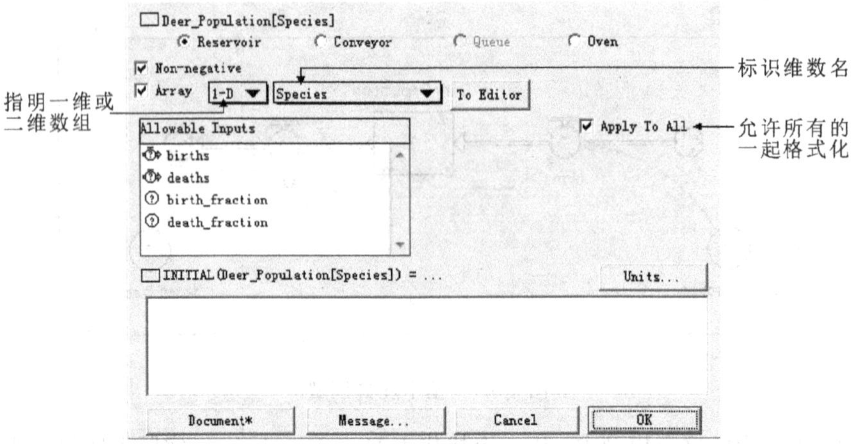


图 4.6.3　数组对话框的操作

在图 4.6.3 所示的对话框上方有 Array 选项，选中该选项。1－D 表示这是一个一维数组，如同在 Array Editor 对话框中所指定的那样。“Species”代表 Dimension Name（维度名），点击“To Editor”按钮将回到 Array Editor 对话框。

注意对话框右部的 Apply To All 选择方框。如果现在为栈键入一个初始值，四种鹿都将被初始为同一个值。不选 Apply To All 框，四种鹿要分别初始化。在 Deer Population 中的 White tails 键入“500”为初始值，再点击“OK”选项。

继续定义数组中其他三种元素：初始化 Deer Population 中的 Black tails，输入“200”；点击图 4.6.4 倒三角形到第三个元素（Mule），设立初始值“100”；再点击一次倒三角形，初始化第四个元素 Deer Population[Other]为“50”。

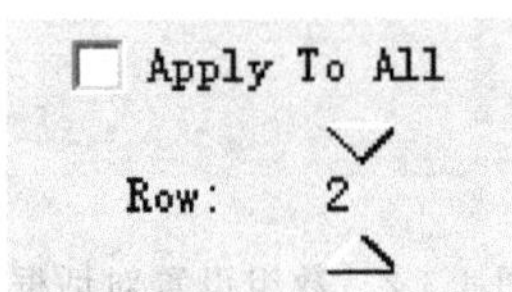


图 4.6.4　选定数组元素

设定完成后，点击“OK”按钮退出对话框，此时模型的结构图如图 4.6.5 所示。

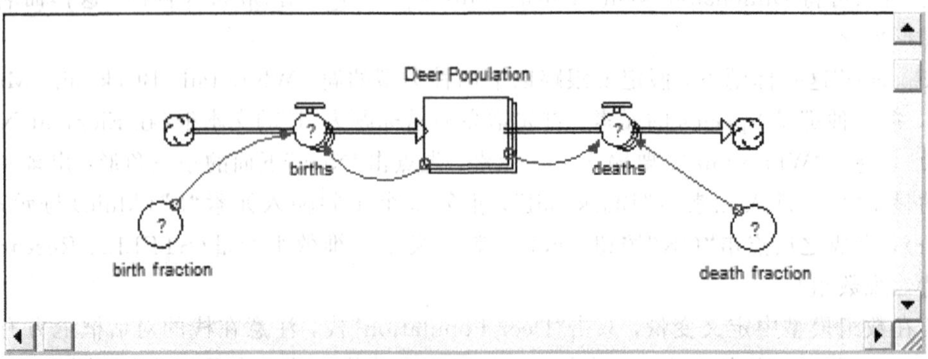


图 4.6.5　数组化后的基本鹿群模型

三维模型图标表示模型中存在数组变量(此时 Deer Population 栈的输入流和输出流自动按照数组方式出现)。出现“? ”表示 Deer Population 中数组元素没有被定义。模型在仿真运行之前，还要为 births 和 deaths 以及非数组变量的 death fraction 与 birth fraction 进行定义。

首先，分别定义 birth fraction 与 death fraction 为“0.2”与“0.15”。双击“births”流，在出现对话框中的 Required Inputs 表中单击变量“Deer Population”，出现 Row 框，选中其中的“Species”，点击“OK”，输入乘号“ * ”，并点击“Required Inputs”表中的变量“birth fraction”，再点击“OK”。现在定义 births 如下：

Deer_Population[Species] * birth_fraction

上述这种结构形式除了按照每种鹿的种类来跟踪 births 外，其他和非数组模型没有什么不同(看到 Apply To All 被选中，输入一个方程就够了，这是一种节省时间的好特性)。因为 birth fraction 没有被数组化，它的值与 Deer Population 中每一种类分别相乘后形成每一种类的 births 流，点击“OK”按钮，然后以同样的方式定义 deaths 流。

看一下模型的输出(可以使用自己所建模型或打开名为“Array”的模型)，首先从工具栏选中 Graph 图标放在屏幕上，双击“Graph”图形板打开对话框。双击“Allowable”列表中的“Deer Population”，将出现如图 4.6.6 所示对话框。

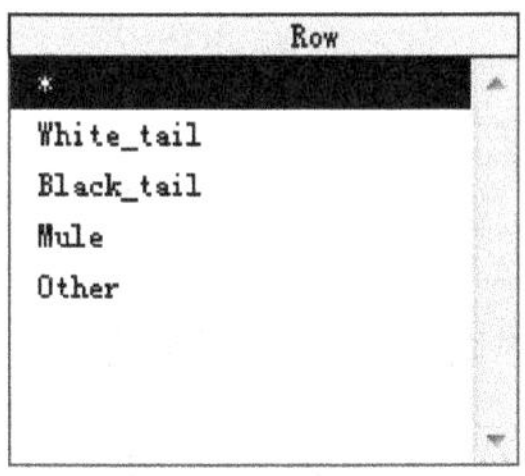


图 4.6.6　选中元素对话框

在这个对话框中可以选择四种类型的鹿中的任一种显示在图形上，选择“ * ”将使四种鹿显示在一张图形上。现在选择“ * ”，然后点击“OK”，为四个变量的图形统一设定界限为 0～1000，点击“OK”然后运行模型，数组中四个元素分别在图形上显示，并用专门的括号来区分类别，仿真图形如图 4.6.7 所示。

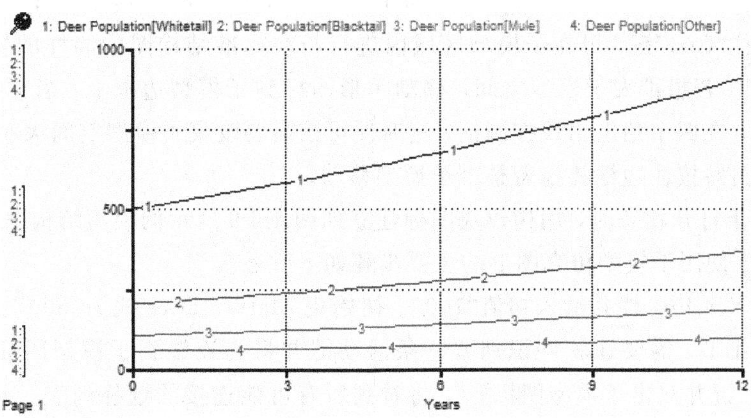


图 4.6.7　鹿群数组元素

模型的其他输入/输出、模型增强和分析工具等对数组变量的处理也以类似的方式进行。数组变量和其他变量一样，只不过其具有的多维性使模型变得复杂却看似简洁。

### 4.6.2 子模型

子模型可以深入(drill—down)地加进其他的模型结构，使模型的结构图保持简洁。建模者有必要增加一些机械性的复杂度来为最终用户减少结构图的复杂性。

关闭(改动需要备份时先保存)正在工作的模型，从"File"菜单中选择"New"，建立更简单的 Deer Population 结构图，如图 4.6.8 所示。

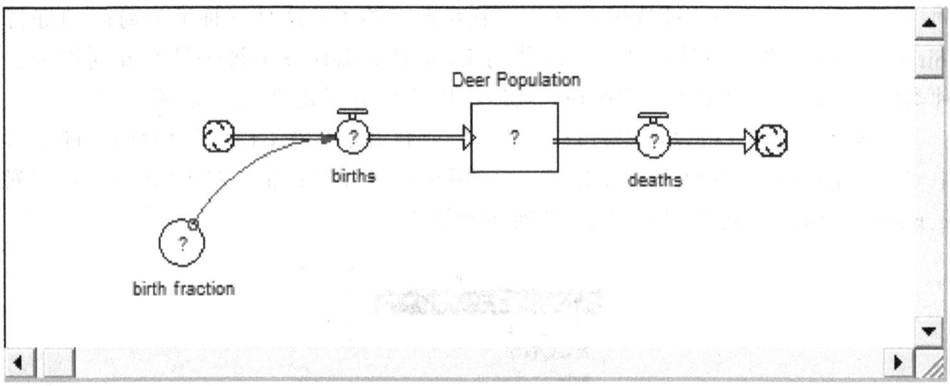


图 4.6.8 鹿群结构图

点击地球图标转入建模模式，双击"Deer Population"，看到对话框的上边框有四个类型选项：Reservoir、Conveyor、Queue 和 Oven。单击按钮选中"Conveyor"(输送带)，点击"Sub—model"旁边的选择按钮，点击"OK"。这时将看到 Sub—model 的图标以及打开的子模型空间，这里是用来放与 Deer Population 相关细节的地方。

在增加细节之前，先来了解几个与打开结构图上子模型有关的状况：① 结构图上的图标都变灰了，这是因为打开一个子模型时，不能直接使用结构图上的图标；② 如果把鼠标移到子模型外的区域，它会变成一个国际通用的禁止图标⊘提醒"越界了"；③ 若想在结构图上操作，按住"Ctrl"键，可在子模型区域内进行与在标准结构图中同样的操作，如用构建块建模等；④ 若想扩大子模型空间，移动手形图标到子模型边框上，当它变成箭头时，点击一次鼠标，在四个角上出现控制柄，这时便可按需要改变子模型空间大小；⑤ 若想移动子模型，点击并按住边框将拖着整个子模型移动。

子模型处于打开状态时，用构建块图标建立如图 4.6.9 所示的模型结构图(也可直接打开模型 Sub1)。使用子模型仿真图形的主要步骤如下所述。

(1) 双击 Yearling 栈并输入初值"100"。初始化 Mature Deer 栈为"500"。因为子模型中要包含许多细节，需要让软件识别哪一条活动链并将它连接到子模型图标以及相关的流。按住"Ctrl"键并双击子模型图标▥，将看到所有可能连接的选择列表。本例只有一个连接 Yearling + Mature Deer，单击它(表示软件要将两个栈加起来的值送入 Deer Population 中)，点击"OK"确定。

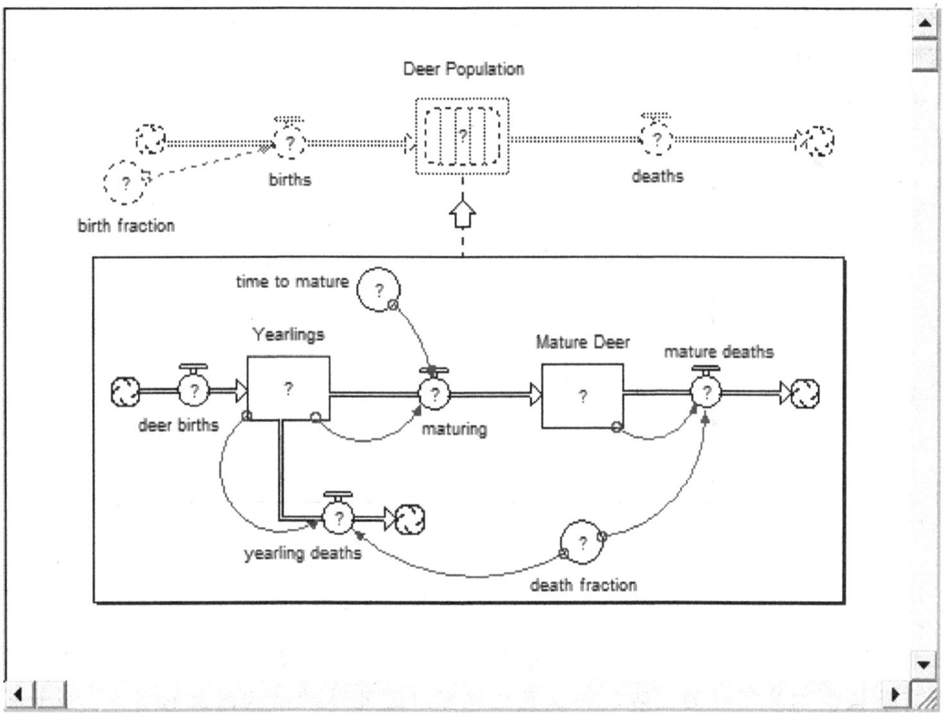


图 4.6.9　鹿的子模型结构图

(2) 使软件识别什么流从子模型图标的输入流卷进(Roll Down)Yearling 的输入流。双击进入 Yearling 的“deer birth”输入流，看到 births 是唯一的允许输入流。单击“births”，然后点击“OK”。子模型中的输入流中将被加进一个特殊的符号，而且它的名字已被改为“births'”，这表示其值等于标准结构图中的 births 输入流。

(3) 要决定子模型层上哪些输出流“卷进”标准结构图上的名为“death”的输出流中。在本例中，有两个输出流将被卷上去，因为 Yearlings(幼年鹿)和 Mature Deer(成年鹿)都会死亡。按住“Ctrl”键并双击标准结构图中的 deaths 输出流，Yearling Deaths 和 mature deaths 都出现在 Allowable Inputs 列表中。逐一单击它们(两个相加)，点击“OK”按钮，将从子模型中“卷进”Deer Population 的 deaths 输出流。分别双击 death fraction 与 time to mature 的转换器来设定它们的值依次为“0.15”和“1”。

(4) 现在来定义流。双击从 Mature Deer 中的“deaths”输出流，输入方程式 Mature Deer * death fraction，点击“OK”确定。对从 Yearling 中流出的 deaths' 做同样的处理。最后，打开从 Yearling 中流出的 maturing 流，输入“Yearlings/time to mature”(因为 time to mature 是一个 Yearling 留在栈内的年数而不是每年 Yearlings 成熟的百分比)。

(5) 最后一个流是标准结构图上的 births 流。利用连接器在 Mature Deer 与 Birth 之间直接进行连接。然后点击子模型图标下方的向上箭头，关闭子模型。双击“births”和点击输入方程式“Mature Deer * birth fraction”，再点击“OK”。设置 birth fraction 的值为“0.2”，然后点击“OK”确定。

从工具栏选中 Graph 图标放在屏幕上，双击“Graph”图形板打开对话框，在 Allowable

列表中分别选择 Deer_Population、Mature_Deer 和 Yearlings 三个变量，点击“OK”确认。运行模型(可以是自己所建的模型，或用“Tutorial”文件夹中“Sub Model”模型)，仿真结果如图 4.6.10 所示。

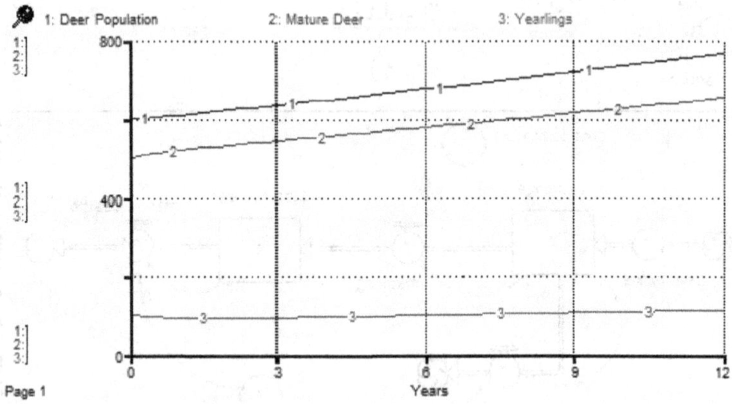


图 4.6.10 鹿的子模型仿真图形

注意：标准结构图上的每个实体都有两种位置——一种是任一子模型打开时的，另一种是所有子模型都关闭时的。第二种位置允许可以随处移动结构图上的实体。当子模型处于打开状态时，按住“Ctrl”键，点击和拖住新的结构图，把它从子模型下面移开，然后点击子模型上方的卷上箭头。当子模型关闭后，所有在子模型处于打开状态时被移动过的结构图实体都恢复到子模型未打开之前的状态。

### 4.6.3 在过程框中插入图片或动画的方法

**1. 向过程框中输入图片**

在第 4.5 节的图 4.5.2 建立了鹿的生态系统的三个过程框。为了使图面增加可读性和趣味性，可以在框内输入图片或动画。双击框内任何一处打开对话框(参考图 4.2.3)。图片的输入方式有以下两种。

1) 从图片的文件名插入

要求图片文件的格式为 PICT(或 PCT)。在过程对话框中选中“From File”按钮，点击“Import Picture”按钮和“OK”按钮，图片就被插入到过程框中。

2) 从剪切板中插入

将要输入的图片放入剪切板中(不一定要求 PICT 格式)，在过程对话框中选中“From Clipboard”按钮，点击“Import Picture”按钮和“OK”按钮，图片就被插入到过程框中。

也可以用更简单的方法：将要输入的图片放入剪切板中后，直接将过程框激活，用“Edit”菜单中的“Paste”(粘贴)可直接完成图片的插入。

当这两种图片输入的操作成功时，在“Import Picture”按钮旁会显示“*”号。否则表示图片插入的操作不成功。

**2. 向过程框中输入动画片**

要想把动画片放入过程框中，必须要具备如下所述的两个条件：

(1) 安装 QuickTime。计算机必须要安装上 QuickTime，否则不能实现此功能。当过程对话框中“Assign Movie”按钮呈灰色时，表示操作系统中没有安装 QuickTime。

(2) 文件格式为 MOV。动画片的文件格式为 MOV(QuickTime 只认这种格式)。

在过程对话框中选中“From File”按钮，点击“Assign Movie”按钮和“OK”按钮，动画就被插入到过程框中。

注意：当选中“Size to Frame”按钮时，会使图像充满整个过程框。但在以后的重新播放时，图面会显得粗糙。为了避免出现这种情况，当选中“Size to Frame”按钮后，点击“OK”，再打开过程对话框，取消“Size to Frame”按钮的选中，再点击“OK”，动画将会既充满了过程框又不影响图像的显示质量。

### 4.6.4　建立模型与其他应用软件间的链接

当把数据由一个不断变化的数据源引入或者是把模型输出到其他文档的数据不断地更新时，建立模型与其他应用软件间的链接可以说是最有效的办法。在 Windows 系统中它是通过 DDE(动态数据交换)实现的。下面介绍 DDE 的链接建立方法。

使用 Windows 作为操作环境，DDE 是在模型和其他应用程序之间建立链接的机制，其过程与“复制/粘贴”的过程基本相同。通信链接在服务器(即产生数据的文件)与客户端(即接收数据的文件)之间。下面介绍 DDE 来实现输入/输出的过程，以及控制该过程的一般原则。

**1. 模型作为服务器**

建立从模型输出数据的链接是一个简单的过程。链接将从模型中的表格建立，建立 DDE 链接的过程与复制和粘贴数据的过程类似。

1) 建立模型输出数据链接的步骤

(1) 在模型中建立表格(表格是本软件中唯一可以通过链接输出数据的对象)页面并选好需要的变量及其格式，运行模型。

(2) 保存模型文件和其他应用程序中的文件，链接会用此文件的名称来定义链接关系。

(3) 点击模型中表格某列的题头，选中要输出的这列数据(按“Shift”键可以连选相邻的数据列，按“Ctrl”键可以连选不相邻的数据列)。

(4) 选择“编辑”菜单下的“复制”，数据将自动被保存到系统内的剪贴板上。当同时按下“Alt”键和“Copy”键会把表头一起复制，但不能建立链接。

(5) 转换到接收这些数据的文件中，按照此应用程序中特殊粘贴的方法—通常是“编辑”菜单下的“选择性粘贴”或者是“粘贴链接”。

2) 查看数据变化后结果

当模型在变化条件(指数据)后运行，结果发生变化。要想在应用程序中看到这种变化(即变化后数据发生链接传递)，有以下两种方法可以实现：

(1) 在应用文件的“编辑”菜单下选择“链接”，选中要更新的文件点击“立即更新”和“确定”；

(2) 关闭应用文件，再打开应用文件选择“要更新链接”，点击“是”。

如果在以后打开一个包含与模型文件有链接的文件，必须先打开模型文件，这样软件可以帮助恢复链接。

**2. 模型作为客户端**

1）DDE 数据链接的步骤

建立 DDE 链接的过程可以看成复制和粘贴数据的过程。建立向模型输入数据的链接的步骤如下：

(1) 保存模型文件和其他应用程序中的文件(保存的应用程序应支持 DDE)，链接会用此文件的名称来定义链接关系。

(2) 按照此应用程序允许的复制方法复制数据列，数据将自动被保存到系统内的剪贴板上。

(3) 转换到模型并且打开需要引入数据的变量对话框。

(4) 将图形功能编辑框中的“输出列”或方程关系式编辑框中的“内容栏”增亮显示，同时按下“Ctrl＋V”键，将出现一个选择性粘贴的子对话框，选择“粘贴链接”并点击“OK”完成数据存放。

注意：打开一个变量的对话框时，编辑菜单下的复制和粘贴项是灰色的(不可选)，就必须使用键盘操作。

如果以后打开一个包含与模型文件有链接的文件，软件会帮助恢复链接和打开服务器文件。

一旦链接建立后，包含链接的“输出列”或方程关系框的周围会被一个有一定厚度的矩形包围，而被建立 DDE 链接的模型结构元素中的数据将不允许再被编辑，一个小“x”会出现在此元素图标上来，以表示已存在 DDE 链接。如果链接是建立在图形函数的输出列中，那么该列将不被允许再输入数据且 X－Y 坐标格上的曲线，也不允许再被拖拉。

当要退出某个包含链接的结构元素对话框时，点击“Cancel”，将出现一个可以选择断开 DDE 链接的对话框。

2）DDE 链接的规则

在给模型的一个变量建立链接之前，必须熟悉在何处可以建立链接，并且要确定数据也适合这个场合。下面列出 DDE 链接的规则：

(1) 模型中一个成功的链接应该只包含数值而不含图表和关系式。

(2) 在流或者转换器中的图形函数可以有 1500 个数据点(只可以是数值)。建立链接的输出列在对话框的右上角，必须选中全部列。在全选输出列的时候，单击输出列题头的“Output”，这时列会增亮显示。

(3) 库与烤炉、流和转换器不可以输出，只可以接收一个常量的链接。

(4) 排队和输送带可以接收一个或者多个常量的链接作为它们的初始值，但是数值间必须用逗号分隔。

注意：如果数据是从一个电子制表软件链接来的，会在数据列旁边出现一列占用单元格的逗号，如图 4.6.11 所示。把它们一起复制会使数据以此格式(链接要求的格式)带入链接。

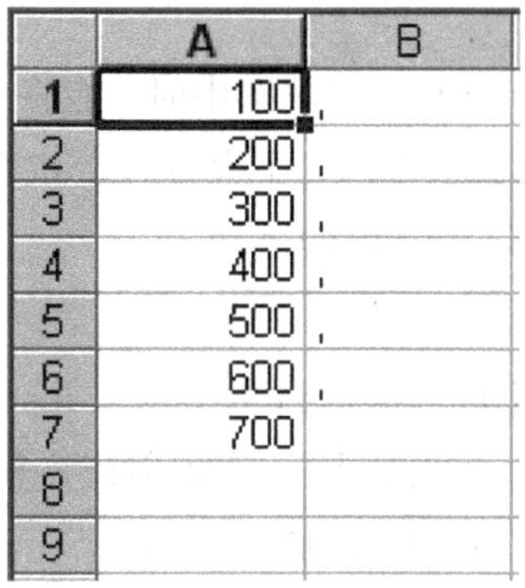


图 4.6.11　电子报表

如果数据不符合这样的要求，那么当试图点“OK”离开对话框时，错误的数据信息会增亮显示。要解决此问题，只需点击“Cancel”断开链接，回到数据服务器改正格式即可。

3）管理 DDE 链接

当在模型中建立了链接，管理这些链接是非常必要的。例如，需要销毁一个链接，或者是要列出模型中所有链接的列表。打开“模型”菜单下的“编辑链接”对话框，可以对模型中的链接进行多种操作。DDE 链接的对话框如图 4.6.12 所示。

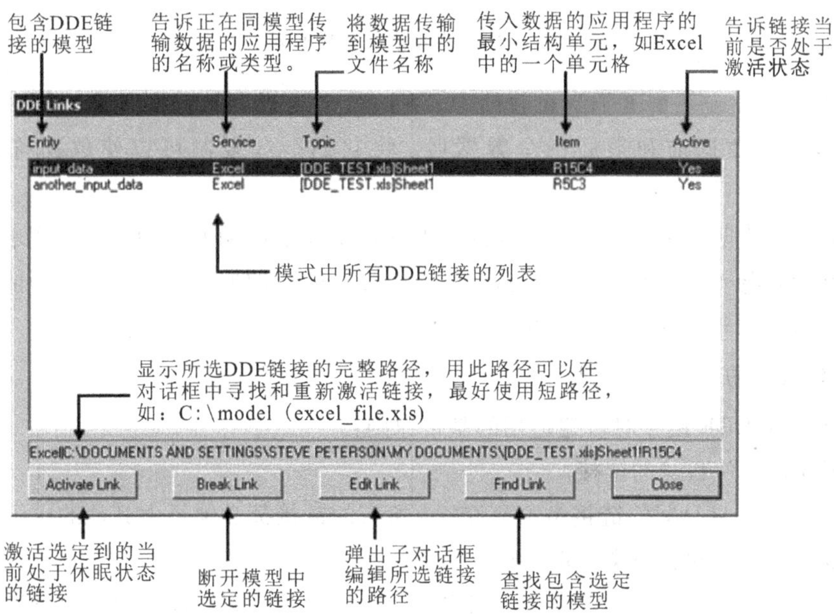


图 4.6.12　DDE 链接的对话框

**3. 链接数据到数组变量**

通过 DDE 往模型的数组变量中输入数据的基本过程和非数组变量是一样的，只有下面几点例外需要注意。

1）选择“Apply to all”

当数组编辑对话框中的“Apply to all”被选中时，能将一组数据链接于图形函数的所有数组元素。但“Apply to all”没有被选中时，不允许在一次链接中将一组数据与图形函数所有元素进行链接，必须分别建立每个元素的链接。

2）链接“Required Inputs”

如果满足以下条件，数据集也可以链接到“Required Inputs”项为空白的数组库或烤炉、数组流或转换器的方程关系栏中，而无须输入(一个值对应方程关系栏中的一个元素)：

(1) “Apply to all”在编辑对话框中是被选中的。

(2) 一组数据中被选中粘贴的数值点的个数与数组变量的单元格的格数是一样的(单元格的数量=列数 * 行数)。

(3) 数据被方括号括住，而且所有数据点都用逗号分隔。图 4.6.13 是格式正确的数据列。

|  | A | B |
|---|---|---|
| 1 | [100 | , |
| 2 | 200 | , |
| 3 | 300 | , |
| 4 | 400 | , |
| 5 | 500 | , |
| 6 | 600 | , |
| 7 | 700 | ] |

图 4.6.13　格式正确的数据列

如果数据来源于一个电子制表软件，一列逗号会出现在数据列的旁边列。方括号必须出现在第一个数据前和最后一个数据后。将它们一起复制可以使数据符合要求的格式。

(4) 用一组数据定义数组传送带或排队中的每个元素的初始值时，链接要求数据用逗号分隔。当“Apply to all”被选中时，初始值适用于排队中的所有元素，但不可能在传送带或排队的所有元素中只建立一个链接。

**4. DDE 操作的基本原则**

下面是建立 DDE 链接时普遍适用的基本原则：

(1) 不允许文件自身间链接。

建立模型文件自身间的链接是不允许的，所有的链接都必须经由其他的应用程序。

(2) 服务器文件和客户文件都是打开状态。

服务器文件和客户文件都必须是打开状态，以便服务器文件被客户文件登陆并更新数据。数据更新发生在文件间的交互而不是在文件打开的时候，所以在做任何改动之前务必保证双方文件都是打开的。

(3) 尽量减少链接数量。

链接的数量受到计算机内存值的限制，要尽量减少链接的数量。DDE 的脆弱性随着链接数的增加呈指数级增加，所以链接的数量不要超过 30～40 个。

(4) 使用排队。

在不增加链接数量的同时，将数据引入模型的一种方法是使用排队的方法。在没有流入或流出的队列中建立一个链接，使用“QELEM”内置函数为排队栈的每个位置挑选数据。排队栈的对话框最多可以包含 2000 个字符(字符是单个数字或逗号)。

(5) 使用数组转换器。

另一种不增加链接数量而将数据引入模型的方法是使用数组转换器。

(6) 手动更新链接。

当模型是 Windows NT/2000/XP 等环境中的服务器时，客户应用程序中链接的自动更新是不可靠的。建议在这些操作系统下，用手动更新客户应用程序中的链接。

(7) 使用短路径。

当使用 DDE 时，客户文件和服务器文件遵从由一个到另一个的路径。长而复杂的路径容易丢失链接或是更新客户文件失败。同时长而复杂的路径往往是不可移植的(将文件移动到其他计算机上时，它们往往不起作用)。为了减少这样的风险，建议使用短路径，而且不要在包含链接文件的文件名中用空格符。

(8) 把客户文件和服务器文件放在一个文件夹。

为了进一步降低丢失链接和更新失败的风险，建议把客户文件和服务器文件放在一个文件夹中，这样可以方便在两者间迅速地更新链接。

### 4.6.5　STELLA 模型与 Excel 电子报表之间的动态链接(DDE)

当 STELLA 模型与 Excel 电子报表之间已建立了 DDE 后，在以后的应用中要重新打开这两个文件。

打开 Excel 文档，出现如图 4.6.14 所示的对话框。当前所要打开的文档含有到其他文档的链接，是否要使用其他工作簿中的改动更新当前工作簿？这里要单击“否”。

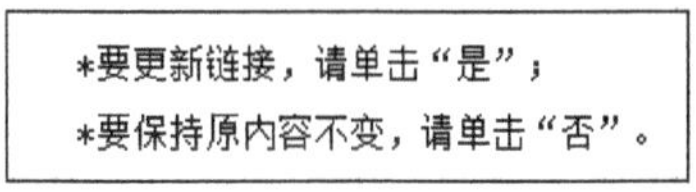


图 4.6.14　Excel 对话框

打开 STELLA 模型文件，出现如图 4.6.15 所示对话框。在这里必须要单击“Yes”，才能实现与原有的 Excel 文件中的数据链接。要是选择了“No”，会使原有的链接失败。

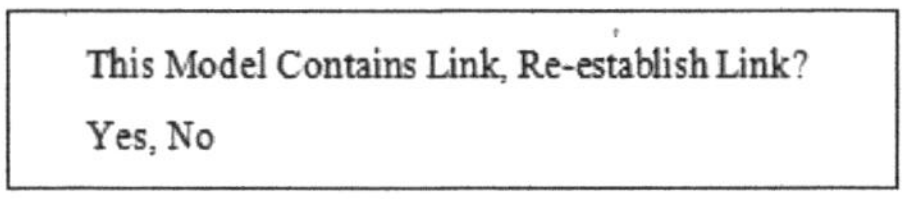


图 4.6.15　STELLA 对话框

从剪切板中来的数据复制到 Excel 表中的相应单元，也能实现对链接数据的更新。

通过一次链接实现 Excel 表中的数据集向模型中的数组链接传送时，表中选中的数据个数一定要与模型中数组元素的个数(不论是一维还是二维数组)要一样多，否则会使链接失败。

注意：Excel 表中的数据一定要用逗号隔开，以符号"["开始，以符号"]"结束。例如图 4.6.16 是一个在 Excel 表中四行二列的二维数组的例子。也可以用图 4.6.17 的一维数组形式给出。二者链接传递的结果是相同的。

| [11 | , | 12 | , |
|---|---|---|---|
| 21 | , | 22 | , |
| 31 | , | 23 | , |
| 41 | , | 24 | ] |

图 4.6.16　二维数组

| [11 | , |
|---|---|
| 21 | , |
| 31 | , |
| 41 | , |
| 12 | , |
| 22 | , |
| 23 | , |
| 24 | ] |

图 4.6.17　一维数组

Stella 内置函数

# 第三篇 应用案例

# 第 5 章　案例模型

## 5.1　销售增长模型

### 5.1.1　问题描述

本案例从简单模型的学习过渡到具有多重反馈环的复杂模型的学习，可作为理解复杂系统中主导反馈环转移的经典案例。社会经济系统的一大特点就是其中存在着表现为增长过程的正反馈环。然而，按照指数规律增长的正反馈过程并不会无止境地持续下去，它常常在增长达到某一较高水平时，因受到系统中负反馈环的抑制而趋于某一种承载容量。承载容量并非一定是常量。本例展示了某制造厂产品的销售由增长而趋于饱和的过程。为简化起见，本例中工厂的最大生产能力为常量，它最终抑制了销售的增长。

工厂销售是依靠推销员进行的，并以单位商品销售利润中的一小部分作为支付推销员的开支。在工厂经营管理中，只要推销员工资总额预算有可能雇用更多的推销员时，就要使实际的推销员人数调整到预算所能承受的数量。这用一句话来描述就是推销员创造收入以雇用更多的推销员。登记的订单不仅依赖于推销员人数，而且依赖于推销效果。推销效果是指每个推销员每月推销的商品数。忽略产品价格、质量等因素，推销效果仅取决于产品交货期。登记的订单按顺序处理，已登记而尚未交付的订货量称为已订欠付量。已订欠付量与月交货量之比可用来表示交货期。这个交货期称作即将发生的交货期，因为它对顾客购买意愿产生的影响并不是即刻的。工厂月交货量依赖于已订欠付量，因为其生产能力是有限的。

本模型使用 DANAMO/C 软件进行仿真分析，以帮助初学者能够对 DANAMO 语言有进一步的理解。模型基本运行显示，系统行为分为两个阶段：第一阶段系统呈指数式增长，可知系统中确定推销员人数的正反馈环起主导作用，因为开始时的已订欠付量比最大生产能力小得多，这时的增长可近似看作无约束的增长；第二阶段系统呈现出波动地趋于平衡值的行为，可见主导反馈环已转移。通过分析可知，由登记的订单、已订欠付量、推销效果等组成的负反馈环成了主导反馈环，抑制了销售的增长。行为出现波动的原因在于延迟（从订货到交货的延迟以及识别交货期的延迟）。

### 5.1.2　用 DYNAMO/C 仿真分析

#### 1. 因果关系图

根据问题描述，可以画出销售增长模型的因果关系图，如图 5.1.1 所示。

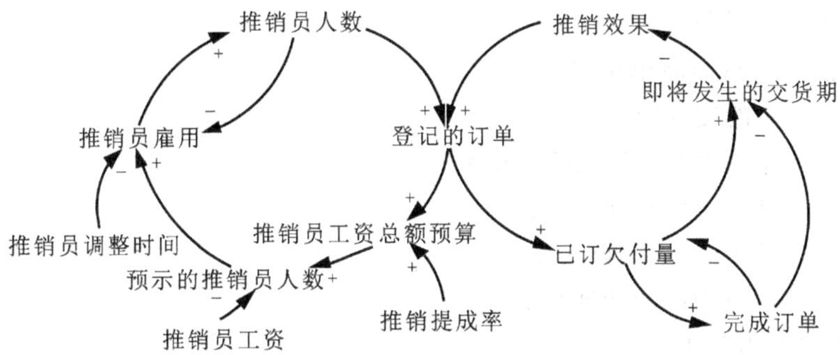


图 5.1.1　销售增长模型的因果关系图

**2. 系统流图**

参考因果关系图，绘制销售增长模型的系统流图，如图 5.1.2 所示。

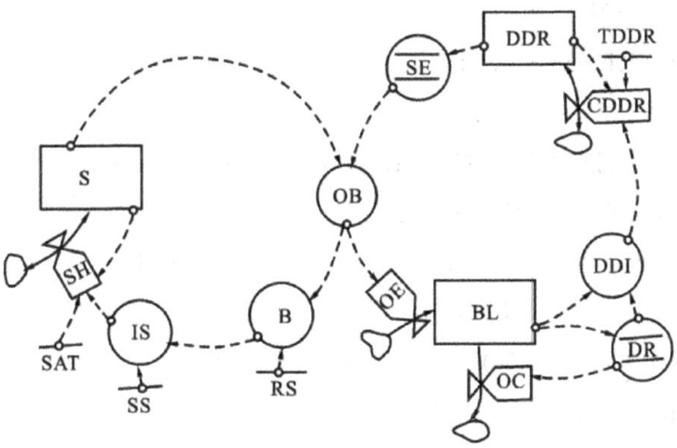


图 5.1.2　销售增长模型的系统流图

**3. 变量注解**

S：推销员人数(人)；

SH：推销员雇用(人/月)；

SN：推销员人数初值(人)；

OB：登记的订货(商品单位/月)；

SE：推销效果(商品单位/(人・月))；

B：推销员工资总额预算(美元/月)；

RS：推销提成率(美元/商品单位)；

IS：预示的推销员人数(人)；

SS：推销员工资(美元/(人・月))；

SAT：推销员调整时间(月)；

OE：月进入订单(商品单位/月)；

BL：已订欠付量(商品单位)；

BLN：已订欠付量初值(商品单位)；

DR：交货(商品单位/月)；
OC：月完成订单(商品单位/月)；
DDI：即将发生的交货期(月)；
CDDR：顾客印象中的交货期的变化率(月/月)；
TDDR：交货期的识别时间(月)；
DDR：顾客印象中的交货期(月)；
DDRN：顾客印象中的交货期初值(月)；
TSE：SE 已知点的表列。

**4. DYNAMO 方程**

```
*       SG MODEL
NOTE    AN MODEL OF SALES GROWTH AND SATURATION
L       S.K=S.J+(DT)(SH.JK)
N       S=SN
NOTE    SALESMEN(MEN)
C       SN=10
NOTE    SALESMEN, INITIAL VALUE(MEN)
A       OB.K=(S.K)(SE.K)
NOTE    ORDERS BOOKED(UNITS/MONTH)
A       B.K=(OB.K)(RS)
NOTE    BUDGET(DOLLARS/MONTH)
C       RS=10
NOTE    REVENUE TO SALES(DOLLARS/UNIT)
A       IS.K=B.K/SS
NOTE    INDICATED SALESMEN(MEN)
C       SS=2000
NOTE    SALESMAN SALARY(DOLLARS/MAN-MONTH)
R       SH.KL=(IS.K-S.K)/SAT
NOTE    SALESMEN HIRING RATE(MEN/MONTH)
C       SAT=20
NOTE    SALESMEN ADJUSTMANT TIME(MONTHS)
R       OE.KL=OB.K
NOTE    ORDERS ENTERED (UNITS/MONTH)
L       BL.K=BL.J+(DT)(OE.JK-OC.JK)
N       BL=BLN
NOTE    BACKLOG(UNITS)
C       BLN=8000
NOTE    BACKLOG, INITIAL VALUE(UNITS)
A       DR.K=TABLE(TDR, BL.K, 0, 100000, 20000)
```

```
T       TDR=0/10000/16000/18500/19500/20000
NOTE    DELIVERY RATE(UNITS/MONTH)
R       OC.KL=DR.K
NOTE    ORDERS COMPLETED(UNITS/MONTH)
A       DDI.K=BL.K/DR.K
NOTE    DELIVERY DELAY IMPENDING(MONTHS)
R       CDDR.KL=(DDI.K-DDR.K)/TDDR
NOTE    CHANGE IN DELIVERY DELAY RECOGNIZED (MONTHS/
NOTE    MONTH)
C       TDDR=6
NOTE    TIME FOR DELIVERY DELAY RECOGNITION(MONTHS)
L       DDR.K=DDR.J+(DT)(CDDR.JK)
N       DDR=DDRN
NOTE    DELIVERY DELAY RECOGNIZED (MONTHS)
C       DDRN=2
NOTE    DELIVERY DELAY RECONGNIZED, INITIAL VALUE
NOTE    (MONTHS)
A       SE.K=TABLE(TSE, DDR.K, 0, 6, 1)
T       TSE=400/390/350/290/210/150/100
NOTE    SALES EFFECTIVENESS(UNITS/MAN-MONTH)
SPEC    DT=0.5/PRTPER=2/LENGTH=100
GRAPH   S, BL, DDR, DR, DDI, SE, OB[0, 25000], IS, SH
RUN
```

**5. 仿真结果**

DYNAMO 方程经过编译，可以输出变量的仿真结果。推销员人数(S)、已订欠付量(BL)、顾客印象中的交货期(DDR)的仿真结果如图 5.1.3 所示。

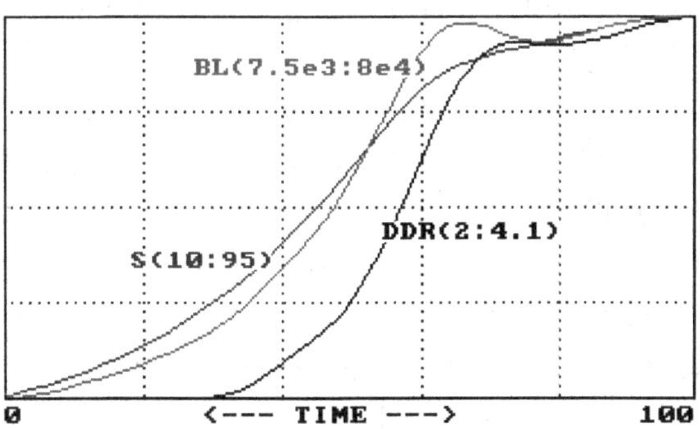


图 5.1.3　S、BL、DDR 仿真结果

交货(DR)、即将发生的交货期(DDI)、推销效果(SE)的仿真结果如图 5.1.4 所示。

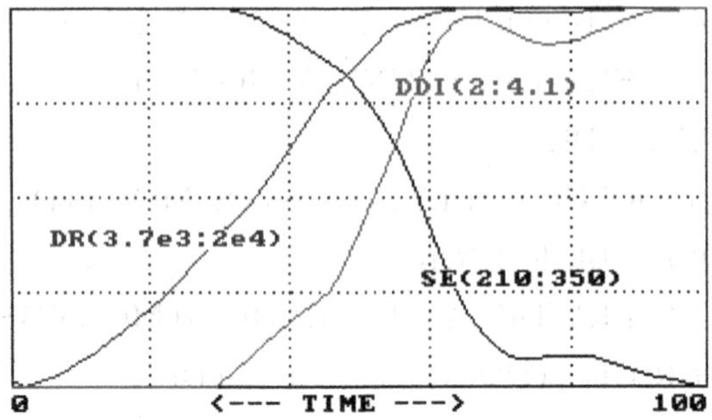


图 5.1.4　DR、DDI、SE 仿真结果

登记的订货(OB)、预示的推销员人数(IS)、推销员雇用(SH)的仿真结果如图 5.1.5 所示。

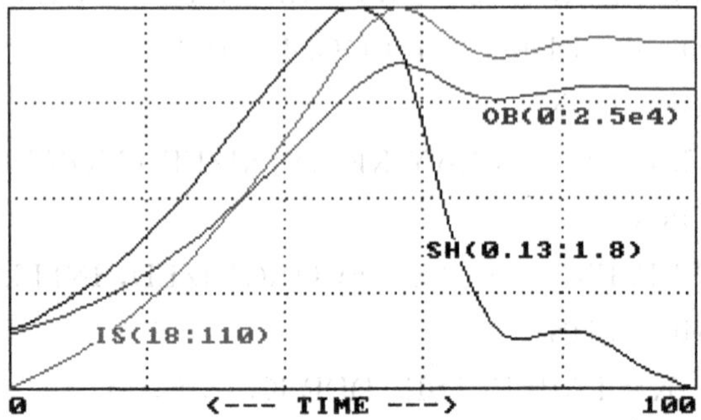


图 5.1.5　OB、IS、SH 仿真结果

# 5.2　弗洛伊德心理学模型

## 5.2.1　问题描述

弗洛伊德(Sigmund Freud)在他所创立的精神分析学理论中曾经提出三重精神器官的分析方法——本我(Id)、自我(Ego)和超我(Superego)。本我代表欲望，是所有驱动能量的来源，受意识遏抑；自我负责处理现实世界的事情，是自我意识的存在和觉醒；超我是良知、内在的道德判断和自我批判。

自我是永久存在的，而超我和本我又几乎是永久对立的，为了协调本我和超我之间的矛盾，自我需要进行调节。自我能用防御机制控制超我无法接受的本我冲动，每当自我遭到这一冲动威胁时便产生焦虑的危险信号。

本节将根据沃特曼(C. Wortman)总结的弗洛伊德理论的基本要点建立模型。按照沃特曼的看法，本我是指弗氏的心理能(Psychic Energy)，这个心理能是由人类的基本生理需求(水、食物、性满足等)构造而成的大池塘。本我是一种无意识的力量，它仅寻找一样东西，这就是生理需求得到满足时的压力(Tension)释放。

人们对心理能的认识是不断深入的过程。弗洛伊德认为本能需求(Bodily Needs)的满足产生和激励了心理能，但并未说明心理能的消耗。如果心理能这个累积量只有流入而无流出，那么它就会无限增长，因此心理能应该存在一个流出量，这就是心理能的耗散

(Consuming)——满足感。本能需求的满足产生了愉悦(Pleasure)，同时使心理能消耗。心理能的耗散量等于满足乘以满足系数(心理能与需求的比值，假设该系统为常数 0.5)。

本能需求的发生可以设计为外生的阶跃函数 STEP，需求的满足等于心理能乘以能量系数(单位心理能的平均需求量，假设为 0.5)。满足所形成的愉悦由表函数表示，并假设满足量为 0.5 时，愉悦值为 1.0。

情绪压力随压力发生量(Tension Generation)增加而增加。假设这个发生量等于紧张系数(假设该系数为常数 0.5)乘以本能需求。压力的消除在于满足这一关系：消除量(Discharging)等于满足乘以消除系数(假设该系数为常数 1)。

心理能、本能需求、压力均是实际上不能直接测量的量，与其花功夫精密设计它们的数值，还不如使它们的对比关系保持逻辑上的一致性。因此，三个累积量设计值的范围为 0.00～1.00，初始值相等，均为 0.5，其余参数的设计原则是模型运行的条件满足初始稳态(Initial Steady State)的要求。那么，模型的运行条件如果突然加一冲击，情况会如何呢？不妨把本能需求的流入量设计为常数 0.25 加 STEP(0.1，5)。

## 5.2.2　用 STELLA 建模分析

### 1. 构建模型

根据弗洛伊德心理学的问题描述，由因果链构成的反馈回路如图 5.2.1 所示，用 STELLA 软件构建的弗洛伊德心理学模型如图 5.2.2 所示。

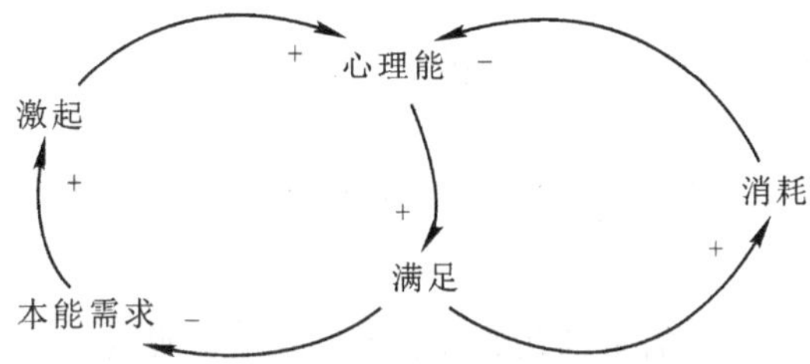


图 5.2.1　反馈回路图

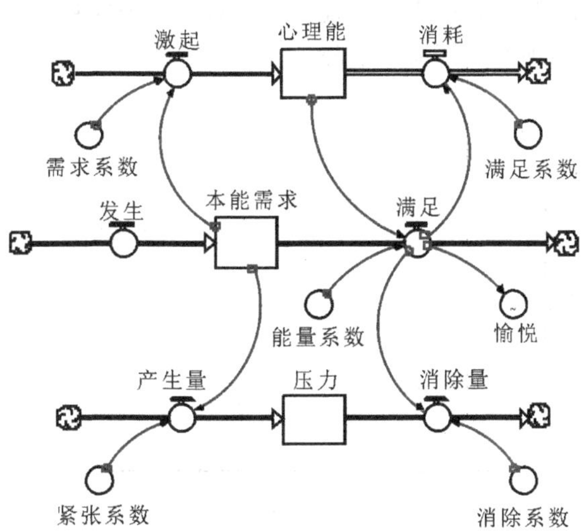


图 5.2.2　弗洛伊德心理学模型

**2. 模型中方程**

模型建立后，从图/模型层进入方程层，可以看到弗洛伊德心理学模型的方程，如图 5.2.3 所示。

本能需求(t) = 本能需求(t - dt) + (发生 - 满足) * dt
INIT 本能需求 = 0.5
INFLOWS:
发生 = 0.25+STEP(0.1,5)
OUTFLOWS:
满足 = 能量系数*心理能
心理能(t) = 心理能(t - dt) + (激起 - 消耗) * dt
INIT 心理能 = 0.5
INFLOWS:
激起 = 需求系数*本能需求
OUTFLOWS:
消耗 = 满足系数*满足
压力(t) = 压力(t - dt) + (产生量 - 消除量) * dt
INIT 压力 = 0.5
INFLOWS:
产生量 = 紧张系数*本能需求
OUTFLOWS:
消除量 = 消除系数*满足
紧张系数 = 0.5
满足系数 = 1
能量系数 = 0.5
消除系数 = 1
需求系数 = 0.5
愉悦 = GRAPH(满足)
(0.00, 0.00), (0.05, 0.025), (0.1, 0.06), (0.15, 0.13), (0.2, 0.19), (0.25, 0.285), (0.3, 0.4), (0.35, 0.72), (0.4, 0.89), (0.45, 0.96), (0.5, 1.00)

图 5.2.3 弗洛伊德心理学模型方程

**3. 仿真结果**

压力、消除量、愉悦、本能需求的仿真结果如图 5.2.4 所示。由图 5.2.4 可以看出，在第 5 天之前，一切处于均衡稳定状态，从第 5 天开始，本能需求增加了 0.1 个单位，于是压力和心理能随之开始增加，与此相应满足感提高，继而使心理能耗散、压力释放以及愉悦增高，最终由于满足感的增加而本能需求下降。

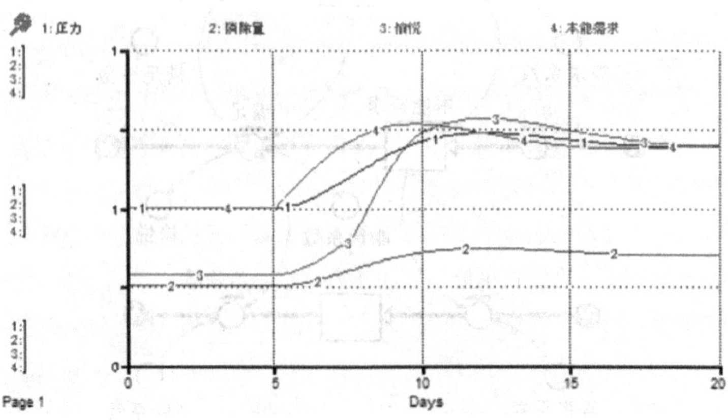


图 5.2.4 压力、消除量、愉悦、本能需求仿真结果图

大约在第 10 天，本能需求达到最高值，同时压力及心理能持续提高，最后由于满足感连续增加而本能需求开始下降，愉悦随着满足逐渐增长后下降。

如果从第 5 天开始，把本能需求增加的 0.1 个单位变为 0.15 个单位，压力、消除量、愉悦会有不同程度的增加。其中，压力和愉悦在本能需求变化前(曲线 1)后(曲线 2)的仿真结果比较图，分别如图 5.2.5 和图 5.2.6 所示。

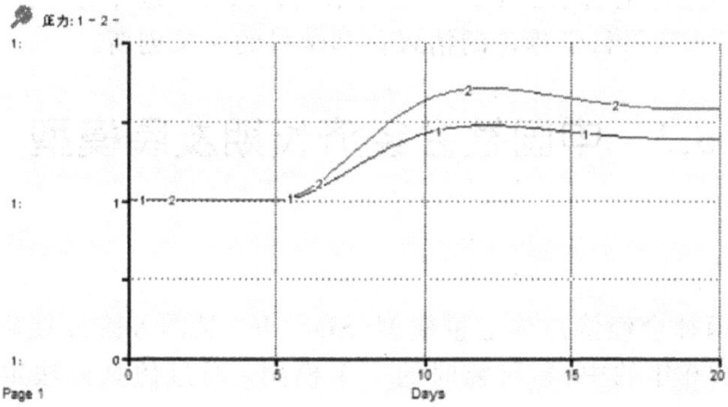


图 5.2.5　本能需求变化前后的压力比较图

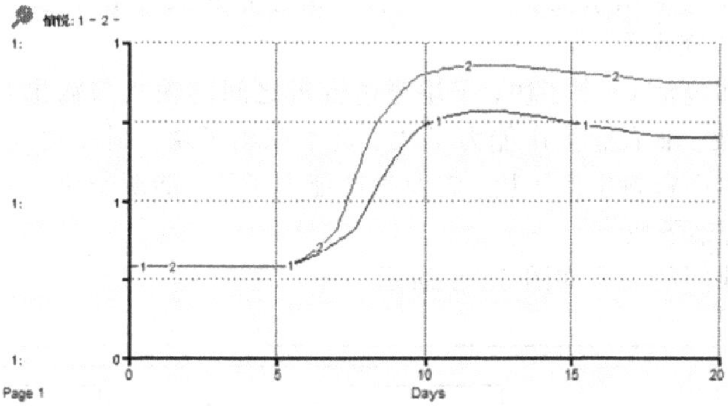


图 5.2.6　本能需求变化前后的愉悦比较图

愉悦和压力关系的散点图如图 5.2.7 所示，图上显示愉悦是随着压力增加而增加，而且在压力的适度范围内愉悦增加最快。

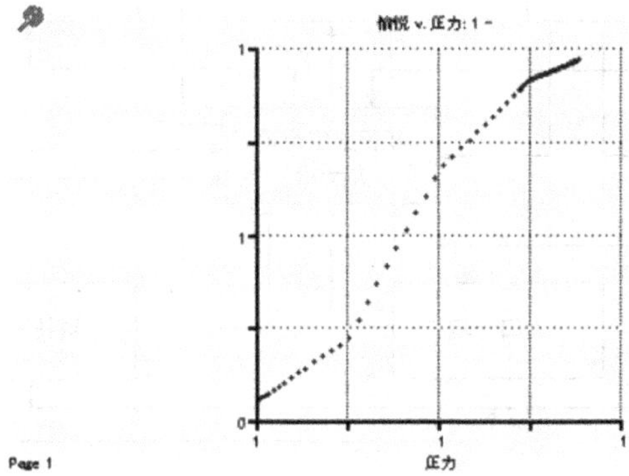


图 5.2.7　愉悦和压力关系的散点图

将上述仿真结果与弗氏关于愉悦的判断进行比较，可以看出：弗氏认为的本我追逐一件事，那就是伴随着本能需求得以满足时压力的释放，换句话说，本我只追逐愉悦；但是仿真结果却说明，愉悦的高峰也正是在压力形成和压力释放最高的时候，并非如弗氏认为的单一压力释放最高的时候。

本案例的研究方法也说明，许多以文辞方式描述的有关人文社会科学的基本理论，并非不可能用以数量描述为主的系统动力学模型来重新探讨，这样的定性与定量分析相结合的方法，无疑有助于非数量科学理论的精致化和学科的交叉创新。

# 5.3 中国社会经济长期发展模型

## 5.3.1 问题描述

系统动力学全国社会经济总体定量模型(SDNMC)是国务院发展研究中心在20世纪80年代中期进行“2000年的中国”研究时的一个模型，通过仿真方法定量地描述了工业、农业、人口、能源、教育、科技等因素间错综复杂的关系，可用于研究分析数十年至百年我国社会经济发展的趋势。

该模型是国内学者应用系统动力学，结合国情建立的社会系统仿真模型，代表了我国当时在这一领域的研究水平。

SDNMC模型共包括12个子块，子块通过变量之间的输入与输出互相联系。这12个子块分别是人口子块、非农业生产能力子块、资本积累子块、国民收入及其分配子块、消费资料生产子块、生产资料生产子块、农业生产能力子块、能源子块、交通运输子块、科技子块、教育子块、污染子块。

SDNMC各子块间的关系如图5.3.1所示。

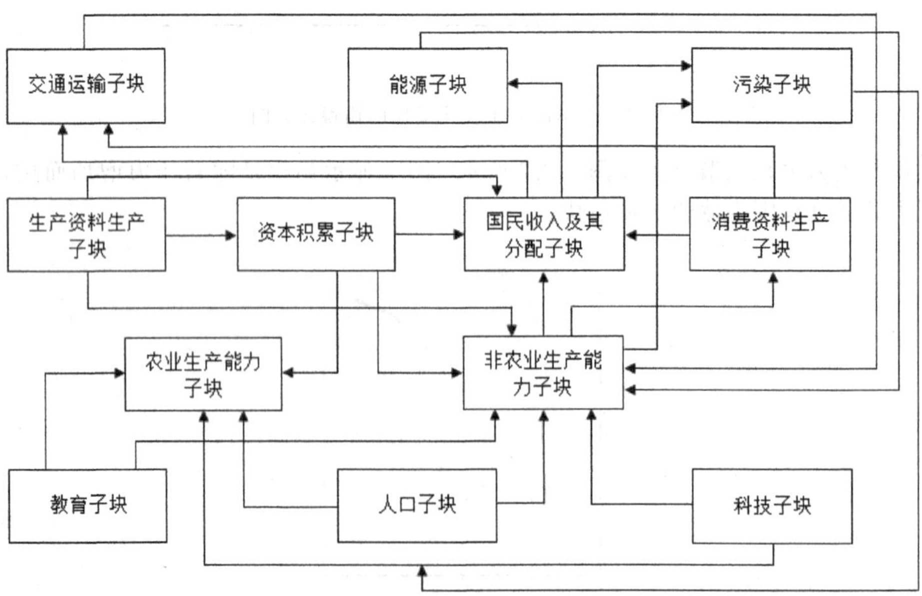


图5.3.1 SDNMC子块间的关系

## 5.3.2　因果关系分析

### 1. 模型总体反馈回路

SDNMC 各子块间的相互联系和相互作用形成了模型的反馈结构。SDNMC 的主要反馈回路如图 5.3.2 所示。

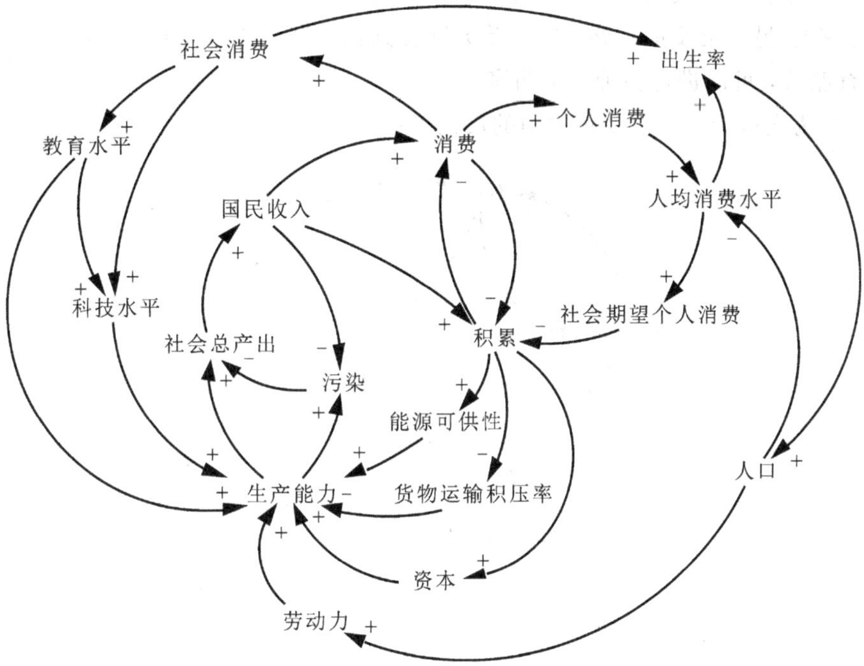


图 5.3.2　SDNMC 主要反馈回路

图 5.3.2 反映了 SDNMC 模型中的几个主要的反馈回路。

1）正反馈回路

国民收入$\xrightarrow{+}$积累$\xrightarrow{+}$资本$\xrightarrow{+}$生产能力$\xrightarrow{+}$社会总产出$\xrightarrow{+}$国民收入

国民收入$\xrightarrow{+}$积累$\xrightarrow{+}$能源可供性$\xrightarrow{+}$生产能力$\xrightarrow{+}$社会总产出$\xrightarrow{+}$国民收入

国民收入$\xrightarrow{+}$积累$\xrightarrow{-}$货物运输积压率$\xrightarrow{-}$生产能力$\xrightarrow{+}$社会总产出$\xrightarrow{+}$国民收入

国民收入$\xrightarrow{+}$消费$\xrightarrow{+}$社会消费$\xrightarrow{+}$教育水平$\xrightarrow{+}$生产能力$\xrightarrow{+}$社会总产出$\xrightarrow{+}$国民收入

国民收入$\xrightarrow{+}$消费$\xrightarrow{+}$社会消费$\xrightarrow{+}$科技水平$\xrightarrow{+}$生产能力$\xrightarrow{+}$社会总产出$\xrightarrow{+}$国民收入

2）负反馈回路

积累$\xrightarrow{+}$能源可供性$\xrightarrow{+}$生产能力$\xrightarrow{+}$社会总产出$\xrightarrow{+}$国民收入$\xrightarrow{+}$消费$\xrightarrow{-}$积累

积累$\xrightarrow{-}$货物运输积压率$\xrightarrow{-}$生产能力$\xrightarrow{+}$社会总产出$\xrightarrow{+}$国民收入$\xrightarrow{+}$消费$\xrightarrow{-}$积累

人口$\xrightarrow{-}$人均消费水平$\xrightarrow{+}$社会期望个人消费$\xrightarrow{-}$积累$\xrightarrow{-}$消费$\xrightarrow{+}$社会消费$\xrightarrow{+}$出生率$\xrightarrow{+}$人口

人口$\xrightarrow{-}$人均消费水平$\xrightarrow{+}$出生率$\xrightarrow{+}$人口

**2. 模型的各子块反馈回路**

1）人口子块

从总体上看，人口子块中有5个状态变量方程，分别位于5个年龄组中。人口通过平均寿命与死亡率变量形成负反馈，通过出生率变量形成正反馈；而人口通过平均寿命与生育胎数又存在着另一负反馈回路。生育胎数则受到社会期望生育胎数的影响，通过调整社会期望生育胎数，可以进行各种政策仿真。

图5.3.3为人口子块主要变量之间的反馈关系。

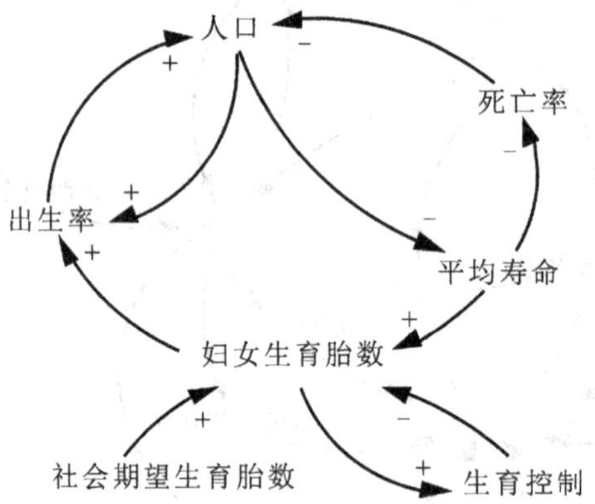


图5.3.3　人口子块反馈图

2）非农业生产能力子块

非农业生产能力定义为除了农业以外的所有经济生产部门生产能力（不包括服务业）的综合。

图5.3.4表示非农业生产能力（PPCI）子块中各主要变量间的反馈关系。

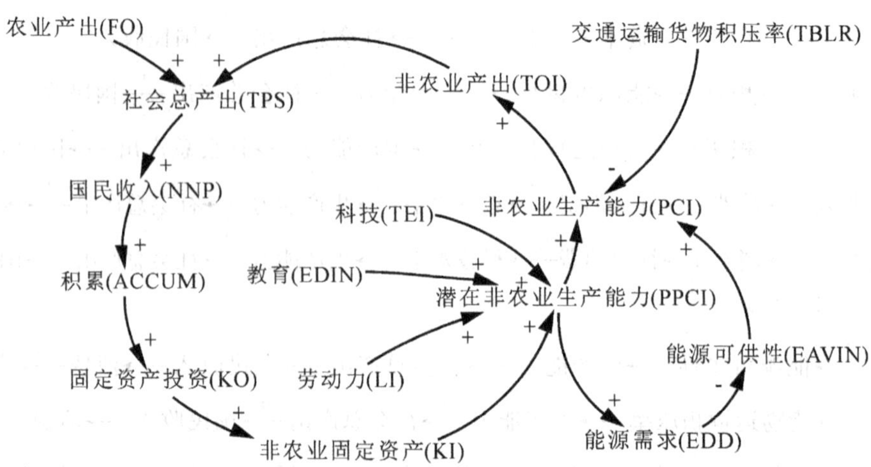


图5.3.4　非农业生产能力子块反馈图

采用如下所示的 Cobb-Douglass 生产函数公式计算非农业生产能力：

$$潜在非农业生产能力(PPCI)=C\times 非农业固定资产(KI)^{ECI}\times 劳动力(LI)^{ELI}\times 教育(EDIN)^{EDI}\times 科技水平(TEI)$$

由于受能源可供性和交通运输货物积压率的影响，潜在非农业生产能力中有一部分能力得不到发挥。非农业生产能力(PCI)表示了实际的生产能力。

3) 资本积累子块

资本积累子块中的主要变量有固定资产总量(K)(为一状态变量)、基本建设投资(KO)、在建固定资产(BOK)、资本形成率(KFORR)等。子块中的变量 KFORR 是表函数，用来表示一个由生产资料可得性所决定的固定资产形成率。

图 5.3.5 表示资本积累子块中主要变量之间的反馈关系。

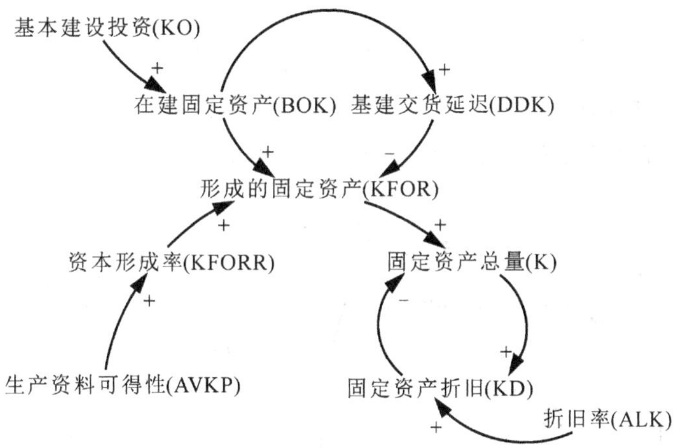


图 5.3.5　资产积累子块反馈图

4) 国民收入及其分配子块

国民收入及其分配子块的主要变量间的相互关系如下：

积累$\xrightarrow{-}$消费品生产$\xrightarrow{+}$消费品产出$\xrightarrow{+}$人均消费水平$\xrightarrow{+}$人均消费品增长率$\xrightarrow{+}$期望的积累$\xrightarrow{+}$积累率$\xrightarrow{+}$积累

子块中通过人均消费品增长率与积累的相互反馈作用来调节积累率。

子块中的主要变量有：国民收入、人均国民收入、积累、积累率、人均消费品增长率、个人消费总量、社会消费总量。

5) 消费品生产子块

消费品生产子块中主要变量间的反馈关系如图 5.3.6 所示。

消费品生产子块中的主要反馈回路是：

消费品产出$\xrightarrow{+}$国民收入$\xrightarrow{+}$积累率$\xrightarrow{-}$消费品生产能力$\xrightarrow{+}$消费品产出

子块中的主要变量有：消费品生产能力(PCCP)、消费品产出(OCP)、消费品可得性(AVCP)、期望消费品需求(DCP)。消费品生产能力因子(FPCC)是一个积累率的函数，它表示积累率的变化在短时期内直接影响消费品的生产能力。

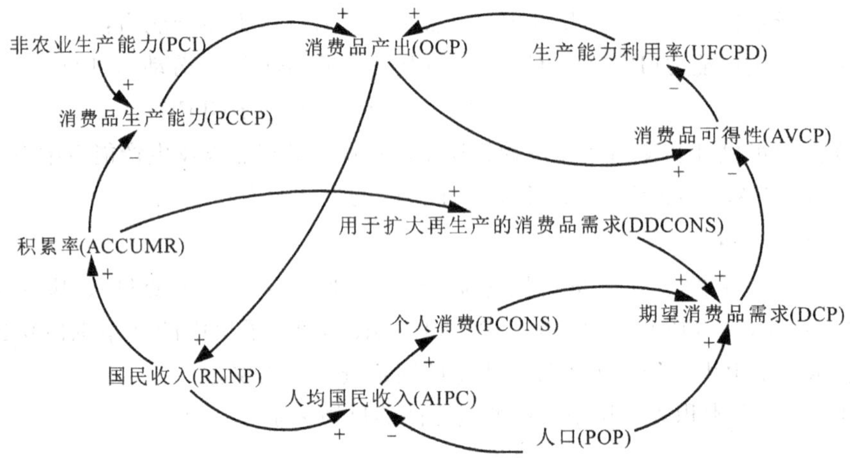


图 5.3.6　消费品生产子块反馈图

6）生产资料生产子块

生产资料生产子块中主要变量间的反馈关系如图 5.3.7 所示。

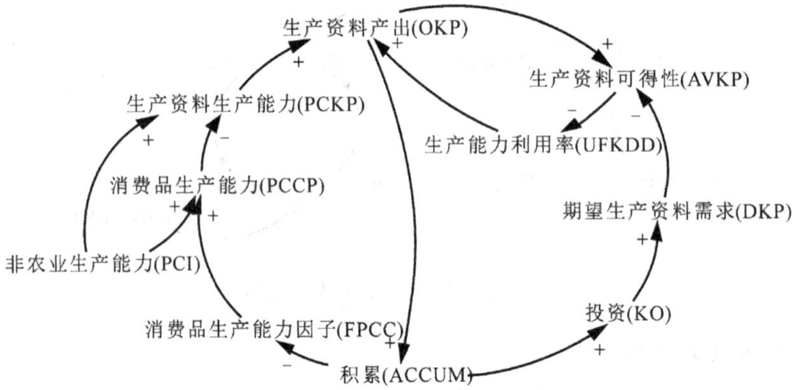


图 5.3.7　生产资料生产子块反馈图

生产资料生产子块中的主要反馈回路如下：

生产资料产出→积累→投资→期望生产资料需求→生产资料可得性→生产能力利用率→生产资料产出

7）农业生产能力子块

农业生产能力的计算采用的也是 Cobb-Douglass 生产函数公式。影响农业生产能力的因素有资本、劳动力、农业科技和教育。

农业生产能力在 SDNMC 模型中定义为粮食和畜产的综合。

限于计算机容量，对农业部分作了简化，粮食和畜产以外的产出按农业总产出的一定比例折算到社会总产出中。

8）能源子块

能源子块包含两种机制：一种机制只考虑传统能源（不可再生能源）的生产和能源进口；另一种机制则同时考虑新能源的开发和应用。

在第一种机制下，能源产出总量由能源国内产出量和能源进口量决定，如图 5.3.8 所示。

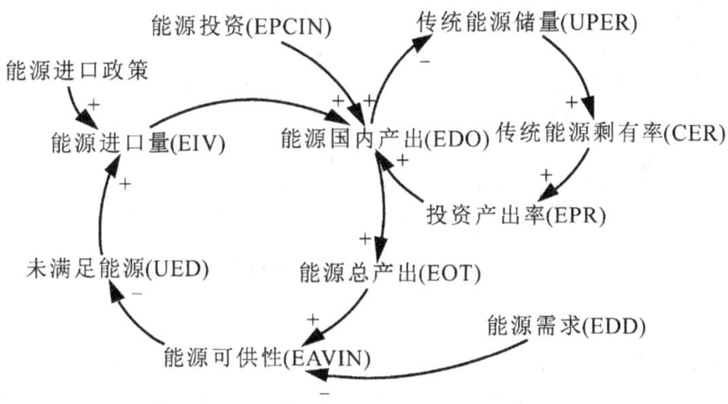


图 5.3.8　能源产出机制一

能源国内产出量(EDO)由能源投资(EPCIN)和投资产出率(EPR)决定。投资产出率(EPR)则受到传统能源剩有率(CER)的影响。

能源进口量取决于能源进口政策和未满足能源量。

能源子块的第二种机制如图 5.3.9 所示。其中，假定新能源开发的技术问题可以得到解决；新能源的开发期为 50 年，开发期间新能源的产出为国内能源未满足量的 1/n(n=50，49，48，…，2，1)；一旦新能源开发期过后，国内能源不足的问题便可基本解决。

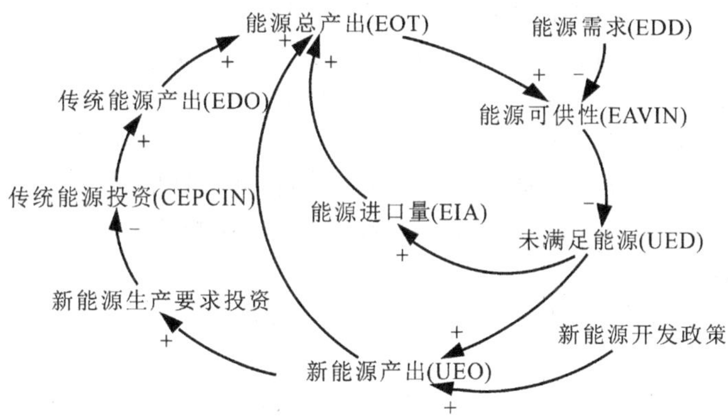


图 5.3.9　能源产出机制二

9）交通运输子块

交通运输子块与经济部分子块形成了两个反馈回路。一个是正反馈回路，通过交通运输能力的增加来增加社会总产出，即交通运输能力→货物运输积压率→社会总产出→国民收入→积累→交通运输投资→交通运输能力；另一个是负反馈回路，通过社会总产出的增加使货物运输积压从而导致社会总产出的减少，即社会总产出→运输需求→货物运输积压率→社会总产出，如图 5.3.10 所示。

交通运输能力定义为每年货物运输量(吨)。

状态变量交通运输能力(TRCAP)取决于交通运输投资(TRCAIN)和运输能力折旧(TRCAPD)，前者增加交通运输能力，后者则减少交通运输能力。

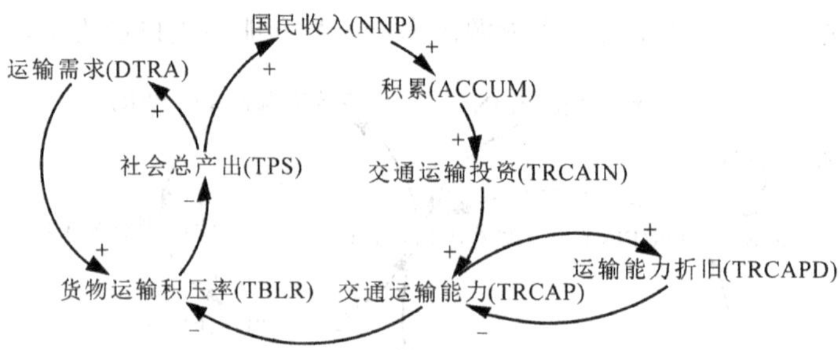


图 5.3.10　交通运输子块反馈图

10）科技子块

在科技子块中，科技水平分为工业科技水平（TEI）和农业科技水平（TEA），两者在性质上相同。由于受计算机可运行方程数的限制，SDNMC 中的农业科技水平部分被简化了。在这里主要对工业科技水平（TEI）作一介绍。

工业科技水平（TEI）为一无量纲指标。状态变量 TEI 包含国内教育水平的因素（FTTEI）、技术引进的因素（FTTFT）及投资效果因子（DTEII），公式如下：

L　TEI.K＝TEI.J＋DT＊RATTEI.JK

R　RATTEI.KL＝DTEII.K＊（FTTEI.K＊0.5＋FTTFT.K＊0.5＊MTEFT.K）

教育水平影响因素是指工业劳动力平均受教育年数（SYPLI）对科技进步的影响效果。它们之间的非线性关系由表函数来表示。

对外贸易带来的技术引进因素由两个表函数来反映：一个是贸易进口总额占国民收入百分比对科技进步的因子（FTTFT）；另一个是我国与国外先进国家科技水平的差距所反映的技术引进效果因子（MTEFT），它与差距的大小成正比关系。

投资效果因子由两部分构成：一是期望科技投资（DRDIN）；二是投资对科技进步的影响效果（DTEII）。科技增长对经济增长的影响指标（RTEI）反映了经济发展对科技水平的需求，从这一点出发，推算出所期望的科技增量，再由此推算出期望的投资。另外，科技增长的相对成本（CTA）随科技水平的提高而提高。投资的影响效果是考虑了所得的投资、成本和转换因素后得到的。

图 5.3.11 反映了科技子块中主要变量间的反馈关系。

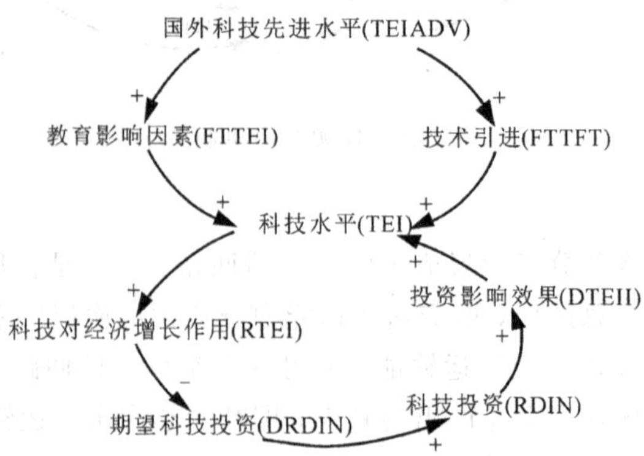


图 5.3.11　科技子块反馈图

11）教育子块

教育子块主要由状态变量教育水平（ED）、在校学生数（STU）、期望投资和社会对教育水平的需求四部分组成，如图 5.3.12 所示。

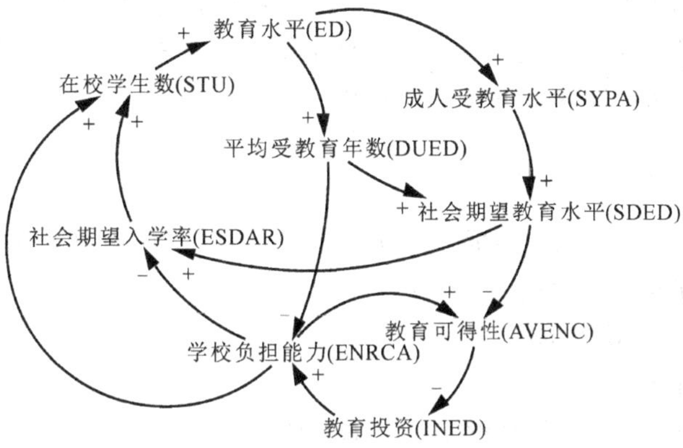


图 5.3.12　教育子块反馈图

状态变量教育水平定义为总人口数乘以人均受教育年数再除以 10000。教育水平变量是教育子块的主要输出变量，它由教育增加率(IED)、教育减少率(RED)及平均受教育年数(DUED)决定。教育增加率又是由每年学校毕业人数与受教育年数的增加决定的，教育减少率则主要受人口死亡的影响。

在校学生人数(STU)是入学率(ADR)和毕业率(FINR)的函数：

STU.K＝STU.J＋DT ∗ (ADR.JK－FINR.JK)

由教育投资(INED)决定的学校负担能力(ENRCA)将决定每年学校的入学人数，它本身又受社会期望入学人数因素的影响。

期望投资是教育能力可得性(AVENC)的函数。

社会对教育水平的要求(SDED)主要取决于学龄儿童人数(CHSAG)以及期望的学生人数比率，前者由人口子块输入，后者分别受到人均收入(AIPC)与成人受教育水平(SYPA)的影响。图 5.3.12 表示了上述各反馈关系。教育子块中正反馈回路起主导作用。

12) 污染子块

污染子块中主要变量间的反馈关系如图 5.3.13 所示。

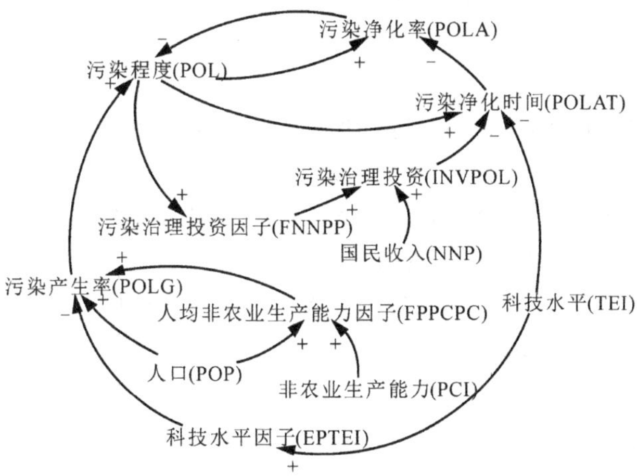


图 5.3.13　污染子块反馈图

状态变量污染程度(POL)是反映污染程度的无量纲变量，它由污染净化率(POLA)和污染产生率(POLG)两个变量决定，前者减少污染程度，后者增加污染程度。污染净化率由污染程度和污染净化时间决定。污染产生率则受人口和非农业生产能力两部分影响。科技水平的作用是减少污染净化时间和污染产生率。

### 5.3.3 DYNAMO 方程

SDNMC 由近 700 个方程式组成，共有变量 500 多个。使用 PD Plus 2.1 通过编译的系统动力学全国模型方程如下所述。

```
*     2000CHN   MODEL
NOTE (一)资本积累部分
L     K.K=K.J+DT*(KFOR.JK-AKD.JK)
N     K=960E8
R     KFOR.KL=(BOK.K/DDK.K)*KFORR.K
R     KD.KL=K.K/ALK
N     KD=38.4E8
C     ALK=25
L     BOK.K=BOK.J+DT*(KO.JK-KFOR.JK)
N     BOK=BOKI
C     BOKI=180E8
A     FPKO.K=TABHL(TFPKO, AIPC.K, 100, 1000, 100)
T     TFPKO=0.50/0.60/0.70/0.70/0.70/0.7/0.7/0.7/0.7/0.7
R     KO.KL=ACCUM.K*FPKO.K+ADDKA.K+(DACCU.K-
      ACCUM.K)*FPKO.K*CFUND^
      *STEP(1, 1980)
N     KO=217E8
C     CFUND=0
A     ADDKA.K=AKD.KL-KD.KL
N     AKD=38.4E8
R     AKD.KL=K.K/AALK.K
A     AALK.K=TABHL(TAALK, TIME.K, 1965, 2085, 20)
T     TAALK=25/25/25/25/25/25/25
A     FKAI.K=CLIP(FKAI2.K, FKAI1.K, TIME.K, 1985)
A     FKAI1.K=NACR*FKOAI.K
A     FKAI2.K=CLIP(FKAI22.K, FKAI21.K, TIME.K, 2001)
A     FKAI21.K=CKAI21
C     CKAI21=0.3
A     FKAI22.K=CKAI22
C     CKAI22=0.3
C     NACR=0.25
```

```
A    FKOAI.K=TABHL(TFKOAI, SAIPC.K, 0, 1000, 100)
T    TFKOAI=0/1/1.16/1.20/1.20/1.20/1.20/1.2/1.2/1.2/1.2
A    SAIPC.K=SMOOTH(AIPC.K, TAAI)
C    TAAI=3
A    IVEF.K=(RNNP.K-BRNNP.K)/KO.KL
A    DDK.K=BOK.K/KPR.K
A    KPR.K=PCKP.K * KCU.K
A    KCU.K=TABHL(TKCU, IPR.K/PCKP.K, 0, 2, 0.2)
T    TKCU=0.1/0.3/0.55/0.75/0.9/1/1/1/1/1/1
A    IPR.K=BOK.K/NDDK
C    NDDK=2.5
NOTE (二)国民收入及其分配
A    DTCONS.K=BCONPC.K * POP.K * (1+INCONS.K) * FTCRR.K
L    BCONPC.K=BCONPC.J+(DT/1) * (RCONPC.JK-BCONPC.JK)
N    BCONPC=134
R    RCONPC.KL=CONSPC.K
A    CONSPC.K=TCONS.K/POP.K
A    INCONS.K=SMOOTH(NCONS.K, STM)
N    INCONS=0.037
A    FICI.K=TABHL(TFICI, INAIPC.K, 0, 0.1, 0.01)
T    TFICI=0/0.2/0.40/0.60/0.80/1.10/1.15/1.3/1.5/1.75/2.1
A    INAIPC.K=(AIPC.K-BAIPC.K)/BAIPC.K
L    BAIPC.K=BAIPC.J+(DT/1) * (RAIPC.JK-BAIPC.JK)
N    BAIPC=182
R    RAIPC.KL=AIPC.K
A    AIPC.K=RNNP.K/POP.K
A    NCONS.K=CLIP(NCONS2.K, NCONS1.K, AIPC.K, 1000)
A    NCONS2.K=TABHL(TNCON2, AIPC.K, 1000, 10000, 1000)
T    TNCON2=0.16/0.17/0.18/0.175/0.17/0.165/0.16/0.155/0.14/0.14
A    NCONS1.K=TABHL(TNCON1, AIPC.K, 100, 1000, 100)
T    TNCON1=0.02/0.03/0.06/0.11/0.130/0.135/0.138/0.139/0.14/0.14
A    DACCU.K=BACCPC.K * POP.K * (1+INACCU.K) * FOACC.K
L    BACCPC.K=BACCPC.J+(DT/1) * (PACCPC.JK-BACCPC.JK)
N    BACCPC=48
R    PACCPC.KL=ACCUPC.K
A    ACCUPC.K=ACCUM.K/POP.K
A    INACCU.K=SMOOTH(NACCU.K * FIAC.K, STM)
N    INACCU=0.096
A    FIAC.K=TABHL(TFIAC, INCONS.K, 0, 0.1, 0.01)
```

```
T    TFIAC=0/0.6/0.9/1.2/1.4/1.6/1.7/1.8/1.85/1.9/1.9
C    STM=2
A    NACCU.K=CLIP(NACCU2.K, NACCU1.K, AIPC.K, 1000)
A    NACCU2.K=TABHL(TNACC2, AIPC.K, 1000, 10000, 1000)
T    TNACC2=0.06/0.05/0.035/0.03/0.027/0.025/0.023/0.022/0.021/0.02
A    NACCU1.K=TABHL(TNACC1, AIPC.K, 100, 1000, 100)
T    TNACC1=0.02/0.04/0.075/0.09/0.09/0.095/0.09/0.08/0.07/0.06
L    RATKC.K=RATKC.J+(DT/1) * (RRAKC.JK-RATKC.JK)
N    RATKC=0.57
R    RRAKC.KL=OCP.K/(OCP.K+OKP.K)
A    FTCRR.K=TABHL(TFTCRR, RATKC.K, 0.5, 0.61, 0.01)
T    TFTCRR=1.28/1.24/1.2/1.16/1.12/1.08/1.04/1/1/0.95/0.9/0.8
A    DISACC.K=(DACCU.K-ACCUM.K)/ACCUM.K
A    DISTCN.K=(DTCONS.K-TCONS.K)/TCONS.K
A    ACCUM.K=RNNP.K * DFA.K
A    DFA.K=DACCU.K/(DACCU.K+DTCONS.K)
C    CPT=0
C    CST=0
L    SACCR.K=SACCR.J+(DT/1) * (RSACCR.JK-SACCR.JK)
N    SACCR=0.22
R    RSACCR.KL=ACCUMR.K
A    FPCC.K=TABHL(TFPCC, SACCR.K, 0.21, 0.37, 0.02)
T    TFPCC=0.605/0.605/0.60/0.590/0.570/0.54/0.51/0.480/0.44
L    CONPPC.K=CONPPC.J+(DT/1) * (RCPPC.JK-CONPPC.JK)
N    CONPPC=165
R    RCPPC.KL=OCP.K/POP.K
A    INCPPC.K=(((OCP.K/POP.K)-CONPPC.K)/CONPPC.K) * 100
A    FOACC.K=TABHL(TFDACC, INCPPC.K, -20, 30, 5)
T    TFDACC=0.75/0.805/0.86/0.915/1/1.025/1.04/1.08/1.12/1.16/1.2
L    BRNNP.K=BRNNP.J+DT * (RBNNP.JK-BRNNP.JK)
N    BRNNP=1180E8
R    RBNNP.KL=RNNP.K
A    SEACCU.K=(RNNP.K-BRNNP.K)/ACCUM.K
A    TCONS.K=RNNP.K-ACCUM.K
A    ACCUMR.K=ACCUM.K/RNNP.K
A    SCONS.K=TCONS.K-PCONS.K
A    PCONS.K=NFPC * TCONS.K * FAIPC.K
C    NFPC=0.9
A    APCONL.K=PCONS.K/POP.K
```

```
A    FAIPC.K=TABHL(TFAIPC, AIPC.K, 200, 20200, 2000)
T    TFAIPC=0.99/0.95/0.9/0.88/0.86/0.84/0.83/0.82/0.81/0.8/0.8
A    DFII.K=(KO.KL/POP.K)/AIPC.K
A    ARP.K=(TOI.K+FO.K*0.1*(1+FAGO.K))/(LI.K+LAG.K)
A    RNNP.K=NNP.K*FNNPP.K
A    NNP.K=TPS.K*ARNG.K
A    ARNG.K=SMOOTH(RNG.K, 3)
A    RNG.K=FARAP.K
A    ATE.K=(TEI.K*TOI.K+TEA.K*FO.K*0.10*(1+FAGO.K))/(TOI.K
     +FO.K*0.1
     *(1+FAGO.K))
A    FARAP.K=TABHL(TFARAP, ARP.K, 400, 40400, 4000)
T    TFARAP=0.52/0.48/0.42/0.39/0.36/0.34/0.32/0.30/0.29/0.28/0.27
NOTE (三)资本生产部分
A    OKP.K=PCKP.K*UFKP.K
A    UFKP.K=UFKPD.K*UFKRA.K
A    UFKPD.K=TABHL(TUFKPD, AAVKP.K, 1, 5, 1)
T    TUFKPD=1/1/0.95/0.9/0.8
A    UFKRA.K=TABHL(TUFKRA, AVRM.K, 0, 1, 0.2)
T    TUFKRA=0/0.15/0.4/0.8/0.95/1
A    AAVKP.K=AAVL.K
L    AAVL.K=AAVL.J+(DT/4)*(AAVR.JK-AAVL.JK)
N    AAVL=1
R    AAVR.KL=AVKP.K
A    PCKP.K=(1-FPCC.K)*PCI.K
A    AVRM.K=1
A    AVKP.K=TKP.K/DKP.K
A    TKP.K=OKP.K
A    DKP.K=100+(10/3)*KO.KL
A    NOKP.K=0.357*OKP.K
A    NPKI.K=0.3*KO.KL
NOTE (四)工业生产能力
A    PCI.K=LI.K*PCLI.K
A    PCLI.K=ETRBP.K*(FPCLIE.K*(PPCLI.K-PCLIP)+PCLIP)
A    ETRBP.K=TABHL(TETRBP, TBLR.K, 0, 1, 0.1)
T    TETRBP=1/0.98/0.93/0.85/0.8/0.77/0.74/0.73/0.72/0.71/0.7
C    PCLIP=4000
A    FPCLIE.K=TABHL(TFPCE, EAVIN.K, 0, 1, 0.1)
T    TFPCE=0/0.2/0.36/0.5/0.62/0.72/0.8/0.86/0.92/0.96/1
```

```
A     PPCLI.K=PPCI.K/LI.K
A     PPCI.K=CPCI * EXP(ELI * LOGN(LI.K)) * EXP(ECI * LOGN(KI.K))
      * EXP(EEI * LOGN(EDIN.K)) * TEI.K
C     CPCI=470
C     ELI=0.50
C     ECI=0.40
C     EEI=0.10
A     PNEPC.K=PNEO.K/POP.K
A     PNEO.K=0.955 * PPCI.K+0.1 * PFO.K
A     MAPEI.K=(EEI/EDIN.K) * TOI.K
A     TOI.K=OCP.K+OKP.K
A     PAVIN.K=AVKP.K
A     KI.K=CKI * K.K
C     CKI=0.80
NOTE (五)人口部分
L     POPC.K=POPC.J+DT * (BR.JK-DC.JK-MATO.JK)
N     POPC=13782.22E4
R     DC.KL=POPC.K * MC.K
A     MC.K=TABHL(TMC, LE.K, 20, 70, 10)
T     TMC=0.144/0.096/0.064/0.044/0.0204/0.0056
R     MATO.KL=POPC.K/7
L     POPSC.K=POPSC.J+DT * (MATO.JK-DSC.JK-MAT1.JK)
N     POPSC=16523.28E4
R     DSC.KL=POPSC.K * MSC.K
A     MSC.K=TABHL(TMSC, LE.K, 20, 70, 10)
T     TMSC=0.0125/0.00895/0.0055/0.00325/0.0012/0.0006
R     MAT1.KL=POPSC.K/9
L     POPYA.K=POPYA.J+DT * (MAT1.JK-DYA.JK-MAT2.JK)
N     POPYA=28861.5E4
R     DYA.KL=POPYA.K * MYA.K
A     MYA.K=TABHL(TMYA, LE.K, 20, 70, 10)
T     TMYA=0.028/0.018/0.01/0.0068/0.0038/0.0018
R     MAT2.KL=POPYA.K/30
L     POPEA.K=POPEA.J+DT * (MAT2.JK-DEA.JK-MAT3.JK)
N     POPEA=8660.5E4
R     DEA.KL=POPEA.K * MEA.K
A     MEA.K=TABHL(TMEA, LE.K, 20, 70, 10)
T     TMEA=0.05/0.033/0.020/0.013/0.008/0.006
R     MAT3.KL=POPEA.K/15
```

```
L     POPOP.K=POPOP.J+DT * (MAT3.JK-DOP.JK)
N     POPOP=4708.99E4
R     DOP.KL=POPOP.K * MOP.K
A     MOP.K=TABHL(TMOP, LE.K, 20, 70, 10)
T     TMOP=0.1/0.08/0.065/0.050/0.044/0.040
A     D.K=POPC.K * MC.K+POPSC.K * MSC.K+POPYA.K * MYA.K
      +POPEA.K * MEA.K+POPOP.K * MOP.K
A     POP.K=POPSC.K+POPYA.K+POPEA.K+POPOP.K+POPC.K
A     CDR.K=1000 * D.K/POP.K
A     LE.K=28 * LMF.K * LMHS.K * LMP.K * LEMC
C     LEMC=0.99
A     LMF.K=TABHL(TLMF, (FPC.K/350), 0, 5, 0.5)
T     TLMF=0/0.5/1/1.38/1.385/1.388/1.391/1.394/1.397/1.4/1.4
A     HSAPC.K=TABHL(THSAPC, SOPC.K, 0, 2000, 125)
T     THSAPC=0/39/54/69/84/98/113/128/143/157/172/184/195/205/214/222/229
A     EHSPC.K=SMOOTH(HSAPC.K, HSID)
C     HSID=10
A     LMHS.K=TABHL(TLMHS, EHSPC.K, 0, 100, 10)
T     TLMHS=1/1.8/1.825/1.85/1.875/1.9/1.925/1.95/1.975/2/2
A     LMP.K=TABHL(TLMP, POLR.K, 0, 100, 10)
T     TLMP=1/0.99/0.97/0.95/0.85/0.75/0.65/0.55/0.4/0.3/0.2
N     BR=2.748E7
R     BR.KL=TFER.K * PFER.K/27
A     CBR.K=1000 * BR.KL/POP.K
NOTE A     TFER.K=TABHL(TTFER, TIME.K, 1965, 2005, 10)
T     TTFER=4/3.66/3.23/1.5/1
A     TFER.K=MIN(MTF.K, (MTF.K * (1-FCE.K)+FDTF.K * FCE.K))
A     PFER.K=POPYA.K/2
A     MTF.K=0.77 * FM.K * 12
A     FM.K=TABHL(TFM, LE.K, 0, 70, 10)
T     TFM=0/0.2/0.4/0.6/0.8/0.9/1/1.05
A     FDTF.K=DCFS.K * CMPLE.K
A     CMPLE.K=TABHL(TCMPLE, PLE.K, 0, 70, 10)
T     TCMPLE=3/2.1/1.6/1.4/1.3/1.2/1.1/1.05
A     PLE.K=DLINF3(LE.K, LPD)
C     LPD=15
A     DCFS.K=SDF.K+ETT.K * (TTF.K-SDF.K)
A     TTF.K=CLIP(TTF1, TTF2, 2000, TIME.K)
C     TTF1=4
```

```
C      TTF2=3
A      SDF.K=CLIP(SDF1.K, SDF2, 2085, TIME.K)
A      SDF1.K=TABHL(TSDF1, TIME.K, 1965, 2085, 10)
T      TSDF1=2/2/1/1/1.6/1.6/1.6/1.6/1.6/1.6/1.6/1.6/1.6
NOTE T     TSDF1=2/2/2/2/2/2/2/2/2/2/2/2/2
C      SDF2=1.7
A      ETT.K=CLIP(ETT1.K, ETT2.K, 1980, TIME.K)
A      ETT1.K=TABHL(TETT1, TIME.K, 1965, 1980, 3)
T      TETT1=0.65/0.6/0.55/0.45/0.4/0.4
A      ETT2.K=TABHL(TETT2, TIME.K, 1980, 2000, 4)
T      TETT2=0.4/0.65/0.6/0.4/0.15/0.1
A      FCE.K=TABHL(TFCE, FCFPC.K, 0, 3, 0.5)
T      TFCE=0.75/0.85/0.9/0.96/0.98/0.99/0.995
A      FCFPC.K=DLINF3(FCAPC.K, HSID)
A      FCAPC.K=FSAFC.K*SOPC.K
A      FSAFC.K=TABHL(TFSAFC, NFC.K, 0, 10, 2)
T      TFSAFC=0/0.01/0.035/0.05/0.055/0.06
A      NFC.K=(MTF.K/SDF.K)-1
A      SOPC.K=RNNP.K*FSO/POP.K
C      FSO=0.15
A      FPC.K=FO.K/POP.K
A      DAP.K=D.K-POPSC.K*MSC.K
A      FOP.K=POPOP.K/POP.K
A      LA.K=((POPYA.K*(45-21)/30)+(POPEA.K*(15-5/2)/15))*0.95
A      CHSAG.K=POPSC.K+POPYA.K/4
A      FPFER.K=PFER.K/POP.K
A      FCH.K=(POPC.K+CHSAG.K)/POP.K
A      FL.K=LA.K/POP.K
A      POPA.K=POPYA.K+POPEA.K+POPOP.K
L      BPOP.K=BPOP.J+DT*(RPOP.JK-BPOP.JK)
N      BPOP=7.05E8
R      RPOP.KL=POP.K
A      IRPOP.K=1000*(POP.K-BPOP.K)/BPOP.K
A      FLA.K=LA.K/POP.K
NOTE (六)消费品部分
A      OCP.K=PCCP.K*UFCP.K
A      UFCP.K=UFCPD.K*UFCPRA.K
A      UFCPRA.K=TABHL(TUFCP, AVRM.K, 0, 1, 0.2)
T      TUFCP=0/0.15/0.5/0.85/0.95/1
```

```
A    UFCPD.K=TABHL(TUFCPD, AAVCP.K, 1, 5, 1)
T    TUFCPD=1/1/0.95/0.9/0.8
A    AAVCP.K=AAVCPL.K
L    AAVCPL.K=AAVCPL.J+(DT/4)*(AAVCPR.JK-AAVCPL.JK)
N    AAVCPL=1
R    AAVCPR.KL=AVCP.K
A    PCCP.K=FPCC.K*PCI.K
C    EFMC=0.5
A    AVCP.K=TCP.K/DCP.K
A    DCP.K=DDCP.K+DDCONS.K
A    TCP.K=NOCP.K
A    NOCP.K=0.78*OCP.K
NOTE (七)污染
L    POL.K=POL.J+DT*(POLG.JK-POLA.JK)
N    POL=POLI
C    POLI=1
R    POLG.KL=POP.K*POLRPP.K*FPPCPC.K*FPTEI.K
A    FPTEI.K=TABHL(TFPTEI, TEI.K, 1, 6, 1)
T    TFPTEI=0.5/0.35/0.25/0.1/0.05/0.02
A    POLRPP.K=TABHL(TPRPP, AIPC.K, 200, 10200, 1000)
T    TPRPP=5E-10/1E-9/1.6E-9/2E-9/2.3E-9/2.5E-9/2.7E-9/
     2.9E-9/3E-9/3E-9/3E-9
A    FPPCPC.K=TABHL(TPPCPC, INPCPC.K, 100, 20100, 2000)
T    TPPCPC=2/2.2/1.9/1.8/1.75/1.7/1.65/1.6/1.6/1.55/1.5
A    INPCPC.K=PCI.K/POP.K
A    POLR.K=POL.K/POLS
C    POLS=1
R    POLA.KL=POL.K/POLAT.K
A    POLAT.K=NPOLAT*FPATPR.K*FPATPI.K*FPATTI.K
C    NPOLAT=10
A    FPATPR.K=TABHL(TPATPR, POLR.K, 0, 10, 2)
T    TPATPR=1/1.01/1.03/1.06/1.1/1.11
A    FPATPI.K=TABHL(TPATPI, (INVPOL.K/INVPI), 0, 100, 10)
T    TPATPI=1.00/0.999/0.997/0.994/0.99/0.982/0.97/0.95/0.93/0.9/0.9
C    INVPI=2E8
A    FPATTI.K=TABHL(TPATTI, TEI.K, 1, 6, 1)
T    TPATTI=1/0.9/0.84/0.8/0.77/0.76
A    FNNPP.K=TABHL(TFNNPP, POLR.K, 0, 10, 1)
T    TFNNPP=1/0.999/0.97/0.9/0.88/0.85/0.83/0.82/0.81/0.8/0.8
```

```
A    INVPOL.K=FINVP.K * RNNP.K
A    FINVP.K=TABHL(TFINVP, POLR.K, 0, 10, 2)
T    TFINVP=0.004/0.005/0.008/0.014/0.015/0.015
NOTE (八)增加积累部分
A    DFIC.K=1-DFII.K-DFIF.K
A    DDCP.K=DFIC.K * POP.K * AIPC.K
A    DDCONS.K=FDCACA.K * DDKI.K * (1-FIK)
A    DDKI.K=KO.KL
A    FDCACA.K=TABHL(TFDACA, AAVKP.K, 0, 1, 0.2)
T    TFDACA=0.5/0.6/0.75/0.9/0.96/1
C    FIK=0.50
A    DDF.K=DFIF.K * POP.K * AIPC.K
A    DFIF.K=CLIP(DFIFQ.K, DFIFP.K, AIPC.K, 1000)
A    DFIFP.K=TABHL(TDFIFP, AIPC.K, 0, 1000, 100)
T    TDFIFP=1/0.8/0.7/0.6/0.55/0.5/0.46/0.44/0.42/0.41/0.4
A    DFIFQ.K=TABHL(TDFIFQ, AIPC.K, 1000, 10000, 1000)
T    TDFIFQ=0.4/0.38/0.36/0.34/0.33/0.32/0.318/0.314/0.312/0.31
A    KFORR.K=TABHL(TKFORR, AAVKP.K, 0, 1.4, 0.2)
T    TKFORR=0/0.3/0.5/0.55/0.65/0.85/0.95/1
NOTE (九)能源
L    UPER.K=UPER.J+(DT)(-DRE.JK)
N    UPER=UPERI
C    UPERI=90E10
NOTE CER.K=UPER.K/UPERI
R    DRE.KL=EDO.K
A    EDO.K=CLIP(EP.K, 0, SCEO2.K, 0)
N    DRE=1.88E8
A    SCEO2.K=MIN(UPER.K, 0)
A    EP.K=CLIP(EPO.K, UPER.K, SUEO1.K, 0)
A    EPO.K=CLIP(EPC.K, HEP.K, TIME.K, 1985)
A    HEP.K=1.88E8+RAMP(0.299E8, 1965)
A    SUEO1.K=MAX((UPER.K-EPC.K), 0)
L    EPC.K=EPC.J+DT * EPCG.JK
N    EPC=6.372E8
R    EPCG.KL=CEPCIN.K * EPR.K/4
A    EPR.K=EPRN/IFR.K
C    EPRN=0.01
A    IFR.K=TABHL(TIFR, UPER.K/UPERI, 0, 1, 0.1)
T    TIFR=1E3/5/3/2.5/2.1/1.9/1.7/1.5/1.3/1.1/1
```

```
A    EPCIN.K=EPINR.K*ACCUM.K*SCEO.K*FPKO.K
A    EPINR.K=CLIP(INVR.K, (RAMP(0.01, 1984)+0.1), TIME.K, 1990)
A    INVR.K=TABHL(TINVR, TIME.K, 1990, 2070, 10)
T    TINVR=0.15/0.15/0.15/0.15/0.15/0.15/0.15/0.15/0.15
A    SUEO.K=SWITCH(0, 1, UEO.K)
A    SCEO.K=SWITCH(0, 1, EDO.K)
A    CEPCIN.K=(EPCIN.K-EIA.K*100-UI.K*EPINR.K*ACCUM.K ^
    *SUEO.K*FPKO.K)
A    UI.K=CLIP(0.5, 0.05, (URSY+20), TIME.K)
A    SEI1.K=CLIP(SEI2.K, 0, TIME.K, URSY)
A    SEI2.K=CLIP(0, 1, TIME.K, URSY+50)
L    EAVINL.K=EAVINL.J+DT*(EAVINR.JK-EAVINL.JK)
N    EAVINL=0.72
R    EAVINR.KL=EAVIN.K
A    EAVIN.K=EOT.K/EDD.K
A    EDD.K=FEC.K*DEPNE.K*PNEO.K/10000
A    FEC.K=TABHL(TFEC, TIME.K, 1965, 2065, 10)
T    TFEC=1/1/1/1/1/1/1/1/1/1/1
A    DEPNE.K=CLIP(DEPNEP.K, DEPNEQ.K, PNEPC.K, 2000)
A    DEPNEQ.K=TABHL(TDEPEQ, PNEPC.K, 0, 2000, 200)
T    TDEPEQ=0/8/9/10/9/8.8/8.5/8.5/8.5/8.2/7.6
A    DEPNEP.K=TABHL(TDEPEP, PNEPC.K, 2000, 30000, 2000)
T    TDEPEP=7.2/7/5.9/5.4/5/4.6/4.3/4.1/3.9/3.7/3.5/3.3/3.2/3.1/3
A    EOT.K=EDO.K+EIA.K+UEO.K
A    EIA.K=FEAI.K*MAX((EDD.K-EDO.K-AUEO.K), 0)
A    AUEO.K=AUEOL.K
L    AUEOL.K=AUEOL.J+DT*(AUEOR.JK-AUEO.J)
N    AUEOL=0
R    AUEOR.KL=UEO.K
A    FEAI.K=TABHL(TFEAI, TIME.K, 1965, 2015, 10)
T    TFEAI=0/0/0/0/0/0
A    UEO.K=CLIP(UEP.K, 0, TIME.K, URSY)
C    URSY=2085
A    EDUS.K=EDD.K-EDO.K-EIA.K
A    UEP.K=CLIP(0.95*EDUS.K, 0.95*(1/(URSY+50-TIME.K))*EDUS.
     K, TIME.K, ^
    (URSY+20))
A    IREDD.K=(EDD.K-EDDS.K)/EDD.K
L    EDDS.K=EDDS.J+DT*(EDDSR.JK-EDDS.JK)
```

```
N    EDDS=2.154E8
R    EDDSR.KL=EDD.K
A    EDE.K=IREDD.K/IRTPS.K
L    EDES.K=EDES.J+(DT/5)*(EDESR.JK-EDES.JK)
N    EDES=1.2
R    EDESR.KL=EDE.K
NOTE (十)劳动力分配
A    LI.K=LIR.K*LA.K
A    LAG.K=LA.K-LI.K
A    LIR.K=TABHL(TLIR, TIME.K, 1965, 2065, 10)
T    TLIR=0.17/0.21/0.247/0.288/0.355/0.394/0.412/0.423/0.433ˆ
    /0.434/0.435
A    MAUPAV.K=TABHL(TMUPAV, PAVIN.K, 0, 2.5, 0.5)
T    TMUPAV=2.5/2.1/1.7/1.3/0.9/0.5
A    MAUFAV.K=TABHL(TMUFAV, FAVIN.K, 0, 2.5, 0.25)
T    TMUFAV=3/2.7/2.4/2.1/1.8/1.5/1.2/0.9/0.6/0.4/0.2
NOTE (十一)农业
A    FO.K=FOL.K*LAG.K
A    FOL.K=CFOLM.K*(PFOL.K-PRFOL.K)+PRFOL.K
A    CFOLM.K=TABHL(TCFOLM, MAVIN.K, 0, 1.5, 0.3)
T    TCFOLM=0/0.28/0.6/0.8/0.94/1
A    MAVIN.K=AVRM.K
A    PRFOL.K=TABHL(TPRFOL, (ALLR.K/LLRN), 0, 1, 0.1)*PRFOLN
T    TPRFOL=0/0.2/0.34/0.47/0.58/0.69/0.78/0.84/0.9/0.95/1
C    LLRN=11
C    PRFOLN=1000
A    ALLR.K=ALAND/LAG.K
C    ALAND=20E8
A    PFOL.K=PFO.K/LAG.K
A    PFO.K=750*(EXP(ELAG*LOGN(LAGP.K)))*(EXP(EKAG*LOGN
     (KAG.K)))ˆ
     *(EXP(EEDAG*LOGN(EDAG.K)))*TEA.K
A    LAGP.K=LAG.K*FLAGP.K
A    FLAGP.K=TABHL(TFLAGP, TIME.K, 1965, 2065, 20)
T    TFLAGP=0.95/0.80/0.70/0.65/0.62/0.6
A    KAG.K=K.K*(1-CKI-CKC)
C    CKC=0.11
C    ELAG=0.65
C    EKAG=0.30
```

```
C     EEDAG=0.05
A     MAPEAG.K=(EEDAG/EDAG.K) * FO.K
A     FAVIN.K=TF.K/DDF.K
A     TF.K=FO.K
NOTE (十二)教育
L     ED.K=ED.J+DT * (IED.JK-RED.JK)
N     ED=2356E2
R     IED.KL=(FINR.KL * DUED.K * PERR.K)/10000
A     PERR.K=1-DRPR.K
A     DRPR.K=(1-MDRPI) * DRPED.K+MDRPI * DRPIN.K
C     MDRPI=0.6
A     DRPED.K=TABHL(TDRPED, SYPA.K, 0, 12, 3)
T     TDRPED=0.30/0.15/0.05/0.03/0.01
A     SYPA.K=(ED.K * 1000)/POPA.K
A     DUED.K=0.5 * DUEIN.K+0.5 * DUEE.K
A     DUEE.K=TABHL(TDUEE, 10000 * ED.K/POPA.K, 0, 16, 2)
T     TDUEE=0/4/6/8/10/12/13/14/15
A     DUEIN.K=TABHL(TDUEIN, AIPC.K, 0, 5000, 500)
T     TDUEIN=0/6/8/9/10/11/12/13/14/15/15
R     RED.KL=DAP.K * DUED.K/10000
A     DRPIN.K=TABHL(TDRPIN, AIPC.K, 0, 5000, 500)
T     TDRPIN=0.3/0.2/0.15/0.10/0.05/0.03/0.02/0.01/0.01/0.01/0.01
R     FINR.KL=DELAY3(ADR.KL, DUED.K)
N     FINR=17E6
L     STU.K=STU.J+DT * (ADR.JK-FINR.JK)
N     STU=13120.1E4
R     ADR.KL=AFINR.K+MAX(0, ENRCA.K * ESDAR.K-STU.K)/TASTU
N     ADR=1731.7E4
C     TASTU=1
A     ENRCA.K=INED.K/INENR.K
A     ESDAR.K=TABHL(TESDAR, (SDED.K/ENRCA.K), 0, 1, 0.1)
T     TESDAR=0/0.38/0.48/0.58/0.68/0.76/0.83/0.89/0.93/0.97/1
A     INENR.K=INEND.K * (AIPC.K/NAIN.K)
A     NAIN.K=TABHL(TNAIN, AIPC.K, 0, 4000, 1000)
T     TNAIN=100/400/500/550/600
A     INEND.K=TABHL(TINEND, DUED.K, 0, 16, 2)
T     TINEND=0/23/27/34/38/44/48/178/281
L     ADINED.K=ADINED.J+(DT/TADINE) * (DINER.JK-ADINED.JK)
N     ADINED=0.15E11
```

```
R    DINER.KL=DINED.K
A    DINED.K=FPEDA.K * ADINED.K
A    FPEDA.K=TABHL(TFPEDA, AVENC.K, 0, 1, 0.2)
T    TFPEDA=1.65/1.45/1.35/1.25/1.1/0.9
A    AVENC.K=ENRCA.K/SDED.K
A    SDED.K=CHSAG.K * DENRR.K * (DUED.K/DSAGP.K)
A    DENRR.K=MDENRI * DENRI.K+(1-MDENRI) * DERED.K
C    MDENRI=0.5
A    DENRI.K=TABHL(TDENRI, AIPC.K, 0, 2500, 250)
T    TDENRI=0/0.70/0.8/0.85/0.9/0.95/0.95/0.95/0.95/0.95/0.95
A    DERED.K=TABHL(TDERED, SYPA.K, 0, 12, 2)
T    TDERED=0/0.8/0.9/0.95/0.97/0.98/1
A    DSAGP.K=DUED.K+(PDSAP.K-DUED.K) * FDIN.K
A    PDSAP.K=TABHL(TPDSAP, DUED.K, 0, 16, 2)
T    TPDSAP=6/6/6/6/8/10/12/14/16
A    FDIN.K=TABHL(TFDIN, AIPC.K, 0, 5000, 500)
T    TFDIN=1/0.8/0.6/0.5/0.4/0.3/0.2/0.15/0.1/0.05/0.05
A    AFINR.K=SMOOTH(FINR.KL, TAFINR)
C    TAFINR=1
A    INED.K=MIN(FINED.K * PSCONS.K, ADINED.K)
A    FINED.K=ADINED.K/(2 * ADRDIN.K+ADINED.K)
C    TADINE=3
L    AINED.K=AINED.J+DT * SINED.JK
N    AINED=60E8
R    SINED.KL=INED.K-AINED.K
A    IRINED.K=(INED.K-AINED.K)/AINED.K
NOTE (十三)工业技术
L    TEI.K=TEI.J+DT * RATTEI.JK
N    TEI=TEII
C    TEII=1.21
R    RATTEI.KL=DTEII.K * (FTTEI.K * MTEII+(1-MTEII) * MTEFT.K *
     FTTFT.K)
C    MTEII=0.5
A    TERI.K=TEIADV.K/TEI.K
A    NTCIT.K=LOGN(TERI.K)/ARTIPD.K
A    ARTIPD.K=SMOOTH(RTIPDO.K, TRTIPD)
C    TRTIPD=5
A    RTIPDO.K=LOGN(TEI.K/1.205)/(TIME.K-1964)
C    RTIPAV=0.0137
```

```
A    FTTEI.K=TABHL(TFTTEI, TENTI.K, 0, 2.5, 0.5)
T    TFTTEI=0/0.16/0.30/0.45/0.50/0.60
A    TENTI.K=TENI.K/TEI.K
A    TENI.K=TEINI.K * TEIADV.K
A    TEINI.K=TABHL(TTEINI, (SYPLI.K/12), 0, 1.5, 0.25)
T    TTEINI=0/0.35/0.65/0.85/1/1.15/1.25
A    RTEI.K=(ITEI.K/ATEI.K)/(IPPCI.K/APPCI.K)
A    IITEI.K=TABHL(TIITEI, RTEI.K/0.6, 0, 1, 0.2)
T    TIITEI=0.5/0.5/0.6/0.7/0.8/0.9
A    PITEI1.K=IITEI.K * IPPCI.K * ATEI.K/APPCI.K
A    PITEI2.K=(APPCI.K/(PPCI.K/TEI.K))-TEI.K
A    PITEI.K=MAX(PITEI1.K, PITEI2.K)
A    PTEI.K=TEI.K+PITEI.K
A    PDTEI.K=PITEI.K/TRDTE.K
A    TRDTE.K=TABHL(TTRDTE, PTEI.K/TEI.K, 1, 2, 0.2)
T    TTRDTE=1/2/4/6/8/10
A    DRDIN.K=(PDTEI.K/ITEI.K) * ARDIN.K * CTA.K
A    ADRDIN.K=SMOOTH(DRDIN.K, 3)
A    CTA.K=TABHL(TCTA, (TEI.K+PDTEI.K)/TEII, 1, 6, 0.5)
T    TCTA=1/0.9/0.82/0.75/0.82/0.9/1/1.2/2/4/8
A    RRDIN.K=RDIN.K/15E8
A    ARRDIN.K=SMOOTH(RRDIN.K, 3)
A    DTEII.K=(ARRDIN.K/CTA.K) * MITEI
C    MITEI=0.015
A    FTTFT.K=TABHL(TFTTFT, FORTR.K/0.1, 0, 2, 0.25)
T    TFTTFT=0.0/0.35/0.55/0.75/0.95/1.1/1.2/1.3/1.4
A    MTEFT.K=TABHL(TMTEFT, (TEIADV.K-TEI.K), 0, 4, 0.5)
T    TMTEFT=0/0.2/0.5/0.65/0.85/0.95/1/1.05/1.1
L    APPCI.K=APPCI.J+(DT/1) * RPPCI.JK
N    APPCI=0.22912E12
R    RPPCI.KL=PPCI.K-APPCI.K
L    ATEI.K=ATEI.J+(DT/1) * STEI.JK
N    ATEI=1.205
R    STEI.KL=TEI.K-ATEI.K
L    ARDIN.K=ARDIN.J+(DT/1) * SRDIN.JK
N    ARDIN=10E8
R    SRDIN.KL=RDIN.K-ARDIN.K
A    IPPCI.K=PPCI.K-APPCI.K
A    ITEI.K=TEI.K-ATEI.K
```

```
A     FORTR.K=TABHL(TFORTR, TIME.K, 1965, 2085, 10)
T     TFORTR=0.02/0.045/0.06/0.085/0.090/0.08/0.075/0.07/0.07/0.07
      /0.07/0.07/0.07/0.07/0.07
A     FRDIN.K=2*ADRDIN.K/(2*ADRDIN.K+ADINED.K)
A     RDIN.K=MIN(FRDIN.K*PSCONS.K/2, ADRDIN.K)
A     PSCONS.K=SCONS.K*RPSCO.K
A     RPSCO.K=CLIP(RPSCO1.K, RPSCO2.K, 2000, TIME.K)
A     RPSCO1.K=CLIP(0.78, CPR1, 1985, TIME.K)
A     RPSCO2.K=CLIP(CPR2, CPR3, 2030, TIME.K)
C     CPR1=0.78
C     CPR2=0.78
C     CPR3=1.10
A     TEIADV.K=TEIADI*EXP(RTIPAV*(TIME.K-1965))
C     TEIADI=3
A     SYPLI.K=(((10000*EDIN.K)*LA.K)/POPA.K)/LI.K
A     IRTEI.K=ITEI.K/ATEI.K
A     IRRDIN.K=(RDIN.K-ARDIN.K)/ARDIN.K
NOTE (十四)要素影响
L     ALI.K=ALI.J+(DT/1)*SLI.JK
N     ALI=0.441E8
R     SLI.KL=LI.K-ALI.K
A     ILI.K=LI.K-ALI.K
L     AKI.K=AKI.J+(DT/1)*SKI.JK
N     AKI=690E8
R     SKI.KL=KI.K-AKI.K
A     IKI.K=KI.K-AKI.K
L     AEDIN.K=AEDIN.J+(DT/1)*SEDIN.JK
N     AEDIN=480E2
R     SEDIN.KL=EDIN.K-AEDIN.K
A     IEDIN.K=EDIN.K-AEDIN.K
A     RLI.K=((ILI.K/ALI.K)/(IPPCI.K/APPCI.K))*ELI
A     RKI.K=((IKI.K/AKI.K)/(IPPCI.K/APPCI.K))*ECI
A     REDIN.K=((IEDIN.K/AEDIN.K)/(IPPCI.K/APPCI.K))*EEI
NOTE (十五)农业技术
L     TEA.K=TEA.J+DT*RATTEA.JK
N     TEA=1
R     RATTEA.KL=MAX(((TEAADV.K-TEA.K)/NTCAT.K)*FTTEA.K, 0)
A     TERA.K=TEAADV.K/TEA.K
```

```
A    NTCAT.K=LOGN(TERA.K)/(RTAPDO-RTAPAV)
C    RTAPDO=0.024
C    RTAPAV=0.01
A    FTTEA.K=TABHL(TFTTEA，TENTA.K，0，2.5，0.5)
T    TFTTEA=0/0.16/0.32/0.34/0.49/0.52
A    TENTA.K=TENA.K/TEA.K
A    TENA.K=TEINA.K＊TEAADV.K
A    TEINA.K=TABHL(TTEINA，(SYPLA.K/12)，0，1.5，0.25)
T    TTEINA=0/0.35/0.65/0.85/1/1.15/1.25
A    SYPLA.K=(10000＊EDAG.K)/LAG.K
A    TEAADV.K=TEAADI＊EXP(RTAPAV＊(TIME.K-1965))
C    TEAADI=3.5
NOTE (十六)教育分配
A    EDIN.K=POP.K＊RPOPI.K＊(EDIPC.K/10000)＊0.83
A    RPOPI.K=TABHL(TRPOPI，TIME.K，1965，2065，20)
T    TRPOPI=0.17/0.25/0.3/0.35/0.38/0.4
A    EDAG.K=ED.K-EDIN.K
A    EDIPC.K=(EDIR.K＊ED.K＊10000)/(POP.K＊0.83)
A    EDIR.K=TABHL(TEDIR，TIME.K，1965，2065，10)
T    TEDIR=1.25/1.4/1.17/1.19/1.11/1.1/1.04/1.04/1/1/1
A    UEDRI.K=MAUEDI.K/AMAUED.K
A    UEDRAG.K=MAUEDA.K/AMAUED.K
A    AMAUED.K=FEDI.K＊MAUEDI.K+(1-FEDI.K)＊MAUEDA.K
A    FEDI.K=MAUEDI.K/(MAUEDI.K+MAUEDA.K)
A    MAUEDI.K=MAUPAV.K＊MAPEI.K
A    MAUEDA.K=MAUFAV.K＊MAPEAG.K
NOTE (十七)社会总产值
A    TPS.K=TOI.K+FO.K＊0.1＊(1+FAGO.K)
A    FAGO.K=CLIP(FAGN，0.25，TIME.K，1975)
C    FAGN=0.35
A    IRTPS.K=(TPS.K-TPSS.K)/TPSS.K
L    TPSS.K=TPSS.J+(DT/1)＊(TPSSR.JK-TPSS.JK)
N    TPSS=0.2731E12
R    TPSSR.KL=TPS.K
NOTE (十八)交通
L    TRCAP.K=TRCAP.J+DT＊(TRCAI.JK-TRCAR.JK)
N    TRCAP=TRCAPI
C    TRCAPI=1.2E9
```

```
R    TRCAI.KL=DELAY1(TRCAIN.K * TRCC.K, 10)
A    TRCC.K=TRCCN * FTRCC.K
C    TRCCN=0.025
A    FTRCC.K=TABHL(TFTRCC, TIME.K, 1965, 2065, 10)
T    TFTRCC=1.1/1.05/1/0.98/0.96/0.94/0.92/0.89/0.85/0.8/0.78
A    TRCAIN.K=TRCINR.K * KO.KL
R    TRCAR.KL=TRCAP.K/25
A    TRCINR.K=CLIP(TCINR, 0.12, TIME.K, 1980)
C    TCINR=0.15
A    TBLR.K=TBLRL.K
L    TBLRL.K=TBLRL.J+DT * (TBLRR.JK-TBLRL.JK)/2
N    TBLRL=0.1
R    TBLRR.KL=(DTRA.K-TRCAP.K)/DTRA.K
A    DTRA.K=FTRGP.K * TPS.K
A    FTRGP.K=TABHL(TFTRGP, TIME.K, 1965, 2065, 20)
T    TFTRGP=0.0045/0.003/0.0025/0.002/0.0018/0.0016
NOTE (十九)仿真命令
N    TIME=1965
SPEC DT=1, LENGTH=2065, SAVPER=1
SAVE TPS, RNNP, AIPC, POP, TEI, FO, K, DUED, POL, EDO, TRCAP,
TBLR, TEIADV
```

中国社会经济长期发展模型方程变量注释

### 5.3.4　仿真结果

SDNMC使用PD Plus 2.1进行仿真，仿真结果包括我国主要社会经济变量的动态发展趋势，以及对这些变量动态发展变化的分析。尽管这些仿真结果是30多年前的结论，国家相关政策也有一定的调整，有的模拟值和实际值之间也存在出入，但大部分结论至今仍然有一定的指导意义。

**1. 人口发展趋势**

我国人口的压力始终很大。1990年代初人口突破12亿，2000年达12.45亿，2010年突破13亿，2040年代将出现人口最大值后下降，后到2065年仍达13.5亿。主劳动力比例在百年内将保持在40%以上，但是较高的老年人比例(25%～30%)是不可避免的。人口(POP)、老年人口比(FOP)发展趋势如图5.3.14所示。

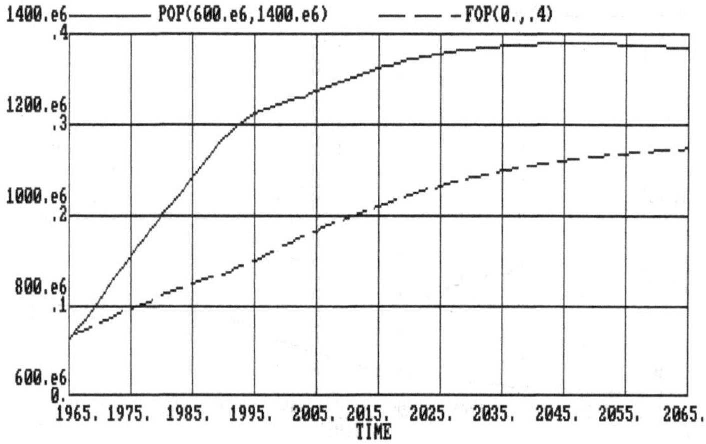


图 5.3.14 POP、FOP 发展趋势

**2. 经济发展趋势**

在 1980—2000 年期间，社会总产值以平均 7.3%的速度向前发展，以后其增长率将逐步减小，到 2065 年为 3.2%。国民收入在 1980—2000 年间以平均 6.5%的增长率增长，2000 年以后国民收入的增长率将逐步减小，到 2065 年减为 3%。积累率从 1990 年开始，由 32%逐渐下降到 2065 年的 25%。社会总产值(TPS)、国民收入(NNP)、积累率(ACCUMR)发展趋势如图 5.3.15 所示。

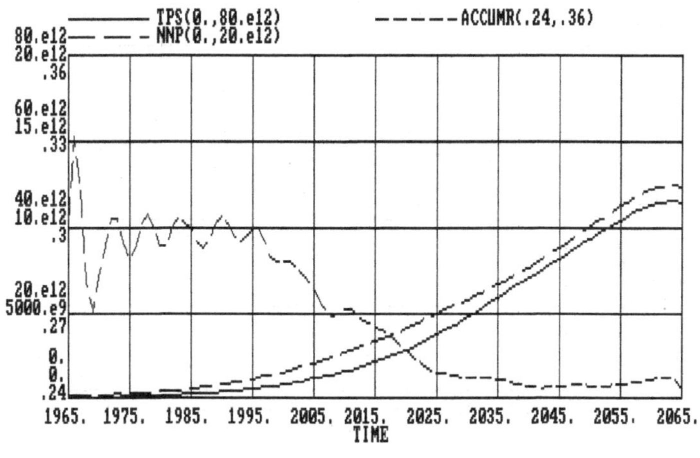


图 5.3.15 TPS、NNP、ACCUMR 发展趋势

**3. 能源发展趋势**

2000 年以前的 20 年期间，能源国内产出以平均 12.1%的速度向前发展，以后其增长率将逐步减小，到 2065 年为 3.7%。由于 1990 年以后经济增长速度加快，能源供应紧张情况在 2000 年前得不到缓解。2000 年的能源可供性为 0.6，2025 年以后的 40 年中能源可供性保持在 0.8～1.5 的高水平上。能源国内产出(EDO)、能源可供性(EAVIN)发展趋势如图 5.3.16 所示。

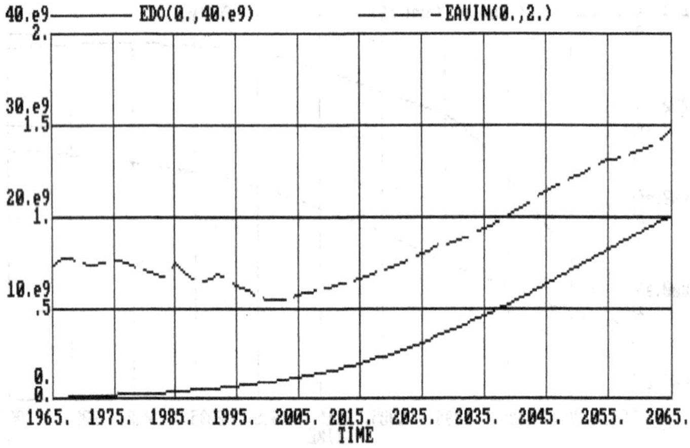


图 5.3.16　EDO、EAVIN 发展趋势

**4. 交通运输发展趋势**

2000 年以前的 20 年期间，交通运输能力以平均 6.0%的速度向前发展，到 2065 年为 4.3%。货物运输积压率今后不会继续升高，但 2000 年的运输紧张情况不会有很大好转。可望在 2040 年后交通运输能力不足问题得到解决。早日解决交通运输紧张问题的实际途径是增加投资。交通运输能力(TRCAP)、货物运输积压率(TBLR)变化趋势如图 5.3.17 所示。

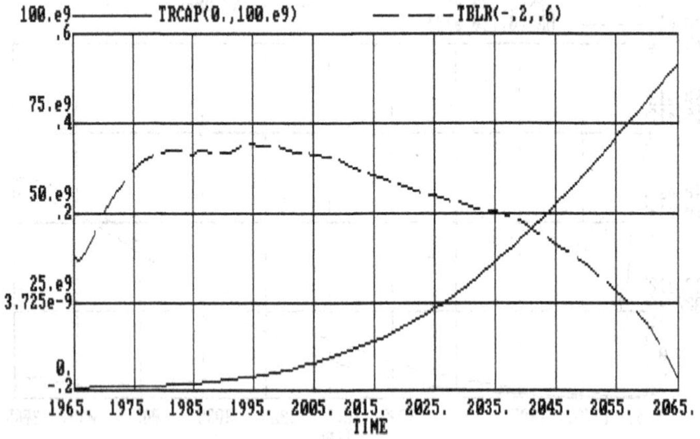


图 5.3.17　TRCAP、TBLR 变化趋势

**5. 科技发展趋势**

我国科技水平 1965 年、1980 年、2000 年分别为 1.21、1.44、2.7，同期国外科技水平为 3、3.69、4.85，国外先进科技水平与我国科技水平之比为 2.48、2.56、1.8，2000 年基本达到国外先进国家本世纪 60 年代的水平。我国科技水平将在 2050—2060 年代赶上世界先进水平，国外先进科技水平(TEIADV)、我国科技水平(TEI)发展趋势如图 5.3.18 所示。

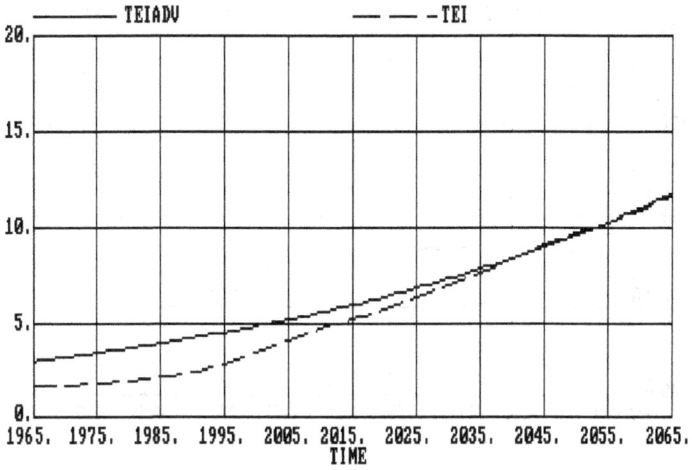


图 5.3.18　TEIADV、TEI 发展趋势

**6. 污染趋势**

在 2000 年之前，污染将伴随着工业的发展，快速增长到最大值。2000 年以后，随着污染净化投资的增加，由 1985 年占国民收入的 0.8%增至 2000 年的 1.4%，以及技术治理污染能力的增强，到 2035 年使污染程度降至 1965 年的水平。污染程度(POL)、污染治理投资(INVPOL)的变化趋势如图 5.3.19 所示。

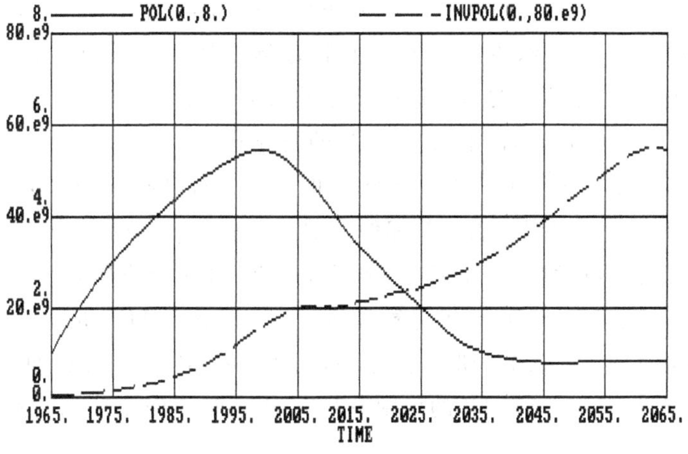


图 5.3.19　POL、INVPOL 变化趋势

**7. 教育发展趋势**

模型仿真表明：从 1990 年起，如果我国教育能力的可得性(实际教育负担能力/所期望的教育规模)能保持在 85%以上，同时加强成人教育，则我国人均受教育水平到 2000 年将达到初中毕业水平(8～9 年)。到 2030 年可望达到高中毕业水平(12 年)。我国教育可得性(AVENC)、社会期望教育水平(SDED)发展趋势如图 5.3.20 所示。

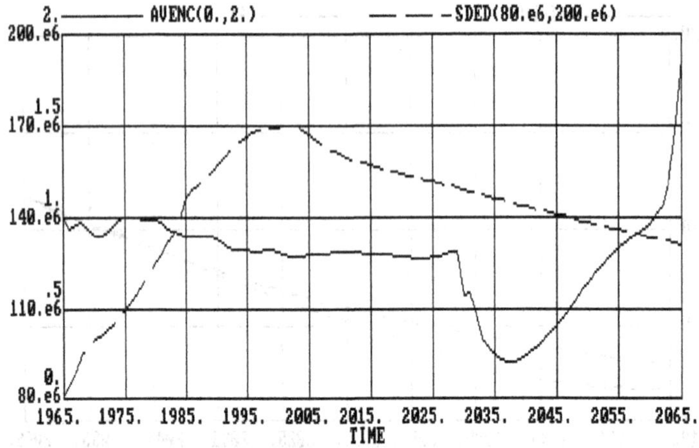


图 5.3.20　AVENC、SDED 发展趋势

## 5.4 世界模型

### 5.4.1 问题描述

世界模型以系统动力学为分析方法，以整个世界为研究对象，研究人口、工业产出、食物、污染以及不可再生资源的消耗对人类未来的影响。系统动力学的创始人、麻省理工学院的福瑞斯特教授将这五大因素综合起来考虑，利用电子计算机处理，建立起世界模型，并经过一系列修改，将 WORLD Ⅰ模型发展为 WORLD Ⅱ模型。之后，梅多斯领导的项目小组又将 WORLD Ⅱ模型的结构进一步细化并扩大了其数据量，从而进一步升级为 WORLD Ⅲ模型，这是《增长的极限》这份报告的研究基础。

罗马俱乐部是一个由杰出的商人、政治家和科学家组成的关注人类未来的非官方国际学术组织。1970 年 6 月该组织在瑞士首都伯尔尼召开会议，打算进行一项题为“人类的困境”的研究课题。福雷斯特教授参加了这次聚会，提出 MIT 开发的系统动力学方法或许是比较适用的。罗马俱乐部成员赴 MIT 考察和研讨后，同意在 MIT 成立一个以福雷斯特的学生梅多斯教授为首的 17 人国际研究小组，进行世界模型(WORLD Ⅲ)的研制。这一小组在福雷斯特的指导下发表了《增长的极限》(1972 年)和《走向全球均衡》(1974 年)等重要著作。

福雷斯特的《世界动力学》(1971 年)一书介绍了世界模型Ⅱ的结构、假设、仿真条件、结果及主要结论。该模型的仿真时间长达 200 年，从全球的角度研究了地球上 5 个方面——人口增长、工业化、污染排放与吸收、非再生资源消耗及食物供应等的相互作用及其各种可能出现的人类前景。其研究结论是：世界经济增长和人口增长的势头存在极限，这个增长的极限将在下一世纪到达，将引起人口总数及生活水准的灾难性下降。造成这种情形的原因主要是：① 非再生资源的储量是有限的，其消耗却日益增长；② 地球上人类的生存空间是有限的，而全世界人口正以超指数或指数的形式增长；③ 伴随工业化而来的污染日趋严重，威胁到人类的生存环境和农作物的生长。

福雷斯特认为，人类应放弃对增长的传统追求，节制生育，追求能满足每个人生活需求的均衡。福雷斯特的观点引人注目，发人深省。读者在学习本章内容时应注意模型如何通过物质生活水平、食物指数、污染指数和拥挤指数等辅助变量将复杂事物关联起来以及在数据不足的情况下建模的技巧。世界模型的简化因果关系图如图 5.4.1 所示。

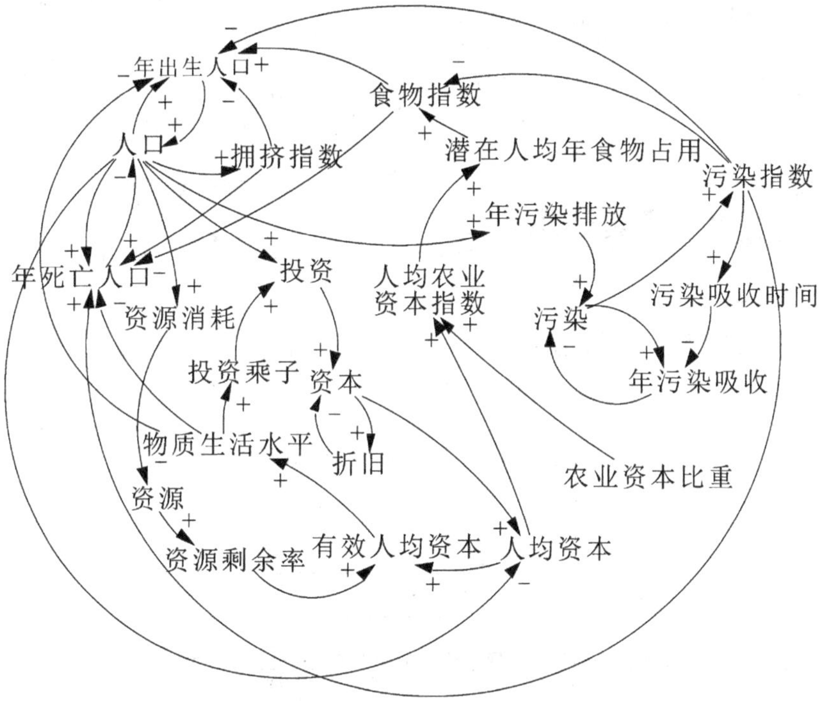


图 5.4.1　世界模型的简化因果关系图

## 5.4.2　模型 Vensim 流图

用 Vensim 建立的世界模型(不标注，通常指 WORLD Ⅱ)，其模型文件 WORLD.MDL 在该软件安装后的 Vensim/models/sample/EXTRA 目录中。模型的流图由人口与食物、污染与自然资源、资本与生活质量三个子系统流图组成。

### 1. 人口与食物子流图

人口与食物子模型是世界模型的核心，共有 41 个变量，其系统 Vensim 流图如图 5.4.2 所示。

### 2. 污染与自然资源子流图

污染与自然资源子模型共有 24 个变量，其系统 Vensim 流图如图 5.4.3 所示。

### 3. 资本与生活质量子流图

资本与生活质量子模型共有 32 个变量，其系统 Vensim 流图如图 5.4.4 所示。

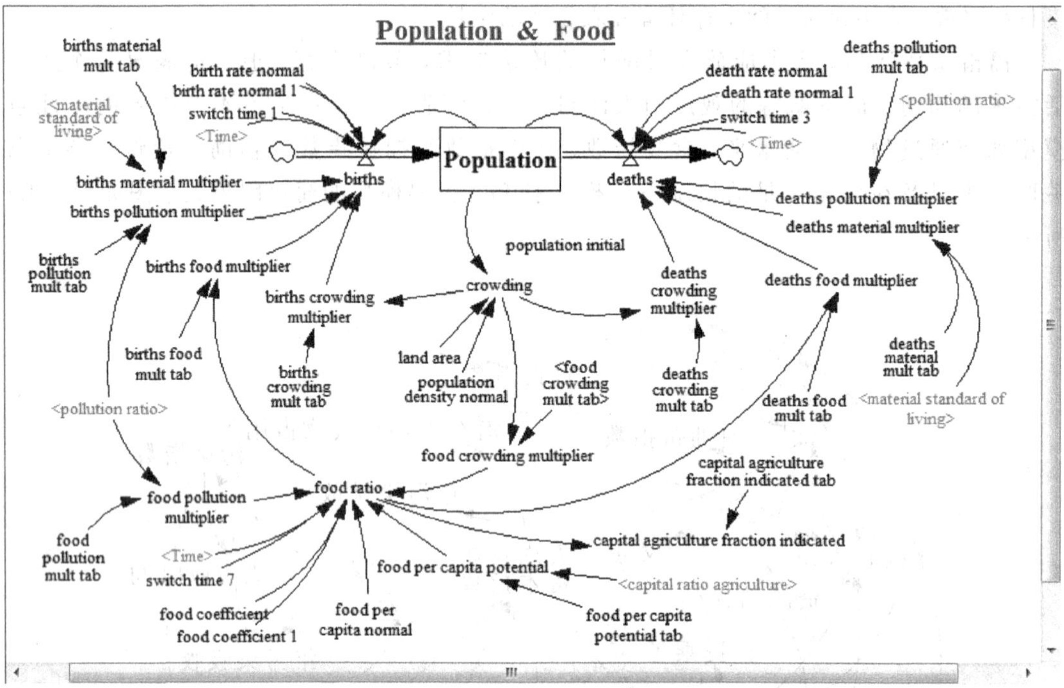


图 5.4.2　人口与食物子流图

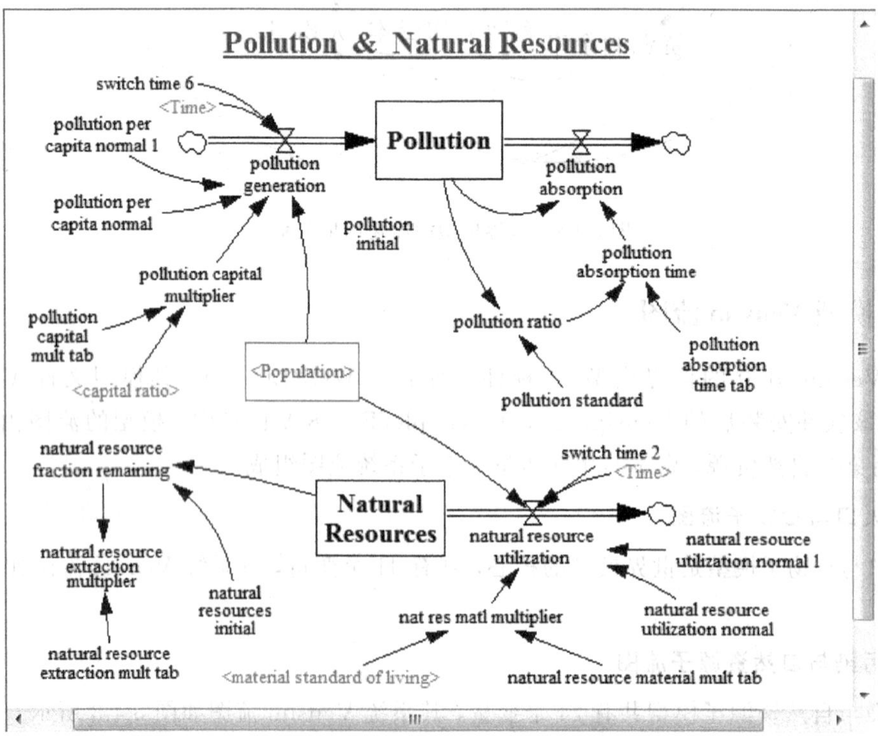


图 5.4.3　污染与自然资源子流图

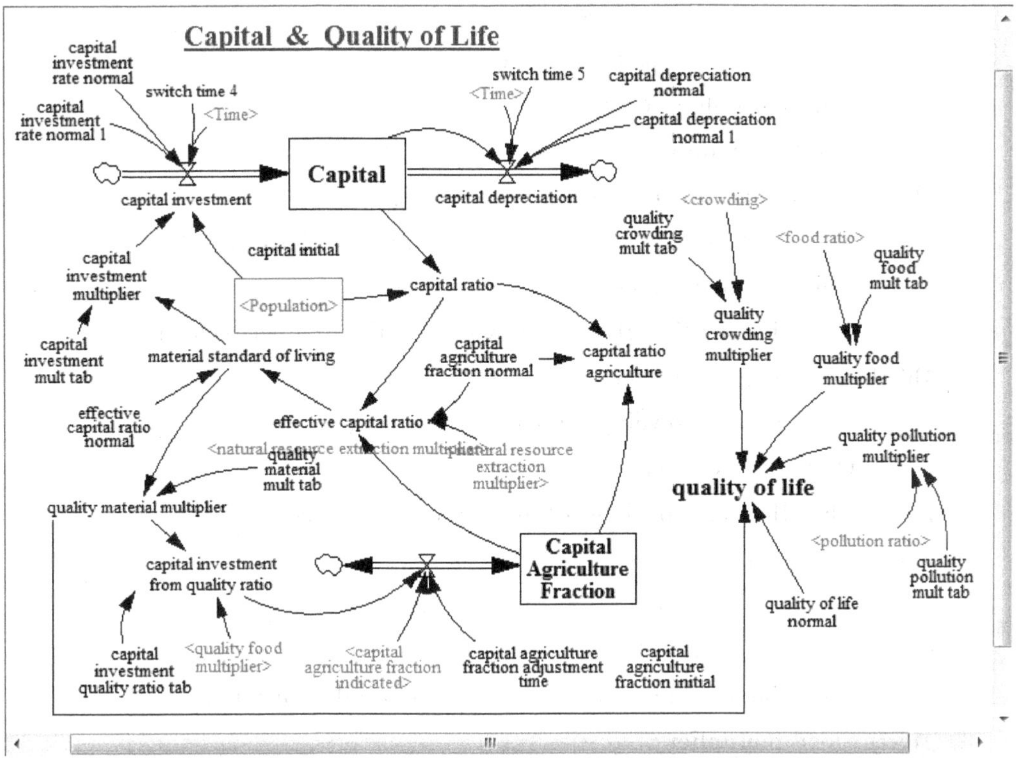

图 5.4.4　资本与生活质量子流图

### 5.4.3　模型的方程

用 Vensim PLE 打开 WORLD.MDL 模型后，在分析工具栏点击 Document（文档）按钮，显示世界模型的方程如下：

(001)birth rate normal　= 0.04

　　Units：1 / Year

　　The normal fractional birth rate.

(002)birth rate normal 1　= 0.04

　　Units：1 / Year

　　The alternate normal fractional birth rate.

(003)births　=

```
        Population
          * IF THEN ELSE ( Time
                > switch time 1 ,
            birth rate normal 1 ,
            birth rate normal )
          * births material multiplier
          * births crowding multiplier
```

* births food multiplier

* births pollution multiplier

Units：People / Year

The total number of births.

(004)births crowding mult tab (

0，1，2，3，4，5，1.05，1，0.9，0.7，0.6，0.55 )

Units：Dimensionless

The table for the effect of crowding on the number of births.

(005)births crowding multiplier =

births crowding mult tab ( crowding )

Units：Dimensionless

The effect of crowding on the number of births.

(006)births food mult tab (

0，1，2，3，4，0，1，1.6，1.9，2 )

Units：Dimensionless

The table for the effect of food on the number of births.

(007)births food multiplier =

births food mult tab ( food ratio )

Units：Dimensionless

The effect of food on the number of births.

(008)births material mult tab (

0，1，2，3，4，5，1.2，1，0.85，0.75，0.7，0.7 )

Units：Dimensionless

Table for the effect of the material standard of living on births.

(009)births material multiplier =

births material mult tab ( material standard of living )

Units：Dimensionless

The effect of the material standard of living on births.

(010)births pollution mult tab (

0，10，20，30，40，50，60，1.02，0.9，0.7，0.4，0.25，0.15，0.1 )

Units：Dimensionless

The table for the effect of pollution on the number of births.

(011)births pollution multiplier =

births pollution mult tab ( pollution ratio )

Units：Dimensionless

The effect of pollution on the number of births.

(012)Capital　=

INTEG( capital investment

－ capital depreciation ,

capital initial )

Units: Capital units

The capital stock.

(013)Capital Agriculture Fraction　=

INTEG( ( capital agriculture fraction indicated

* capital investment from quality ratio

－ Capital Agriculture Fraction )

/ capital agriculture fraction adjustment time ,

capital agriculture fraction initial )

Units: Dimensionless

The fraction of capital in agriculture.

(014)capital agriculture fraction adjustment time　= 15

Units: Year

The time to adjust the fraction of capital in agriculture.

(015)capital agriculture fraction indicated　=

capital agriculture fraction indicated tab ( food ratio )

Units: Dimensionless

The fraction of capital that should be agricultural as indicated by the availability of food.

(016)capital agriculture fraction indicated tab　(

0, 0.5, 1, 1.5, 2, 1, 0.6, 0.3, 0.15, 0.1 )

Units: Dimensionless

The fraction of capital that should be agricultural as indicated by the availability of food table.

(017)capital agriculture fraction initial　= 0.2

Units: Dimensionless

The fraction of capital in agriculture initially.

(018)capital agriculture fraction normal　= 0.3

Units: Dimensionless

The fraction of capital investment devoted to agriculture.

(019)capital depreciation　=

Capital

* IF THEN ELSE ( Time

```
                    > switch time 5 ,
                capital depreciation normal 1 ,
                capital depreciation normal )
        Units: Capital units / Year
        The rate at which the capital stock depreciates.
(020)capital depreciation normal   = 0.025
        Units: 1 / Year
        The fractional rate at which the capital stock degrades.
(021)capital depreciation normal 1   = 0.025
        Units: 1 / Year
        The alternative fractional rate at which the capital stock degrades.
(022)capital initial   = 4e+008
        Units: Capital units
        The initial capital stock.
(023)capital investment   =
            Population
              * capital investment multiplier
              * IF THEN ELSE ( Time
                    > switch time 4 ,
                capital investment rate normal 1 ,
                capital investment rate normal )
        Units: Capital units / Year
        The gross amount of investment in capital.
(024)capital investment from quality ratio   =
            capital investment quality ratio tab ( quality material multiplier
                / quality food multiplier )
        Units: Dimensionless
        Capital investment from quality.
(025)capital investment mult tab   (
            0, 1, 2, 3, 4, 5, 0.1, 1, 1.8, 2.4, 2.8, 3 )
        Units: Dimensionless
        Multiplier for the effect of the material standard of living on
                    capital investment table.
(026)capital investment multiplier   =
            capital investment mult tab ( material standard of living )
        Units: Dimensionless
```

Multiplier for the effect of the material standard of living on capital investment.

(027)capital investment quality ratio tab (
0, 0.5, 1, 1.5, 2, 0.7, 0.8, 1, 1.5, 2 )
Units: Dimensionless
Capital investment from quality table.

(028)capital investment rate normal = 0.05
Units: Capital units / Person / Year
The normal per capita rate of capital investment.

(029)capital investment rate normal 1 = 0.05
Units: Capital units / Person / Year
The normal per capita rate of capital investment.

(030)capital ratio =
Capital
/ Population
Units: Capital units / Person
The capital investment ratio (per capita investment).

(031)capital ratio agriculture =
capital ratio
* Capital Agriculture Fraction
/ capital agriculture fraction normal
Units: Capital units / Person
The capital investment ratio in agriculture.

(032)crowding =
Population
/ ( land area
* population density normal )
Units: Dimensionless
The ratio population to normally supportable population used as a measure of crowding.

(033)death rate normal = 0.028
Units: 1 / Year
The normal fractional rate of death.

(034)death rate normal 1 = 0.028
Units: 1 / Year
The alternate normal fractional rate of death.

(035)deaths =

Population

* IF THEN ELSE ( Time

> switch time 3 ,

death rate normal 1 ,

death rate normal )

* deaths material multiplier

* deaths pollution multiplier

* deaths food multiplier

* deaths crowding multiplier

Units: People / Year

The worldwide number of deaths occurring.

(036)deaths crowding mult tab (

0, 1, 2, 3, 4, 5, 0.9, 1, 1.2, 1.5, 1.9, 3 )

Units: Dimensionless

The table for the effect of crowding on the number of deaths.

(037)deaths crowding multiplier =

deaths crowding mult tab ( crowding )

Units: Dimensionless

The effect of crowding on the number of deaths.

(038)deaths food mult tab (

0, 0.25, 0.5, 0.75, 1, 1.25, 1.5, 1.75, 2, 30, 3, 2, 1.4, 1, 0.7

, 0.6, 0.5, 0.5 )

Units: Dimensionless

The table for the effect of food on the number of deaths.

(039)deaths food multiplier =

deaths food mult tab ( food ratio )

Units: Dimensionless

The effect of food on the number of deaths.

(040)deaths material mult tab (

0, 0.5, 1, 1.5, 2, 2.5, 3, 3.5, 4, 4.5, 5, 3, 1.8, 1, 0.8, 0.7

, 0.6, 0.53, 0.5, 0.5, 0.5, 0.5 )

Units: Dimensionless

Table for the effect of the material standard of living on deaths.

(041)deaths material multiplier =

deaths material mult tab ( material standard of living )

Units: Dimensionless

The effect of the material standard of living on deaths.

(042)deaths pollution mult tab (

0, 10, 20, 30, 40, 50, 60, 0.92, 1.3, 2, 3.2, 4.8, 6.8, 9.2 )

Units: Dimensionless

The table for the effect of pollution on the number of deaths.

(043)deaths pollution multiplier =

deaths pollution mult tab ( pollution ratio )

Units: Dimensionless

The effect of pollution on the number of deaths.

(044)effective capital ratio =

capital ratio

* natural resource extraction multiplier

* ( 1 − Capital Agriculture Fraction )

/ ( 1 − capital agriculture fraction normal )

Units: Capital units / Person

The effective ratio between capital and investment.

(045)effective capital ratio normal = 1

Units: Capital units / Person

The effective ratio between capital and investment.

(046)FINAL TIME = 2100

Units: Year

The final time for the simulation

(047)food coefficient = 1

Units: Dimensionless

Coeffecient for diddling the food supply.

(048)food coefficient 1 = 1

Units: Dimensionless

Alternative coeffecient for diddling the food supply.

(049)food crowding mult tab (

0, 1, 2, 3, 4, 5, 2.4, 1, 0.6, 0.4, 0.3, 0.2 )

Units: Dimensionless

The table for the effect of crowding on the production of food.

(050)food crowding multiplier =

food crowding mult tab ( crowding )

Units: Dimensionless

The effect of crowding on the production of food.

(051)food per capita normal　= 1

Units: Food units / Person / Year

The normal amount of food required for an individual.

(052)food per capita potential　=

food per capita potential tab ( capital ratio agriculture )

Units: Food units / Person / Year

The potential amount of food that can be grown based on capital investment.

(053)food per capita potential tab　(

0, 1, 2, 3, 4, 5, 6, 0.5, 1, 1.4, 1.7, 1.9, 2.05, 2.2 )

Units: Food units / Person / Year

The potential amount of food that can be grown based on capital investment table.

(054)food pollution mult tab　(

0, 10, 20, 30, 40, 50, 60, 1.02, 0.9, 0.65, 0.35, 0.2, 0.1, 0.05 )

Units: Dimensionless

The effect of pollution on the ability to grow food table.

(055)food pollution multiplier　=

food pollution mult tab ( pollution ratio )

Units: Dimensionless

The effect of pollution on the ability to grow food.

(056)food ratio　=

```
food per capita potential
  * food crowding multiplier
  * food pollution multiplier
  * IF THEN ELSE ( Time
        > switch time 7 ,
    food coefficient 1 ,
    food coefficient )
  / food per capita normal
```

Units: Dimensionless

The ration of food available to required food.

(057)INITIAL TIME　= 1900

Units: Year

The initial time for the simulation

(058)land area　= 1.35e+008

Units: Kilometer * Kilometer

The total amount of habitable land.

(059)material standard of living =

effective capital ratio

/ effective capital ratio normal

Units: Dimensionless

The relative material standard of living.

(060)nat res matl multiplier =

natural resource material mult tab ( material standard of living )

Units: Dimensionless

The effect of the material well being on natural resource use.

(061)natural resource extraction mult tab (

0, 0.25, 0.5, 0.75, 1, 0, 0.15, 0.5, 0.85, 1 )

Units: Dimensionless

Table for the multiplier on effective capital investment from remaining natural resources.

(062)natural resource extraction multiplier =

natural resource extraction mult tab (natural resource fraction remaining)

Units: Dimensionless

The multiplier on effective capital investment from remaining natural resources.

(063)natural resource fraction remaining =

Natural Resources

/ natural resources initial

Units: Dimensionless

The fraction of natural resource still remaining.

(064)natural resource material mult tab (

0, 1, 2, 3, 4, 5, 6, 7, 8, 9, 10, 0, 1, 1.8, 2.4, 2.9, 3.3, 3.6, 3.8, 3.9, 3.95, 4 )

Units: Dimensionless

Table for the effect of the material well being on natural resource use.

(065)natural resource utilization =

```
Population
  * IF THEN ELSE ( Time
      > switch time 2 ,
    natural resource utilization normal 1 ,
    natural resource utilization normal )
```

* nat res matl multiplier

Units: Resource units / Year

The rate of natural resource utilization.

(066)natural resource utilization normal = 1

Units: Resource units / Person / Year

The normal rate of natural resources.

(067)natural resource utilization normal 1 = 1

Units: Resource units / Person / Year

The normal rate of natural resources.

(068)Natural Resources =

INTEG( − natural resource utilization,

natural resources initial )

Units: Resource units

The amount of natural resources remaining.

(069)natural resources initial = 9e+011

Units: Resource units

The amount of natual resource initially available.

(070)Pollution =

INTEG( pollution generation

− pollution absorption ,

pollution initial )

Units: Pollution units

The amount of non−incorporated pollution.

(071)pollution absorption =

Pollution

/ pollution absorption time

Units: Pollution units / Year

The rate at which pollution is reincorporated into the ecology.

(072)pollution absorption time =

pollution absorption time tab ( pollution ratio )

Units: Year

The time it takes to incorporate pollution back into the environment.

(073)pollution absorption time tab (

0, 10, 20, 30, 40, 50, 60, 0.6, 2.5, 5, 8, 11.5, 15.5, 20 )

Units: Year

The time it takes to incorporate pollution back into the environment table.

```
(074)pollution capital mult tab  (
                0, 1, 2, 3, 4, 5, 0.05, 1, 3, 5.4, 7.4, 8 )
      Units: Dimensionless
      The effect of capital on pollution generation table.
(075)pollution capital multiplier  =
          pollution capital mult tab ( capital ratio )
      Units: Dimensionless
      The effect of capital on pollution generation.
(076)pollution generation  =
          Population
            * IF THEN ELSE ( Time
                > switch time 6 ,
              pollution per capita normal ,
              pollution per capita normal 1 )
            * pollution capital multiplier
      Units: Pollution units / Year
      The rate at which non-incorporate pollution changes.
(077)pollution initial  = 2e+008
      Units: Pollution units
      The amount of non-incorporated pollution initially.
(078)pollution per capita normal  = 1
      Units: Pollution units / Person / Year
      The amount of pollution produced by a person in a year.
(079)pollution per capita normal 1  = 1
      Units: Pollution units / Person / Year
      The alternative amount of pollution produced by a person in a year.
(080)pollution ratio  =
         Pollution / pollution standard
      Units: Dimensionless
      The ration of pollution to standard.
(081)pollution standard  = 3.6e+009
      Units: Pollution units
      The standard amount of non-incorporated pollution.
(082)Population  =
          INTEG( births-deaths , population initial )
      Units: People
```

World population.

(083)population density normal = 26.5

Units: Person / ( Kilometer * Kilometer )

The normal density of population.

(084)population initial = 1.65e+009

Units: People

The world population at the beginning of the simulation.

(085)quality crowding mult tab (

0, 0.5, 1, 1.5, 2, 2.5, 3, 3.5, 4, 5.5, 5, 2, 1.3, 1, 0.75, 0.55

, 0.45, 0.38, 0.3, 0.25, 0.22, 0.2 )

Units: Dimensionless

The table for the effect of crowding on the quality of life.

(086)quality crowding multiplier =

quality crowding mult tab ( crowding )

Units: Dimensionless

The effect of crowding on the quality of life.

(087)quality food mult tab (

0, 1, 2, 3, 4, 0, 1, 1.8, 2.4, 2.7 )

Units: Dimensionless

The table for the effect of food on the quality of life.

(088)quality food multiplier =

quality food mult tab ( food ratio )

Units: Dimensionless

The effect of food on the quality of life.

(089)quality material mult tab (

0, 1, 2, 3, 4, 5, 0.2, 1, 1.7, 2.3, 2.7, 2.9 )

Units: Dimensionless

Table for the effect of the material standard of living on quality of life.

(090)quality material multiplier =

quality material mult tab ( material standard of living )

Units: Dimensionless

The effect of the material standard of living on the quality of life.

(091)quality of life =

quality of life normal

* quality material multiplier

* quality crowding multiplier

* quality food multiplier

* quality pollution multiplier

Units: Satisfaction units

The quality of life.

(092)quality of life normal = 1

Units: Satisfaction units

The standard quality of life.

(093)quality pollution mult tab (

0, 10, 20, 30, 40, 50, 60, 1.04, 0.85, 0.5, 0.3, 0.15, 0.05, 0.02 )

Units: Dimensionless

The table for the effect of pollution on the quality of life.

(094)quality pollution multiplier =

quality pollution mult tab ( pollution ratio )

Units: Dimensionless

The effect of pollution on the quality of life.

(095)SAVEPER = 5

Units: Year

The frequency with which data is stored

(096)switch time 1 = 1970

Units: Year

The time at which the birth rate normal switches

(097)switch time 2 = 1970

Units: Year

The time at which to switch the natural rate of resource utilization.

(098)switch time 3 = 1970

Units: Year

The time at which to switch the death rate.

(099)switch time 4 = 1970

Units: Year

The time at which to switch the capital investment rate.

(100)switch time 5 = 1970

Units: Year

The time at which to switch the capital depreciation rate.

(101)switch time 6 = 1970

Units: Year

The time at which pollution generation rate switches.

(102)switch time 7 = 1970

Units：Year

The time at which to switch the food supply.

(103)TIME STEP = 0.25

Units：Year

The time step for the simulation

世界模型方程变量注释

## 5.4.4 仿真结果

### 1. 模型的基本行为

模型的基本行为是以模型的基本因素在仿真期间没有发生重大变化这一假设而进行仿真得到的结果。图 5.4.5 给出了五个主要变量的仿真变化趋势，它们分别是 Population(人口)、Capital(资本)、Pollution(污染)、Natural Resource(自然资源)和 Quality of life(生活质量)。仿真的时间跨度从 1900 年到 2100 年。

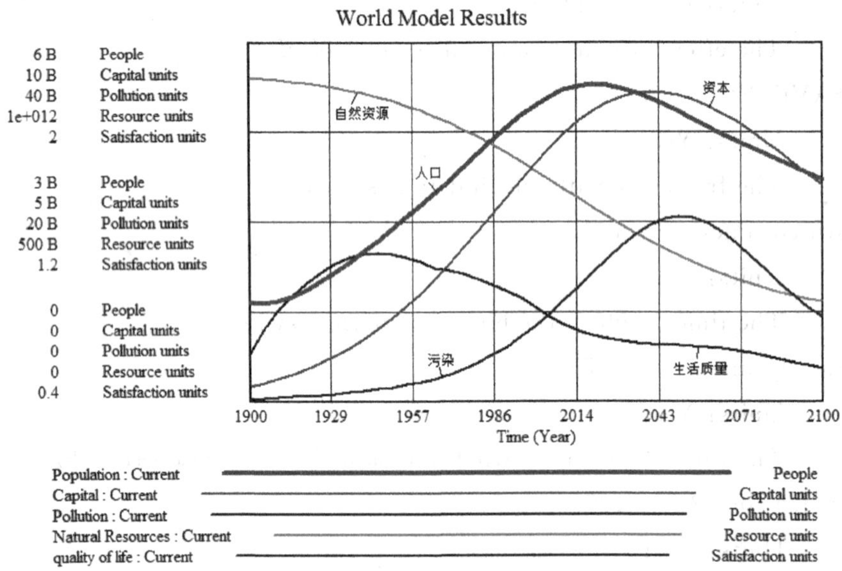


图 5.4.5 五个变量基本仿真结果

由图 5.4.5 可以看出，除自然资源外，其他变量前期都是以指数方式增长，达到极值后下降。人口在 2020 年达到极值，然后开始下降。污染的极值出现在 2060 年，它的值远远高于 1970 年的值。生活质量在 1950 年达到极值，然后缓慢回落。自然资源在接近 2000 年时快速下降，自然资源的逐渐枯竭，降低了投资效果，使粮食供给水平下降，加上污染的增长也使生活质量下降，导致了人口数从 2020 年后开始减少。

### 2. 模型的政策试验

系统动力学模型是“政策试验室”，通过参数的设计和改变，可以找到解决问题的政策。模型的政策试验，可以改变一个参数，也可以组合改变多个参数。图 5.4.6 是节约资源使用 75%（“natural resource utilization normal 1”从 1 变为 0.25）人口趋势变化情况。

仿真结果令人吃惊，有“反直观性”。资源节约不但让人类的根本情况没有改变，反而使人口出现了新的振荡。

世界模型用 5 个参数同时改变，进行综合政策试验：

（1）把“birth rate normal 1”从 0.04 变为 0.028；

（2）“natural resource utilization normal 1”从 1 变为 0.25；

（3）“capital investment rate normal 1”从 0.05 变为 0.02；

（4）“pollution per capita normal 1”从 1 变为 0.5；

（5）“food coefficient 1”从 1 变为 0.8。仿真结果如图 5.4.7 所示。

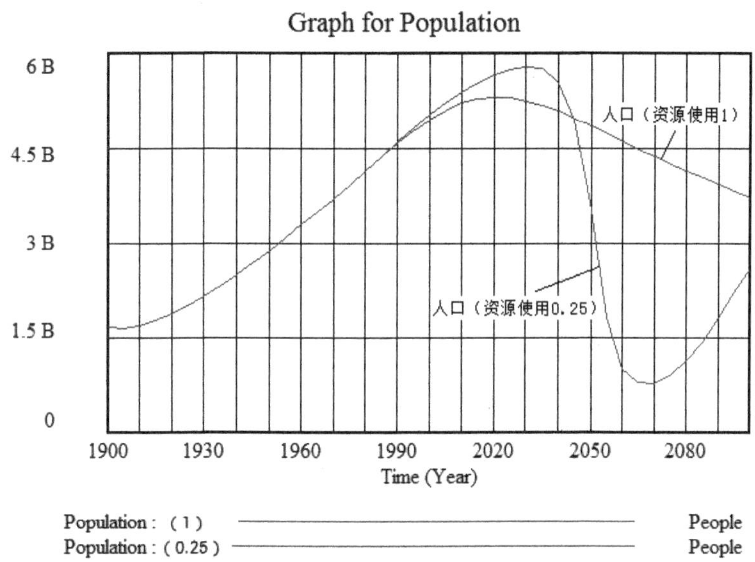


图 5.4.6　资源参数改变对人口的影响

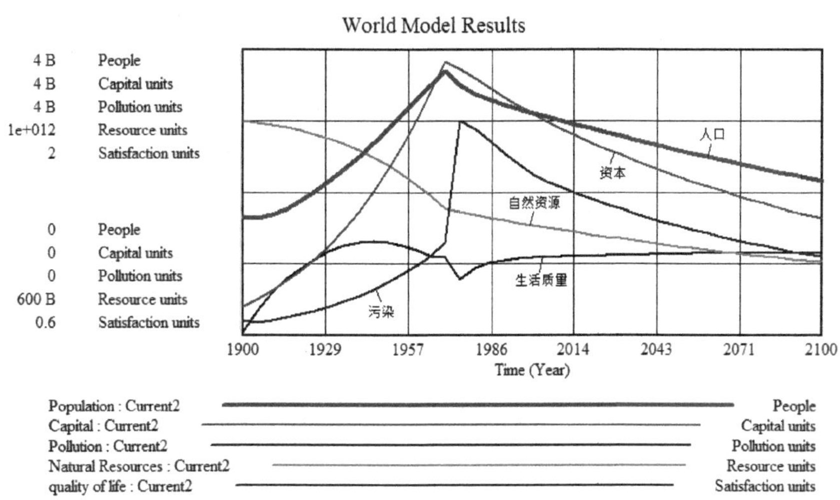


图 5.4.7　五个变量综合政策试验结果

试验结果说明，大部分主要指标增长极限提前，如果不悬崖勒马，到 2030 年代人类将遭到过载后的崩溃，也就是突如其来的高峰冲击，接着是衰退和崩溃。尽管这一结论是模型“IF…THEN…”政策试验结果，但还是敲响了“增长极限”的警钟，让人类尽早关注社会的可持续发展。

DYSMAP2 用户手册

# 参 考 文 献

[1] JAY W. 系统原理[M]. 王洪斌，译. 北京：清华大学出版社，1986.
[2] 苏懋康. 系统动力学原理及其应用[M]. 上海：上海交通大学出版社，1988.
[3] 国务院经济技术社会发展研究中心. 中国经济的发展与模型[M]. 北京：中国财政经济出版社，1990.
[4] 丹尼斯·米都斯，等. 增长的极限：罗马俱乐部关于人类困境的报告[M]. 李宝恒，译. 长春：吉林人民出版社，1997.
[5] STERMAN J D. 商务动态分析方法：对复杂世界的系统思考与建模[M]. 朱岩，钟永光，等译. 北京：清华大学出版社，2008.
[6] 王其藩. 系统动力学[M]. 2009 年修订版. 上海：上海财经大学出版社，2009.
[7] 钟永光，贾晓菁，李旭，等. 系统动力学[M]. 北京：科学出版社，2009.
[8] 张波，袁永根. 系统思考和系统动力学的理论与实践：科学决策的思想、方法和工具[M]. 北京：中国环境科学出版社，2010.
[9] 汪应洛. 系统工程 [M]. 5 版.北京：机械工业出版社，2016.
[10] 陶在朴. 系统动力学入门[M]. 上海：复旦大学出版社，2018.